JA

ゼロ年代の想像力

宇野常寛

早川書房

6917

変えることのできるものについて、それを変えるだけの勇気をわれらに与えたまえ、変えることのできないものについては、それを受け入れるだけの冷静さを与えたまえ。そして、変えることのできるものと、変えることのできないものとを、識別する知恵を、われらに与えたまえ。

——ラインホールド・ニーバー

目次

ゼロ年代の想像力

第一章

問題設定——
九〇年代からゼロ年代へ／「失われた十年」の向こう側

1．ノートの中央に、一本の線を引く

物語について、もう一度考えてみようと思う。

それは、私たちひとりひとりと世界とのつながりについて考えてみることだからだ。

本書はゼロ年代――つまり二〇〇〇年から二〇〇八年ごろまでの国内文化、とりわけ小説、映画、漫画、テレビドラマ、アニメーションなどの「物語」に着目し、その想像力の変遷を追う。

私たちが生きる世界のしくみは、この十年で大きく変化している。ウェブと携帯電話の浸透、小泉純一郎政権による構造改革が象徴する労働市場の流動化とメガモールが象徴する地方都市の郊外化、そしてそれらを下支えするグローバリズムの進行と今や世界の「環境」の担い手たらんとするアメリカという存在――陳腐な表現を用いて簡易に述べれば二〇〇一年の「九・一一と小泉改革」以降の世界の変化は、私たちの世界観、そして物語を生み出す想像力にも大きく影を落としているのだ。

「物語」について考えることで私たちは世界の変化とそのしくみについて考えることができるし、逆に世界のしくみとその変化を考えることで、物語たちの魅力を徹底的に引き出すことができる――。あるいは、そこからこの時代をどう生き、死ぬのかを考えるための手がかりを得ることも可能だろう。物語と世界を結ぶ思考の往復運動が私たちに与えるものの大きさは計り知れないのだ。

しかし残念だが、二〇〇一年以降の世界の変化に対応した文化批評は国内には存在していない。それは現在、批評家と呼ばれるような人々が、この二〇〇一年以降の世界の変化に対応することができずに、もう十年以上同じ枠組みで思考し、時代の変化を黙殺しているからである。もう十年近く、国内の「批評」は更新されず、放置されていたのだ。

端的に本書の目的を説明しておく。まずは九〇年代の亡霊を祓い、亡霊たちを速やかに退場させること。次にゼロ年代の「いま」と正しく向き合うこと。そして最後に来るべき一〇年代の想像力のあり方を考えることである。

現在、批評という回路は見捨てられて久しい。それは当然の結果だろう。残念ながら、今のこの国の「批評」とか「評論」とか口走りがちな人間たちの大半は、時代の変化に大きく遅れて追いかける鈍感な嗅覚の持ち主でしかないのだから。彼らによって未だに十年前の、それも国内カルチャーのごくごく一部の想像力がさも最先端のものであるかのように紹介されているのが現状である。現実に対して批評が、時間的にも空間的にもまったく追いついていないのだ。

しかし、批評という回路はおそらくはまだ、ある程度は有効である。人がものを考える動物である限り、思考の道具としての批評はその可能性を失わない。それが相手にされないのだとすれば、単に道具とその作り手の性能が低いだけだ。そんな可能性を探る営みとしてもまた、本書は存在する。それでは、さっそくはじめよう。


かつて村上春樹がそうしたように、私もまずノートの中央に一本の線を引こうと思う。右側には古いものを正しく葬送するために配列し、左側には今を生きるものを、それと併走しやがて追い抜くために刻み付ける。

右側に葬られるものは、一九九五年から二〇〇一年ごろまで、この国の文化空間で支配的だった「古い想像力」であり、左側は二〇〇一年ごろから芽吹き始め、今、私たちが生きているこの時代を象徴するものに育った「現代の想像力」である。

誤解しないでほしいが、私は前者を否定し、後者を肯定するために線を引くのではない。時代が後者に移行しているにもかかわらず、ゼロ年代も終わろうとしている現在に至っても怠惰な批評家たちによって「古い想像力」ばかりが批評の対象となっている現状を、私たちが生きる現実に追いつかせるために線を引くのだ。そして、後者は前者を否定するものではなく、むしろ前提として取り込むことによって出現した想像力である。九〇年代の「古い想像力」の反省的な発展として、ゼロ年代の「現代の想像力」が成立している。時代は既にこの「現代の想像力」を検証し、その可能性を検討する段階に突入しているのだ。

では、このノートの右側に葬られるべき「古い想像力」から、左側に刻まれる「現代の想像力」への移行が起こった過程を、簡単に記しておこう。

2．一九九五年の「古い想像力」

世界はここ数十年で、随分と複雑になった。

国内における七〇年代以降の展開は、概ね消費社会の浸透とそれに伴う社会の流動性上昇の過程として捉えられる。これらが進行すると、何に価値があるのかを規定してくれる「大きな物語」が機能しなくなる（ポストモダン状況の進行）。「大きな物語」とは、伝統や戦後民主主義といった国民国家的なイデオロギー、あるいはマルクス主義のように歴史的に個人の人生を根拠づける価値体系のことを指す。言うなればこの四十年、この国の社会は「モノはあっても物語（生きる意味、信じられる価値）のない世界」が進行する過程であったとも言える。

たとえば四十年前、「政治の季節」が終わる六〇年代末までは、現代に比べて「モノはなくても物語のある」世の中に近かった。物質的には貧しく社会的には不自由だったが、そのかわり社会そのものを秩序づけ得る「大きな物語」がまだ現在よりは機能しやすく、「生きる意味」や「信じ得る価値」の検討は比較的容易だったのだ。「不自由だが暖かい（わかりやすい）社会」から「自由だが冷たい（わかりにくい）社会」へ——世の中は少しずつ段階を踏んで変化してきたのだ。つまり、消費社会の自由と豊かさと引き換えに、それまで人々に物語を与えていた回路が壊れ、信用できなくなる、といったことが繰りかえされていったのだ。そして、七〇年代以降の国内においてもっとも大きくこの状況が進行したのが、一九九五年前後であるとされる。

この「一九九五年前後」の変化はふたつの意味において性格づけられる。それは「政治」の問題（平成不況の長期化）と、「文学」の問題（地下鉄サリン事件に象徴される社会の流動化）だ。

前者は、この時期がバブル経済崩壊を発端とするいわゆる「平成不況」の長期化が決定的になり、戦後日本という空間を下支えしてきた経済成長という神話が崩壊したことを意味する。つまり「がんばれば、豊かになれる」世の中から「がんばっても、豊かになれない」世の中への移行である。

後者は、一九九五年に発生したオウム真理教による地下鉄サリン事件に象徴される社会不安を意味する。「自由だが冷たい（わかりにくい）社会」に耐えかねた若者たちが、同教団の神体である発泡スチロールのシヴァ神に象徴されるいかがわしい超越性に回収されテロを引き起こした現実は、当時の国内社会に蔓延していた「意味」と「価値」を社会が与えてくれない生きづらさを象徴する事件だった。ここに見られるのは「がんばれば、意味が見つかる」世の中から、「がんばっても、意味が見つからない」世の中への移行である。結果として、九〇年代後半は戦後史上もっとも社会的自己実現への信頼が低下した時代として位置づけられる。

社会的自己実現への信頼が大きく低下した結果、「〜する」「〜した」こと(行為)をアイデンティティに結びつけるのではなく、「〜である」「〜ではない」こと(状態)を、アイデンティティとする考え方が支配的になる。ここでは自己実現の結果ではなく、自己像＝キャラクターへの承認が求められる。問題に対しては「行為によって状況を変える」ことではなく「自分を納得させる理由を考える」ことで解決が図られる。

私が「古い想像力」として位置づけるのは、この九〇年代後半的な社会的自己実現への信頼低下を背景とする想像力である。

この「古い想像力」を代表する作品としては、一九九五年から九六年に放映されたテレビアニメーション『新世紀エヴァンゲリオン』が挙げられるだろう。

アニメ作家・庵野秀明が手がけメガヒットを記録した同作は、九〇年代後半のカルチャー・シーンに決定的な影響を及ぼし、その後数年にわたる第三次アニメブームの発端となった。

同作の内容を簡単に紹介する。主人公の平凡な少年・碇シンジは、ある日父親が司令官を務める組織に召喚され、人類を滅ぼさんとする謎の敵「使徒」と戦うために組織の開発した巨大ロボット「エヴァンゲリオン」のパイロットに任命される。従来のロボットアニメがそうであったように、「ロボットに乗って活躍すること」は父親に象徴される社会に認められること、つまり「社会的自己実現による成長」の暗喩に他ならない。

だがこの物語はそうは進まなかった。物語の後半、碇シンジは「エヴァ」に乗ることを拒否して、その内面に引きこもり、社会的自己実現ではなく、自己像を無条件に承認してくれる存在を求めるようになる。そう、ここには「〜する／〜した」という社会的自己実現ではなく、「〜である／〜ではない」という自己像（キャラクター）の承認によるアイデンティティの確立が明確に選択されているのだ。

そして、このシンジの「引きこもり」気分＝社会的自己実現に拠らない承認への渇望が、九〇年代後半の「気分」を代弁するものとして多くの消費者たちから支持を受け、同作を九〇年代カルチャーにおいて決定的な影響を残す作品に押し上げた。

同時に『新世紀エヴァンゲリオン』では、この何が正しいことかわからない、誰も教えてくれない不透明な世の中で、他者と関わり、何かを成そうとすれば必然的に誤り、誰かを傷つけて、自分も傷つくという絶望が描かれていることも非常に重要だ。

同作において碇シンジは司令官である父親（社会）に従ってロボットを操縦した結果、友人を不具にし、心を通わせた敵の少年を殺してしまう。そもそも父親の組織自体が、オウム真理教すら想起させるカルト宗教的な背景が見え隠れし、まったく全貌がつかめない不透明なものとして描かれている。

つまり、ここでは前提として（父親に象徴される）社会とは不透明でカルトな「誤った」存在であり、そこにコミットすればそれは必然的に誰かを傷つける——そう、寄る辺なき若者たちの「間違った父親」として機能したオウム真理教が信者たちをテロに牽引したように——という世界観が導入されているのだ。そして、そこで叫ばれているのは「何かを選択すれば（社会にコミットすれば）必ず誰かを傷つける」ので、「何も選択しないで（社会にコミットしないで）引きこもる」という、「～しない」という一種の否定神学的な倫理に他ならない。

ここにおいては社会的自己実現への信頼低下＝「がんばっても、意味がない」という世界観の浸透が、さらに発展して社会的自己実現の嫌悪＝「がんばると、必ず過ちを犯し誰かを傷つける」という世界観に補強されているのだ。

『新世紀エヴァンゲリオン』はあらゆる意味において「古い想像力」を象徴する存在だ。その社会的自己実現への信頼低下という主題、心理主義的な人間観、そして「～しない」という倫理。七〇年代末から独自の発展を遂げてきた国内のオタク系アニメーション文化の文脈に、前述の九〇年代的な文脈を加えることで成立した同作は時代を象徴する作品であると同時にその後の国内の物語文化を大きく規定した。「引きこもり／心理主義」的傾向とその結果出力された「～しない」という倫理。この二大特徴が私の指摘する「古い想像力」である。

『新世紀エヴァンゲリオン』に象徴される「引きこもり／心理主義」はこの時代、つまり九〇年代後半に出現した物語に広く共有された。

アメリカン・サイコサスペンスの流行とその背景として機能した八〇年代から続く俗流心理学ブームのさらなる過熱。その影響下にある野島伸司による一連のテレビドラマ群。あるいは（後期）村上龍、桜井亜美、田口ランディ等に代表される「幻冬舎文学」たち。そして宮台真司が「ＡＣ（アダルトチルドレン）系」と評した浜崎あゆみの歌詞の世界――九〇年代後半を代表するこれらの作品が共有する世界観においては、『新世紀エヴァンゲリオン』同様に「～する／～した」という社会的自己実現の物語は退けられ、「～である／～ではない」という自己像への承認をめぐる物語が選択されている。

社会的自己実現への信頼低下＝「がんばっても、意味がない世の中」という世界観の浸透は、教養小説的な成長物語や、社会変革を描く物語を後退させ、かわりに自己像――「ほんとうの自分」や「過去の精神的外傷」――の承認を求める内面的な物語を作家と消費者たちに選ばせたのだ。

3．二〇〇一年の「新しい想像力」

だが二〇〇一年前後、この「引きこもり／心理主義」的モードは徐々に解除されていくことになる。簡易に表現すれば、二〇〇一年九月十一日のアメリカ同時多発テロ、小泉純一郎による一連のネオリベラリズム的な「構造改革」路線、それに伴う「格差社会」意識の浸透などによって、九〇年代後半のように「引きこもって」いると殺されてしまう（生き残れない）という、ある種の「サヴァイヴ感」とも言うべき感覚が社会に広く共有されはじめたのだ。

世の中のしくみ、つまり「政治」の問題としては、小泉構造改革以降の国内社会に「世の中が不透明で間違っているから何もしないで引きこもる」という態度で臨んでいたら、生き残ることはできない。自己責任で格差社会の敗北者を選択したと見做されてしまう。

そしてこの「ゲーム」は現代を生きる私たちにとって不可避の選択であり、「ゲームに参加しない」という選択は存在しない。この資本主義経済と法システムによって組み上げられた世界を生きる限り、私たちは生まれ落ちたその瞬間からゲームの渦中にある。

また個人の生き方、つまり「文学」の問題としても、社会的自己実現を拒否し「何も求めない」ように見える碇シンジが、その一方で自分を無条件で承認してくれる存在を求めていたように、「何かを選択すれば必然的に誤るので、何も選択しない」という態度は、実は成立しないのだ。

二〇〇一年を前後して、九〇年代にはかつてのシステムが無効になった衝撃によって覆い隠されていたポストモダン状況の本質とも言うべき構造が露になった。その本質とは、人々はもはや歴史や国家といった「大きな物語」に根拠づけられない（究極的には無根拠である）「小さな物語」を、中心的な価値として自己責任で選択していくしかない、という現実である。それを受け入れなければ「政治」の問題としては生き残れず、「文学」の問題としてはそもそも「何も選択しない」という立場が論理的に成立しないのだ。

この「サヴァイヴ感」の生んだ想像力が、私がノートの左側に書き込む「新しい想像力」たちである。私が引く一本の線は、この二〇〇一年に引かれることになる。

たとえば一九九九年に発表された高見広春の小説『バトル・ロワイアル』は、こういった「ゼロ年代」のモードを先取的に描いた作品だと言える。ある高校の一クラスが、政府の指導によってある日突然「殺し合い」をさせられるという衝撃的な展開は、まさに時代の「気分」を先取りしたものだと言えるだろう。『新世紀エヴァンゲリオン』のように、あるいはそれ以上に同作における社会は不透明で、信用ならない。しかしだからと言って、碇シンジのように「そんな世の中が間違っているから何もしない」「結果を出すことではなく、自己像を理解してもらうことで認められたい」と煩悶していたら、このゲームの中ではたちまち殺されてしまう。九五年の若者はそんな碇シンジに共感したわけなのだが、ゼロ年代の若者は既にそう考えなくなっていたのだ。それでは、生き残れないのだから。そう、この時期から社会が「何もしてくれない」ことは徐々に当たり前のこと、前提として受け入れられるようになり、その前提の上でどう生きていくのかという問題に物語の想像力は傾き始めたのだ。

そしてこういった「引きこもっていたら殺されてしまうので、自分の力で生き残る」という、ある種の「決断主義」的な傾向を持つ「サヴァイヴ感」を前面に打ち出した作品は、ゼロ年代前半から中盤の大きな流れになっていく。たとえば『バトル・ロワイアル』のフォロアーとして、やはり生き残りをかけた理不尽なゲームに主人公が巻き込まれる山田悠介『リアル鬼ごっこ』（二〇〇一）や、十三人の仮面ライダーがバトルロワイヤルを行う『仮面ライダー龍騎』（二〇〇二）、三流高校の生徒たちが特殊な勉強法とドライな人間観を叩き込まれ「生き残るために」東大入学を目指す三田紀房のマンガ『ドラゴン桜』（二〇〇三）、ポルノゲームでありながら記録的ヒットを飛ばし、コンシューマ機にも移植され十代に熱狂的な支持を受ける『Fate/stay night』（二〇〇四）、そして『ドラゴン桜』的なドライな人間観をアイロニカルに視聴者に突きつけることで高視聴率を得たドラマ『女王の教室』（二〇〇五）など、これらの作品はいずれも時代を代表する人気作品であり、周辺文化や後続作品に対する影響も極めて大きいにもかかわらず、批評家たちにはほぼ無視されている。

文芸の世界でもこの「サヴァイヴ感」は、特に十代の若い感性によってこの時期積極的に選ばれていくことになる。たとえばドラマ化もされた白岩玄『野ブタ。をプロデュース』（二〇〇四）など、二〇〇三年の芥川賞受賞作、綿矢りさ『蹴りたい背中』の影響下にあるこれらの作品は、いずれも学生を主人公とし、そのクラスの狭い人間関係を主題としていた。そしてこれらの作品に共通する世界観とも言うべきものとして、教室というシビアな自意識バトルが繰り広げられる空間でいかに「生き残るか」という「サヴァイヴ感」は広く共有されていた。同様の感覚はライトノベルの世界でもそれなりに見られることになる。二〇〇五年頃から注目を浴びた桜庭一樹の『推定少女』『砂糖菓子の弾丸は撃ち抜けない』といった一連の作品や、同じく二〇〇五年に三つのライトノベル新人賞を受賞してデビューし注目を浴びた日日日《あきら》のデビュー作（のひとつ）『ちーちゃんは悠久の向こう』なども同様のモチーフを有している。

こうしたゼロ年代前半のサブ・カルチャーを特徴づけた想像力は、九〇年代的な「引きこもり」思想が怯えていた「社会の不透明さ」を、ある種の前提として受け入れている。そして、その上で、九・一一後の世界が突入したシビアな格差社会、バトルロワイヤル状況を自分の力で生き延びていこうとする積極的な意思に溢れている。そこでは九〇年代的な幼児的自己愛の承認を求め続ける「引きこもり」的態度が、諦念を織り込み済みで他者に手を伸ばす態度によって克服されているのだ。

これらの九〇年代的な「社会が間違っているからコミットしない」「間違った社会にコミットすると他人を傷つけるので何もしない」という思想＝「古い想像力」は、二〇〇一年以降に台頭した「現代の想像力」によって、その厭世観、無力観を「前提」として織り込み済みに処理されることで克服されたと言える。

世の中が「正しい価値」や「生きる意味」を示してくれないのは当たり前のこと＝「前提」であり、そんな「前提」にいじけて引きこもっていたら生き残れない――だから「現代の想像力」は生きていくために、まず自分で考え、行動するという態度を選択する。たとえ

「間違って」「他人を傷つけても」何らかの立場を選択しなければならない――そこでは究極的には無根拠であることは織り込み済みで「あえて」特定の価値を選択する、という決断が行われているのだ。

4．碇シンジでは夜神月を止められない

では、九〇年代の「古い想像力」を体現する作品が『新世紀エヴァンゲリオン』ならば、こうしたサヴァイヴ系に象徴されるゼロ年代の想像力を体現する作品はなんだろうか？

それはおそらくヒットの規模と作品の内容から考えて、大場つぐみ・作、小畑健・画による漫画『DEATH NOTE』（二〇〇三～〇六年連載）だろう。『DEATH NOTE』は完結までの巻数が少なく、比較的高年齢の読者を対象としているために見た目の発行部数はそれほどではないが、部数の上昇スピード、メディアミックスによる「普段は漫画を読まない人・年代」への波及力を考えればまさに時代を代表する「ゼロ年代のエヴァンゲリオン」に位置づけられる。

『DEATH NOTE』の内容を簡単に説明しよう。主人公は夜神月《やがみライト》という学生だ。ある日彼は死神が落とした「デスノート」を拾う。名前を記した人間を死に至らしめることができる「デスノート」を手に入れた月は、その力で全世界の凶悪犯罪者たちを裁き、「新世界の

神」として君臨しようとする。邪魔する人間は罪のない者まで容赦なく殺害し、月は野望に邁進するが、そんな彼の前に同等の明晰な頭脳とドライな世界観を有する名探偵「L」が立ち塞がる。そして物語は月とLとの対決からやがて、複数のプレイヤーが「デスノート」を所有し、生き残りをかけて争うバトルロワイヤル的展開を見せていく。

夜神月は碇シンジと同等に、いやそれ以上に、「社会」を信用していない。シンジが、戦いの中で徐々に社会（父親）への不信感を募らせ、引きこもっていったのに対して、夜神月は普通の高校生活を送る物語の序章の時点で既に、既存の社会をまったく信用しておらず、警察官僚の父親ですら歯牙にもかけていない。そして十代にして既に官僚になり権力を握ることで具体的に社会を変革しようと考えていた月は、デスノートを入手したことでその計画を「前倒し、拡大」することになる。つまり、それまでの社会（のルール）が壊れたことに衝撃を受けて引きこもるのが碇シンジなら、社会の既存のルールが壊れていることは「当たり前のこと」として受け入れ、それを自分の力で再構築していこうとするのが夜神月なのである。まさに、ゼロ年代の「サヴァイヴ感」とその対処法としての「決断主義」的な傾向を体現する作品だと言える。

その意味において、一種のピカレスク・ロマンである『DEATH NOTE』は優れた現実認知の物語である。誤解しないでほしいが、『DEATH NOTE』は決して夜神月的な思想を肯定する作品でもなければ、その自覚的な決断主義というコミットメントを手放しで肯定しているわけでもない。劇中で夜神月は時に英雄として描かれ、時にその誇大妄想が戯画的に描かれる。膨大な登場人物たちがそれぞれの倫理を語り主張するが、それらは全て劇中で特権的な位置を占めることはなく、政治的な勝利によってしかその真正さを、それも暫定的にしか保証できない「小さな物語」にすぎないのだという諦念が徹底して打ち出されている。決断主義という私たちの誰もが逃れられない課題（たとえば夜神月的暴力や、彼に一定の真正さが認められ、支持してしまう人々がいるという現実）に対して、どう考え、向き合っていくのか――それが同作の主題に他ならない。

同じように「社会（大人、父親）がちゃんとしていない、生きる意味を与えてくれたり、正しいこと（ルール）を教えてくれない」という状況＝「九〇年代後半に日本でもようやく徹底したポストモダン状況」を前にしながら、このふたつの作品の対応は「いじけて引きこもる」と「受け入れて立ち上がる」と対照的である。当然、時代が下っている分だけ後者の方が自覚的である。そしてゼロ年代の今、多くの若者たちに支持されているのも後者の想像力なのだ。

この九〇年代の「引きこもり」とゼロ年代の「決断主義」の対置は、『DEATH NOTE』の連載誌であった〈週刊少年ジャンプ〉に引きつけて考えるとよりわかりやすい。〈ジャンプ〉における九〇年代の「古い想像力」を最も体現したのは冨樫義博『幽☆遊☆白書』（一九九〇～九四年連載）だろう。『幽☆遊☆白書』は一言で言うなら、八〇年代〈ジャンプ〉を支えたトーナメントバトル・システムの破壊者である。次から次へと強い敵が現れ、主人公は次々とそれを撃破していくというインフレ的なドラマツルギーは『幽☆遊☆白書』中盤でも採用され、同作を当時の〈ジャンプ〉の看板作品に押し上げた。しかし物語の後半、作者は主人公に突然この「トーナメントバトル・システム」への批判とも取れる言動をさせ、事実この展開によって劇中で進行していた武道大会は大幅に省略されて終了し、わずかなエピローグをはさんで作品自体も終了してしまう。そして『幽☆遊☆白書』の終了が象徴するかのように、〈ジャンプ〉的トーナメントバトル・システムは消費者の支持をも失いはじめ、九〇年代後半の〈ジャンプ〉は一時期ライバル誌に週刊少年誌発行部数トップの座を明け渡す「冬の時代」を迎えることになるのだ。

そして「ルールの破壊者」であった『幽☆遊☆白書』から十年、「ルールの再構築者」である『DEATH NOTE』が、再び少年誌の覇者となった〈ジャンプ〉の「顔」のひとつとして君臨したことは、まさにこの十年に起こった変化を象徴していると言える。

前述のように九〇年代の「引きこもり」思想の可能性としては、それは「〜しない」という形での奇妙な、ある種の否定神学的なモラルなのだろう。何が正しいかはっきりとはわからないポストモダン状況下においては、何かを行えば半ば必然的に「誤って」しまい「他人を傷つける」ことになる。

だから時には「何もしない」というモラル、いや「何もしない」という態度もひとつの選択なのだから、ためらい、迷い、考え続けるというあり方が有効なのだ——だから碇シンジはエヴァに乗ることを拒否したし、小林よしのりは当時支援していた「薬害エイズ訴訟を支える会」から撤退し、単純化された左翼的正義に回収されつつあった同会を批判した。『エヴァ』TV版と同じ一九九五年に発表された小林よしのり『新ゴーマニズム宣言SPECIAL 脱正義論』もまた、当時の「引きこもり」的な思想の良質なバリエーションたる作品といえるだろう。それが九五年の「リアル」だったのだ。

しかし、小林よしのりが『戦争論』で右傾化を見せ、左派陣営ではカルチュラル・スタディーズの流れを汲む運動が右派同様の決断主義に傾くゼロ年代の今、夜神月的な決断主義を、碇シンジ的な「間違えてしまうくらいなら何もしない」という「モラル」で止められるだろうか？

断言するが、それは原理的に不可能だ。なぜならばこれまで見てきたようにゼロ年代の決断主義は、九〇年代の引きこもりの反省の結果生まれたものだからだ。夜神月や彼らの活躍する作品の消費者たちは、そんな錆ついた十年前の想像力を振りかざしてくる旧世代たちを一笑に付すだろう。「そんな甘いことを言ってたら、生き残れない」と。だから彼らは他人を傷つける罪を、積極的に引き受けながら踏み出していく。

そう、問題は既に次の段階に移っている。碇シンジでは夜神月を止められない。碇シンジの「間違えてしまうくらいなら何もしない」という選択は、単にゲームの存在に無自覚な愚者の決断としてしか機能しないのだから。碇シンジに戻る＝九〇年代に退行することなく、ゼロ年代の決断主義を克服する＝夜神月を止めるには、どうしたらいいのか——それが決断主義という不可避の困難に直面する、九・一一以降の動員ゲーム＝バトルロワイヤルのゼロ年代を生きる私たちの課題なのだ。

　だが、この課題に答えうる批評は未だ存在しない――。それは、ここ十年、特に後半の五年間において最も影響力を行使した批評家である東浩紀とその影響下にある論者たちが、この変化に無自覚であり、見逃しているためである。

5. セカイ系――「九〇年代の亡霊」

　八〇年代前半における消費社会の爛熟は、国内の批評言説にひとつの転機をもたらした。新人類ブーム、ニュー・アカデミズムと併走する形で、それまでハイ・カルチャーを中心に展開されていた批評的言説が、若者文化を中心にサブ・カルチャーに及ぶようになった。作家・橋本治が「八〇年安保」と呼んだある種の多文化主義的な批評言説は、八〇年代後半から九〇年代前半における〈別冊宝島〉を中心とした浅羽通明らの活動、そして九〇年代における宮台真司、大塚英志といった新人類世代、あるいは宮崎哲弥、山形浩生、稲葉振一郎など後続世代の活動によってジャンル横断的に担われてきた。これらの言説は、従来のハイ・カルチャーを中心とした批評的言説とサブ・カルチャーを接続するという形式をもち、その視界の広さを駆使して時代の変化を的確に捉えることが可能だった。

しかし、これらサブ・カルチャー批評は停滞して久しい。それは九〇年代末に参入した東浩紀以降、人材が輩出されていないためだ。確かに東によって展開された、九〇年代末からゼロ年代前半における批評は飛躍的に大きな成果を上げた。しかしその一方で、東浩紀の視界は九〇年代後半のオタク系文化と、その影響下にある諸文化に集中しており、サブ・カルチャー批評の視界は大きく制限されることになった。

そのため、サヴァイヴ系が象徴するゼロ年代の新しい想像力の台頭については、ゼロ年代も終わろうとしているこの二〇〇八年までほぼ無視されている。特に宮藤官九郎、木皿泉など決定的な作家を多く生み出したテレビドラマが黙殺されたことによって、ゼロ年代の批評は大きく時代に取り残されたと言えるだろう。こうした一般文芸や映画、テレビドラマの想像力はもちろん、比較的東の関心領域にも近い位置にあったはずのオタク系文化の変化をも黙殺される傾向が強い。

たとえば『無限のリヴァイアス』（一九九九）、『コードギアス　反逆のルルーシュ』（二〇〇七）などの作品でゼロ年代を通してサヴァイヴ系の想像力をテレビアニメの世界で牽引したアニメ作家・谷口悟朗作品についての批評はほぼ存在しないに等しい。

その結果、国内の批評的言説は東の視界の外側で展開された決定的な変化を見逃すことになり、広さと同時に新しさもが失われたのだ。

東浩紀によって失われた、いや正確に言えば東以外に新しい批評家を持たなかったこの不毛の十年によって失われた、批評の「広さ」と「新しさ」を回復することもまた、本書の目的のひとつである。

従来の批評の読者たち、特に東浩紀の読者には、私がここで整理した「九〇年代後半」と「ゼロ年代前半」という区分に違和感を覚える者も多いことだろう。たとえば「引きこもり」青年の葛藤を描いて注目された滝本竜彦や、九〇年代後半的な承認欲求をめぐる自意識の問題への拘泥を描いた佐藤友哉が注目を浴びたのは、彼らが活躍した講談社の小説誌〈ファウスト〉創刊の二〇〇三年前後であり、上記の私の分類に従うと、九〇年代の想像力＝「引きこもり／心理主義」はゼロ年代前半にこそ花開いたのだ——東浩紀の影響下に思考停止する読者は概ねそう考えるだろう。

だが、私の論点はここにこそある。結論から言ってしまえばゼロ年代の前半、時代は既に「引きこもり」から「決断主義」へシフトしていったにもかかわらず、東以外に若者向けサブ・カルチャーにおける物語的想像力の紹介者をもたない批評界は、このパラダイム・シフトに乗り遅れてしまうという現象が発生したのだ。

では、そんな東浩紀とその劣化コピーたちが現代の想像力として掲げるものは何か。それはポスト・エヴァンゲリオン症候群＝「セカイ系」と呼ばれる、その名のとおり『新世紀エヴァンゲリオン』の影響下にある一連の作品群である。

「セカイ系」とは何か。東の著作『ゲーム的リアリズムの誕生』（二〇〇七）によれば「主人公と恋愛相手の小さく感情的な人間関係（「きみとぼく」）を、社会や中間項を挟み込むことなく、「世界の危機」「この世の終わり」といった大きな存在論的な物語に直結させる想像力」である。代表的なものとしては新海誠の短篇アニメーション『ほしのこえ』（二〇〇二）や、高橋しんの漫画『最終兵器彼女』（二〇〇〇～〇一）などが挙げられる。

僕たちは象徴界が失墜し、確固たる現実感覚が失われ、ニセモノの満ちたセカイに生きている。その感覚をシステムで表現すればループゲームに、物語で表現すればセカイ系になるわけだ。

――『美少女ゲームの臨界点＋1』（二〇〇四）東浩紀「美少女ゲームとセカイ系の交差点」

当時の東のこの発言に、『新世紀エヴァンゲリオン』の影響のもと九〇年代後半に流行した美少女（ポルノ）ゲームや、滝本竜彦や佐藤友哉あるいは舞城王太郎の活躍した初期〈ファウスト〉誌に傾倒する二十代半ばから三十代前半のオタク男性たちは大きく勇気づけられたことだろう。

だが、二〇〇四年にこの認識に立っていたことは、東の「新しさ」ではなく、むしろ「古さ」を証明するものである。

この東の認識を少し噛み砕いて説明しよう。「象徴界が失墜し、確固たる現実感覚が失われ、ニセモノの満ちたセカイ」とは何か？　それは私が先述した「一九九五年以降」の世の中だ。ここでいう「象徴界」とは社会や歴史や国家のことだと思えばいい。

地下鉄サリン事件のような「まるでマンガみたいな」事件が起こり、確固たる現実感覚が失われる。「世の中がおかしい」という感覚は若者の社会的自己実現への信頼を減退させ、かわりに自己像＝キャラクター設定への承認を求める心理主義が横行する。そんな「気分」の反映こそが、信頼できなくなった「社会」「歴史」といった中間項を抜きに「自己の内面」と「世界」が直結する「セカイ系」だと言うのだ。なるほど、確かにそれは「新しい想像力」だったに違いない、ただし十年前では。

東のこの世界認識は二〇〇一年以降の世界に──アメリカ同時多発テロと小泉純一郎政権による構造改革以降の世界にまったく追いついていない。

前述のように、近代的な社会像の失効による社会的自己実現の信頼低下と、その結果の心理主義の台頭は九〇年代後半の文化的潮流であり、ポスト・エヴァンゲリオン症候群と呼ばれる「セカイ系」作品の発生も、『新世紀エヴァンゲリオン』の影響が第三次アニメブーム（一九九五～九九年）から、九〇年代末の美少女（ポルノ）ゲームブーム、ライトノベル消費者の高年齢化の波へと伝播していく過程に集中している。その臨界点が二〇〇三年の〈ファウスト〉の創刊であり、同誌ですら、創刊三号で「セカイ系」路線を放棄している。

こうして考えたとき、「セカイ系」とは明らかに九〇年代後半のポスト・エヴァンゲリオンの文脈上にあり、残酷なことだが二〇〇〇年代の前半に東が主張していた「新しい想像力」＝セカイ系の想像力は、既に追い越された古い想像力にすぎなかった。この時期に、東の視界の外側にあった純文学やテレビドラマの世界では東の言う「ニセモノの満ちたセカイ」を前提として、むしろその可能性を模索する作品が頻出していた。いや、東が注目するオタク系文化も例外ではなく、その流行は既に前述の『仮面ライダー龍騎』や『Fate/stay night』のようなサヴァイヴ系に移行していた。『エヴァンゲリオン』→「セカイ系」の他者（社会）にコミットしない（引きこもる）という甘い思想は、既にこのシビアな世の中を「生き残れない」時代遅れの想像力になっていたのだ。

もはやポストモダンの寓話として、九〇年代的「引きこもり／心理主義」＝セカイ系の想像力は古く、不十分である。セカイ系は既に通過され、小さな物語たちが乱立する形での社会像を描き出す新しいタイプのポストモダンの寓話が多数出現し、進化を続けているのだ。

東浩紀は九〇年代末に『新世紀エヴァンゲリオン』と同作を支持する「九〇年代の感性」を擁護して、岡田斗司夫、上野俊哉といった「八〇年代の感性」を有する論客と論争を繰り広げ、若者の支持を得た。そしてゼロ年代前半、東浩紀が擁護していたのは相変わらず『エヴァンゲリオン』的感性の延長線上にある「セカイ系」だった。事実、東は〈ファウスト〉が二〇〇五年にセカイ系中心から『Fate/stay night』のシナリオライター・奈須きのこ中心にシフトした際に、同誌の方針転換を「物語を語ることにためらいがなさすぎる」と批判してセカイ系を擁護した。

だが、時代の流れはそんなにゆるやかではない。東浩紀はこの十年の間に、完全に時代に追い抜かれているのだ。

そして残念なことに、現代のサブ・カルチャー批評の世界は東の次を担う若い知性を輩出できていない。だが、そろそろ停滞する批評の世界からも、「ゼロ年代の感性」からの批判によって、この耐用年数を過ぎて腐臭を放つ「九〇年代の感性」を退場させなければならない。

「セカイ系」という言葉が発案されたのは二〇〇二年、インターネットのアニメ批評サイトでのことだったが、この時期既に「セカイ系」的想像力は時代遅れになりつつあったと言っていい。しかし「オタク第三世代」を中心に、消費者の急速な高齢化がはじまっていた美少女（ポルノ）ゲームや一部のライトノベルレーベルといった特定のジャンルでは、九〇年代的な想像力の残滓として「セカイ系」が生き残り続け、東浩紀はそれを「時代の先端の想像力」として紹介したのだ。

そしてサブ・カルチャーに疎い批評の世界は、東浩紀の紹介を検証することなく受け入れ、かくして、既に耐用年数が切れた古いものが新しいものとして紹介され、本当に新しいものは紹介されず、この国の「批評」は完全に時代に追い抜かれたのである。

次の第二章では、この東浩紀によってもたらされた批評の思考停止について検証する。したがって、九〇年代からゼロ年代へ「物語」を生み出した想像力の変遷を追う作業は第三章から展開することになる。

本書で扱う、国内思想的な背景について関心の高い読者——従来の「批評」の読者はそのまま第二章へと読み進め、それ以外の読者は第三章へ進むことを薦める。

この十年、批評家たちはあまりにも怠惰だった。十年前に生まれた「引きこもり」的想像力、あるいはセカイ系を「新しいもの」として紹介し、変奏し、異なる想像力をすべて八〇年代以前への退行として批判しておけば済んだのだから。

だが、ものを考え、書くという行為は、もっとスリリングでなければ消費者に対して失礼である。だから私は亡霊を祓わなければならない、ゼロ年代の決断主義を超えて、来るべき一〇年代の想像力を模索するために。

第二章

データベースの生む排除型社会――「動物化」の時代とコミュニケーションの回復可能性

1．断念されざる「コミュニケーション」

九〇年代の「古い想像力」――世界の不透明さ／無秩序に怯え内面に引きこもり、「～である」こと＝自己像の承認を求める「引きこもり／心理主義」の碇シンジから、ゼロ年代の「現代の想像力」――世界の不透明さ／無秩序を前提として受け止めた上でその再構築を目指して立ち上がる、「～する」こと＝自らの選択した価値観の正当化を目的にゲームを戦う「開き直り／決断主義」の夜神月《ライト》へ――二〇〇一年を境界線として世界とその想像力は大きく変化した。

しかし、この変化に現在の批評はまったく追いついていない。それは前述の通り、ここ十年間に最も影響力を行使した批評家である東浩紀がこの変化に無自覚であり、東の言説を劣化コピーすることしか知らない国内の批評家たちもまた、この変化を見逃しているためである。

東浩紀は九〇年代にフランス現代思想の紹介者として登場し、サブ・カルチャー研究に基づいたポストモダン論を展開した。つまり東はサブ・カルチャーを例に、フランス現代思想を理論に用いて現代社会のしくみを説明した論者として位置づけられる。

東浩紀の九〇年代における活動の集大成的な著作『動物化するポストモダン』（二〇〇一／講談社現代新書）は批評の世界を大きく切り開くと同時に、大きな思考停止をもたらしている。

同書において東の提示した議論は、二〇〇一年以前、つまり前述の一九九五年前後に発生した社会構造の変化＝「古い想像力」の説明としては、いくつかの齟齬があるもののほぼ完全なものであると言ってよい。

東浩紀の主張を、本書の言葉に置き換えながら要約しよう。東は現代の世の中をデータベースと、そこから読み込まれる小さな物語として捉える。かつて――近代においては、（社会全体を説明する）大きな物語の部分集合として（個人が生きる）小さな物語が存在するツリー型の世界像が人々に共有されていた。

しかし、ポストモダン状況の進行に伴って、大きな物語は解体され、世界像は秩序だったツリーから無秩序なデータベースへ移行する。そんなポストモダンの時代、人々は歴史や社会の与える大きな物語ではなく、情報の海として静的に存在するデータベースから、自分の欲望するとおりの情報を読み込んで「小さな物語」を自身で生成する。そのため、人々は意味の備給にコミュニケーションを必要としなくなる――東はこれを「動物化」と呼んだ。

それぞれ異なる小さな物語と、その物語が生成する共同性＝島宇宙の集合体として現代を捉えるという点において、私の議論は東のそれをほぼ踏襲している。だが、その島宇宙間のコミュニケーションについての評価で大きく対立する。

東浩紀は異なる小さな物語同士の関係＝コミュニケーションを基本的には重視しない。現代においては人々はデータベースから欲望するままに小さな物語を生成し、それに自足して生きることができる。よって、異なる小さな物語とその共同性＝島宇宙ごとのコミュニケーションは、あくまで個人の自発性に依存したものであり、いつでも「降りる」ことができるものである。「動物化」した人間はコミュニケーションによる意味の備給を必要とせずに生きていける――東はそう主張する。

しかし東のこの理解は、果たして私たちが今、生きているこの世の中を説明し得るだろうか。

たとえば「恋愛」について考えてみればわかりやすい。私たちは往々にして異なる価値観をもち、異なる小さな物語を生きる相手に恋をする。恋愛という回路は、原理的に他者とのコミュニケーションの可能性を孕んでいる。

こうして考えてみたとき、東浩紀の諸言説が、美少女（ポルノ）ゲームの消費者たちの自己正当化ツールとして支持を拡大したことの意味は、重い。

私たちは、「動物化」して他者を回避して生きていくことが可能な世界を手に入れている。しかし、そんな世界に生きていても、いや、いるからこそ、コミュニケーションへの欲望と他者と出会うことの必然性はむしろいまだかつてないほどに強く、私たちを動機づけているのだ。

東浩紀が一連の議論のサンプルとして、美少女（ポルノ）ゲームとその消費者たちを取り上げたことは、皮肉なかたちで、しかも決定的にその問題点を浮き彫りにしている。コミュニケーションによる意味の備給を断念したはずの人々が、なぜパズルゲームでもアクションゲームでもなく、擬似恋愛（萌え）を、美少女キャラクターの「所有」による擬似的なコミュニケーションを選択したのだろうか。

それは、現代を生きる私たちは、（東の言葉に添えば）動物と人間の間を揺れ動いているからだ。そのため、動物化した人々が渇望するものが人間的なコミュニケーションへの欲望の代替物である、という皮肉な結果をもたらしている。私たちは動物のように生き得る世界に生きているが、人間的な欲望を断念することはできない。そのため社会に拠らない、自発的なコミュニケーションを成功させた人間だけが、コミュニケーションへの欲望を充足させ、敗れた人々はルサンチマンを沈殿させるしかない――私たちはそんな社会を生きている。

問題はむしろ、自発的なコミュニケーションの可能性をどう確保していくのかという点にあるのだ。

今、私は「恋愛」を例に議論を展開したが、無論この問題はあらゆる局面に当てはまる。アメリカ同時多発テロとその報復戦争が象徴するテロの連鎖、そしてメディアを通して行われる情報戦＝動員ゲーム――データベースから読み込まれる小さな物語たち、そしてそこから生成される共同性＝島宇宙たちは、その存続を賭けて他の島宇宙とときに接触し、ときに争う。

インターネットはどうだろうか。その普及で人々は自由になったが、その一方でウェブという空間は、「小さな物語」たちのコミュニケーションによって発生した怨嗟と憎悪に満ちた動員ゲーム＝バトルロワイヤルの現場として機能している。

私たちはたしかに自由を手に入れた。同じ価値観を有し、同じ小さな物語を生きる人々を検索し、その島宇宙の中で信じたいものを信じて快適に生きていくことが可能のように思える。だが、インターネットは検索して、棲み分ける道具であると同時に、世界をつなぐ道具でもある。本来なら出会わなかったかもしれない小さな物語たちが、ウェブという同じ空間に並べられることで接してしまう。よりマクロな次元では小さな物語たちは棲み分ける一方で、ソーシャルネットワーキング・システムのコミュニティのように同じウェブという空間に並列されてしまう。

そして異なる小さな物語が同じ空間に並列されることによって、それぞれの小さな物語はその正当性の獲得と自己保存のために、内側に対してはノイズを排除する力が働き、外側に対しては他の物語そのものを否定する力が働く。匿名掲示板、ブログサイトの「炎上」、私たちが生きる世界のあらゆる場面を覆っているのだ。

　皮肉な話だが、比喩的に述べるのなら、私たちが生きている世界とは「生徒の自主性を重んじる学校の教室」のようなものだ。そこでは教員の指導ではなく、生徒の裁量で班分けが行われる。そのため、生徒たちは欲望するままに、好きな相手と班を組むことができる。だがそのために、生徒たちは自分たちの班の共同性を守るために特定の生徒を排斥し、他の班と争う排他的なコミュニティが乱立する。あるいは誰とも班が組めなかった生徒は怨嗟の感情を募らせる。なぜか？　それは、学校や教師から班分けの根拠を与えられないこの教室の生徒たちは、自分たちで線を引き、班員とそれ以外を、敵と味方を、メンバーシップを確立しなければ、心地よい棲み分けを確保できないからだ。

　歴史に代表される「大きな物語」ではなく、データベースから生成される「小さな物語」は、その根拠を持たない。そこでは、小さな物語たちはその正当性と棲み分けを守るため――その共同性から誤配とノイズを排除するため、より厳密に敵と味方、内部と外部を区別するために、他の物語を排撃する。データベースから生成される小さな物語の共同性は、排他的な性格を帯びるのだ。

　この動員ゲームに参加しないためには、教室に出席しなければよい。だが、自由に班を組むことのできる権利は、この学校の教室の中でしか保証されない。そして厄介なことに、この教室には今や世界中のあらゆる人間が生徒として登録されているのだ。

現代における自由――欲望するままに小さな物語を読み込む自由は、単一のゲームに参加する不自由によってもたらされるものである。インターネットに接続しなければ、自分と同じ物語を信じる共同性を検索し、参加することはできない。そしてインターネットへの接続は同時に、グローバルで画一化された教室に出席することを意味するのだ。

そして私たちは、教室の外には一歩も出ることができない。仮にインターネットから降りることはできても、グローバル化する世界経済から完全に独立しては生きていけない。私たちは不可避に異なる価値観を選択し、異なる小さな物語を生きる者同士が、同じ空間に並んで生活するという現実に遭遇しているのだ。

グローバル化する世界経済から、日々のコミュニケーションの中で展開される共同体の中での役割＝キャラクターをめぐる争いにいたるまで――私たちはコミュニケーションから降りることはできない。表面的には、東が述べるように同じ価値を信じ、同じ小さな物語を信じる者とのみ関わり、異なる物語を生きる他者との関係からは降りることができるかもしれない。

だが私たちは恋愛をし、経済活動を行い、政治的に醸成された法システムの空間に生きている以上、決定的な場面では必ず他者に遭遇することを余儀なくされる。そのとき、私たちは異なる小さな物語を生きる他者に手を伸ばさなければならなくなる。

現代においては、誰もがデータベースの海から欲望するままに小さな物語を読み込む。究極的には無根拠であることを織り込み済みのものとして「あえて」特定の価値観が選択される。そして、消費者の自発性に駆動される「あえて」は往々にして機能せず、ただ「信じたいものを信じる」という思考停止が世界を覆うことになる——。ゼロ年代の現在を生きる私たちが直面しているのは、この小さな物語たちの生む動員ゲーム＝バトルロワイヤルなのだ。ゼロ年代に顕在化したポストモダンの本質は、東が目をそらしたコミュニケーションの困難にこそ存在するのだ。

2. 「キャラクター」的な実存が生む排他的コミュニティ

東が提示したデータベース消費モデルにおいては、「大きな物語」が失効したあと、人々は全体性を喪失した不透明なデータベースの海から欲しい情報のみを読み込む。だからこそ、人々は「自分の信じたいものを信じればよい」という「究極的には無根拠であることを織り込み済みで、あえて」という決断主義的な回路を用いて小さな共同性の中で通用する小さな物語を備給することになる。そこでは、小さな物語たちの差異は問題にされない。小さな物語は原理的にどれを選んでも変わらない「入れ替え可能」なものにすぎないからだ。

では、人々は欲望するままに「小さな物語」を選び取り「信じたいものを信じればよい」

のか――。

「小さな物語」たちのコミュニケーションについてほぼ想定しない東でさえも、そのような思考停止を手放しで肯定はしない。

繰り返すが、ぼくたちは社会の全体性を想像しにくい時代に生きている。実存的に言いかえれば、それぞれのアイデンティティ、生きる拠りどころが発見しにくい時代に生きている。地域が崩壊し、家庭が崩壊し、学校が崩壊し、社会のあらゆる場面で流動性が高まるなか、ぼくたちは、どうせ自分がいなくても自分の場所はだれかが占めるし、人生に決まった目的はないのだからその場その場の快楽にしたがって判断を下すのが正しい、といういささかシニカルな感覚に慣れ親しんでいる。

――東浩紀「セカイから、もっと近くへ」第四回〈ミステリーズ！〉vol.29／東京創元社（二〇〇八年）

では、東はどう考えるのか。東はいささか抽象的で、非現実的な回答を試みている。

東は、これら小さな物語たちを越境するものとして、「キャラクター」という概念を提示している。大きな非物語＝データベースから自由に抽出される諸要素、特に「〜である」という設定で形作られる創作の登場人物＝キャラクターは、無数に乱立する小さな物語ごとの共同性を越境し、超越する存在として規定される。たとえば、このキャラクターへの愛情のようなものが、小さな物語の共同性を超えた連帯を可能にすると主張するのだ。

> ぼくたちは社会も人間も摑むことができない。ぼくたちは具体的で社会的な人間とは連帯できず、抽象的で空想的なキャラクターにしか感情を向けることができない。しかしそれは必ずしも、ひとがセカイに孤独に向き合い、無力になることを意味しない。なぜならば、それらのキャラクターたちは、決して実在はしないのだけれど、彼らは彼らで連帯し、彼らは彼らでネットワークを形作り、そして彼ら自身の論理に基づいてぼくたちを孤独のなかから連れ出し、世界への感情に目覚めさせてくれるからだ。
> ――東浩紀「セカイから、もっと近くへ」第四回〈ミステリーズ！〉vol.29／東京創元社（二〇〇八年）

たとえば現在において、多くの創作物のキャラクターは、消費者たちによって二次創作という形で消費される。二次創作とは同人誌やウェブサイト、あるいは動画共有サイトなどを中心に展開される一種のパロディであり、一次著作に登場するキャラクターがユーザーによって別の物語を与えられる[1]。そこでは一次著作物の中では結ばれなかった恋人たちが結ばれたり、壮絶な死闘を演じていたはずの戦士たちが他愛もない日常生活を楽しんだり、ポルノグラフィとして機能すべくヒロインが陵辱されたりする。

つまり一次著作物のキャラクターに対する欲望が、二次創作という「読みたい物語を（自ら生成して）読む」という行為を駆動するという回路が既に定着しているのだ。東はこうした消費傾向を根拠に、「キャラクターは物語から独立する」と主張する。東はこのようなキャラクターへの愛情（所有欲）に、小さな物語の共同性を超越した思考の可能性を見るのだ。

だが、ここに私と東の決定的な対立点がある。

果たして、データベースから読み込まれる諸要素、たとえばキャラクターは（小さな）物語の共同性を超越するのだろうか。「キャラクターは物語から独立する」というのは、幻想ではないだろうか。

たとえば戦後のある時点から、私たちは「キャラクター」という言葉を「創作物の登場人物」という意味で使用している。そして現代、それ以上にこの「キャラクター」という言葉は「特定のコミュニティの内部で共有される人物像」のことを指すものとして使用されている。

私たちが個人に対し「あの人は〜だ」と人物像を抱くとき、それ（キャラクター）は特定のコミュニティ（小さな物語を規定する共同性）の文脈によって決定された位置のことに他ならない。

たとえばあなたが自身に、「知的で繊細な」イメージを抱いている＝自分は「知的で繊細である」と設定されたキャラクターであると規定している、としよう。しかしあなたが所属しているコミュニティの成員がその自己像＝キャラクターを承認しなければ、あなたは「知的で繊細な」人間としては扱われない。

あなたの自己像＝キャラクターが成立するためには、それを承認してくれる物語＝共同体が必要なのだ。私たちは人間関係を物語として捉え、思考している。

こうして考えてみたとき、キャラクターとは、小さな物語（人間関係）の中で与えられた位置＝役割のようなものにすぎないことがわかる。少なくとも、私たちが生きている現実世界において、キャラクターは物語に隷属する。たとえば「空気を読めない人」とは、自身のキャラクターが、物語（コミュニティ）から独立して存在するという誤った認識を抱き、他者に対して暴力的に自らのキャラクターの承認を求める人のことに他ならない。より厳密に表現すれば、キャラクターとはその設定を承認してくれる共同性＝物語を必要とするもので、独立しては存在し得ないのだ。

東浩紀が例示した一次著作物と二次創作の関係にも、この理論を当てはめてみよう。ある消費者が一次著作物に登場するキャラクターを二次創作で消費するとき、そこに働いているのは本当に「キャラクターの物語からの独立」だろうか。

ある小説に登場する「A」というキャラクターが、オリジナルである一次著作物（小説）から、消費者たちによる二次創作であるパロディ漫画で消費されるとき、たしかに「A」は一次著作物（小説）からは独立しているかもしれない。しかし、「A」というキャラクターを承認する共同性（小さな物語）はむしろ二次創作によって再強化されている。たしかにそこでは、一次著作物で「A」に与えられたものとは別のシチュエーションに置かれているかもしれない。しかし、「A」というキャラクターの設定への承認＝共同性の中での位置はより強化されている。

たとえば「A」の一次著作物によって醸成（承認）された「精神的外傷を負った薄幸な美少女」といったキャラクター設定は、二次創作によっては再強化されることはあっても脱臼はされない。たとえ二次創作上で、一次著作物とは打って変わったギャグ・パロディが展開され、他愛のない冗談を重ねて陽気に笑う彼女が描かれたとしても、そこでの消費者たちは彼女の「精神的外傷を負った薄幸な美少女」という設定とのギャップを消費しているのであって、「A」のキャラクター設定と、それを承認する共同性（小さな物語）が再強化されることはあっても、相対化されることはない。小さな物語の共同性はむしろキャラクターによって強化されるのだ。

特定のキャラクターを承認する場として成立した共同性――動画共有サイトやウェブコミュニティで頻出する――は決してキャラクターの設定を侵犯しない。愛玩動物が擬人化された愛くるしいキャラクターが、パロディの対象にされたとき筋骨隆々の中年男性風に描かれることや、清楚な美少女キャラクターが淫らな行為にふける様は二次創作で頻繁に描かれるが、これらの行為がむしろ一次著作で設定されたキャラクターを徹底して承認し、その承認を与える共同性を再強化する行為であることは明白である。

キャラクターは、個別の作品は越境するかもしれない。しかし、それらの作品が孕む小さな物語の共同性は、むしろより誤配がない形で強化される。キャラクターとは小さな物語を越境する存在ではない。むしろその承認を要求して小さな物語（共同性）の成立と再強化を促す存在なのだ。

キャラクターは厳密には記号とはいえない。その成立のためにはキャラクター設定を承認する共同性が必要であり、共同性は物語によって規定されるからだ。キャラクターは一次著作から独立し、二次創作で改変され消費されることで、その設定をより徹底して承認させる共同性と、その共同性を規定する物語をメタレベルで再強化する。

東浩紀の議論は、この点を見落としている。データベース消費におけるキャラクターという概念を、東はある種の物語批判として提示した。だが、キャラクターは常に共同性を読み込むものなのだ。キャラクターこそが「小さな物語」の源泉だと言ってもいい。

ウェブ検索エンジンや、ソーシャルネットワーキングなどのシステムは、その「欲望する情報のみを読み込む」検索性ゆえに、同じ思考、同じ小さな物語の共同性を選択した者同士の排他的なコミュニティを量産する傾向が強いが、キャラクターという概念についても同じことが言える。

キャラクターの共有によって新たに発生する共同性は、そのキャラクターの設定を承認するための小さな物語によって強く規定されている。そのため誤配を許容せず、排他的な共同性として機能する。たしかにそこは、技術的には全世界から接続し得るコミュニティかもしれない。しかし、物語レベルではまったく開かれていない。そのキャラクターの持つ設定を承認する者だけが接続できる、誤配のない小さな物語なのだ。「小さな物語」を越境する自由な存在としてキャラクター（に代表される記号的要素）を規定する東の主張は、ここを見逃している。データベース消費モデル下におけるキャラクター消費は、「小さな物語」つまり決断主義的な思考停止、棲み分け、すなわち排他的なコミュニティと圧倒的に親和性が高いのだ。

データベース消費理論自体を私は否定しない。しかし、データベース消費がある種の物語批判として展開されたことには同意できない。たしかに記号は物語から完全に自由かもしれない。ある映画で使用された効果音は、まったく別の表現と文脈に置かれてもその存在は揺るがず、独立して消費される。そこに物語とその共同性は発生しない。

しかし、擬似的に内面と人格を醸成するキャラクターは、そもそも厳密には記号とは言えない。過去にまつわる経歴設定、髪の毛の色、口癖、あるいは「ネコ耳」や「メイド服」などの外見的な衣装は記号かもしれない。だがそれらの記号が単体で消費されるとき、それはキャラクターとは呼ばれない。これらの諸要素が統合され、ある種の人格設定として機能し、その設定を承認する共同性が発生してはじめてキャラクターは成立する。

繰り返そう、キャラクターは物語とその共同性から無縁ではいられないのだ。

データベース消費がメタ的に無効化するのは「物語」ではない。個々の作品、具体的には表現の「空間」のようなものだ。小説なら「文体」の、映画なら「(映画的)空間」の力が、データベース消費の時代には相対的に弱くなる。なぜならばこれらの空間は「大きな物語」のような包括的な力に依存した存在だからだ。

昨今の純文学の衰退は、文体という表現の空間の弱体化によるところが大きい。「文体」とは「国語」という明治政府による人工回路に依存するもので、それは国民国家的な「大きな物語」が後退した以上は、必然的に弱体化するのだ。そのため必然的に物語(構造)に重きを置くケータイ小説、キャラクターに重きを置くライトノベルなどが支持を広げることになる。

昨今のテレビバラエティ番組がなぜテロップを多用するのか。それは表現の空間を規定する力が、データベース消費の時代には弱くなるからだ。視聴者たちは芸能人のキャラクターと、そのキャラクターを規定する位置関係=物語は容易に読み込むことができるが、「この発言のどこで笑えばいいのか」という空気=表現の空間は伝わりにくくなっている。だからテロップを入れ、空気を指定してあげなければならない。

データベース消費モデルは、むしろ物語の力を肥大させるのだ。キャラクターは決して「小さな物語」を超越しない。個々の小説、映画、漫画作品を越境して共有されることはあったとしても、それらの作品を規定している共同性を決して超越することはない。キャラク

ターは表現の空間からは独立するかもしれないが、物語には隷属するのだ。(2)

3. データベースからコミュニケーションへ

そして東のキャラクターという概念をめぐる理解は、九〇年代後半的な自意識のあり方と符合している。「〜する／〜した」という行為＝社会的自己実現ではなく、「〜である／〜ではない」という自己像の設定＝キャラクターの承認によってアイデンティティを獲得するという回路が、九〇年代の社会状況の産物であることは既に述べた通りである。

そしてゼロ年代の現在において露呈しているのは、誰もが自己像に抱いている設定（自己愛）＝キャラクターを承認してくれる共同性（決断主義的に選択される「小さな物語」）を求めた結果、メタレベルで複数の小さな物語が乱立する動員ゲーム的状況なのだ。

人々は主観的にはデータベースから欲望する情報を読み込んでいるだけかもしれない。しかし、メタレベルでは各々が結果的に選択した小さな物語の共同性に絡め取られており、小さな物語同士の間でも、小さな物語の共同性の内部でもコミュニケーションは発生しているのだ。東の一連の議論は、このコミュニケーションに対する視線がほぼ欠如している。

「〜する／〜した」という関係性（コミュニケーション）ではなく、「〜である／〜ではない」という設定（データベース）でアイデンティティを確保しようとする思想は、必然的にその設定を承認してくれる共同性（物語）を要求する。そして小さな物語への無自覚な依存は、極めて排他的なコミュニティと結びつきやすいことは既に述べた通りである。「大きな物語」の支える空間を失った今、どう「小さな物語」を生きていくのか、複数の「小さな物語」たちをどう生きるのか、それが、私たちに与えられた課題ではないだろうか。データベースからコミュニケーションへ。それが本書の最大の問題設定である。

そのため、本書では小説、漫画、映像作品を問わず多ジャンルの「物語」のみを抽出し、比較検討する。これは無数に増殖し、乱立する「小さな物語」の内実に優劣を与え「真正な物語」を選択する作業ではない。異なる「小さな物語」の真正さをめぐる議論に意味はない。現在はデータベースから欲望する記号のみを抽出し、欲望する小さな物語を決断主義的に選択し、信じることが可能なのだから。南京大虐殺が捏造か実在か、戦後民主主義が虚妄か否か、好きなほうを信じればよい。そのレベルでは、どの物語を選んでも変わらない。だからこそ東浩紀は物語の内容ではなく、その形式に注目し議論を展開してきた。

「真正な物語」をめぐる議論に意味がないという東の主張に、私は同意する。たしかに、物語の真正さ、比喩的に表現すればイデオロギーの選択には意味がない。現代社会においては、どんな物語も（究極的には無根拠であるにもかかわらず、決断主義的に選ばれた）「小さな物語」にすぎないのだから。だが、この「どんな物語を選んでも変わらない」という態度は、「ならば信じたい物語を信じればいい」という思考停止をなし崩し的に肯定してしまう。

「政治と文学」という古く、そして新しい問題意識に照らし合わせて考えるのなら、「政治」の問題としては、それで構わない。たとえば小さな物語同士の動員ゲームを調整する社会設計を組み上げ、その社会設計を担う権力の可能な限りの透明化、自由化を考える、という順序で進めばいいのだから、方向性はともかく議論の道筋は明白だ。

しかし、私たちは「文学」の問題――ひとりひとりがどう生き、他者と関わり、死ぬのかという問題から逃れられない。そのときに、物語の形式だけを考えていればよいのだと思考停止し、ただ動物のようにデータベースから欲望する記号を読み込み、信じたい物語を信じればいい、というのは安易な態度に他ならない。

データベース消費モデルの浸透は、物語の力を弱めない。むしろ人々を、無数に乱立し、増大する「小さな物語」の海に投げ込み、その無根拠と有限性を引き受けた上で、自己責任で自分の物語を選択することを要求する。私たちが物語の真正さを考えることには意味がない。だが、物語への態度、付き合い方を考える必要性にはいまだかつてなく直面している。私たちは何らかの「小さな物語」に依存して生きていかなければならない。その小さな物語が単一なのか複数なのか、永遠のものとしてそこに依存するのか、その有限性を受け入れるのか――物語への進入角度、距離の詰め方、つまり物語への態度こそが、私たちの課題なのだ。

物語の真正さ、比喩的に表現すればイデオロギーから、物語への態度、すなわちコミュニケーションへ。繰り返そう、「真正な物語」をめぐる議論は無効である。しかしその一方で

「自由な（態度を可能にする）物語」をめぐる議論の重要性はむしろ増大している。それも、圧倒的な速度で。

しかし、現在の批評的知性はこの問題に対して極めて鈍感である。いまだにデータベース消費モデルが表現の空間を変質させるという東浩紀の議論の変奏ばかりが奏でられ、批評誌には「〜の新しい体質」といった見出しが並んでいる。「〜」の部分には小説、映画、漫画などが代入される。だがそれは東浩紀の視界と射程から、一歩も出るものではない。それらの「新しい批評」を僭称する東の劣化コピーは「物語への態度（コミュニケーション）」を考えず、思考停止することで決断主義的な「小さな物語」への棲み分けをなし崩し的に肯定する態度である。だが、彼らの視界の外側には残された決定的な問題が、圧倒的な存在感をもって渦巻いているのだ。

（1）「YouTube」「ニコニコ動画」などの動画共有サイトは二〇〇六年以降急速な発展を呼び、キャラクターの所有（共有）によって発生するコミュニティを形成している。そこではキャラクターを用いた二次創作が多数発表され、新たなクリエイターが台頭する場として形成されつつある。

（2）八〇年代から現在を通して、国内外を問わず村上春樹の小説が例外的に読まれ続けるのは、村上が練りこまれた文体と魅力的なキャラクターを生み出しながらも、それ以上に作品世界そのものは圧倒的な強度を持つ物語とその構造によって支えられているからに他ならない。

第三章

「引きこもり／心理主義」の九〇年代――喪失と絶望の想像力

1. 八〇年代から九〇年代へ――「八〇年安保」的多文化主義について

本章では、議論の前提として九〇年代の想像力について整理する。第一章で私は九〇年代、特に後半の五年間を「引きこもり」の思想の時代と捉えたが、この「引きこもり」の時代がどのように発生し、衰退していったのかを、ここではより詳細に検討する。

前述のように、国内におけるポストモダン状況の進行は、七〇年代以降の消費社会の定着、及びそれに伴う社会の流動性の上昇に並行している。国内の批評においては、日本におけるポストモダン状況は消費社会が定着した八〇年代に決定的に進行したと捉える考え方（浅田彰）と、一九九五年前後に冷戦と成長時代の終焉によって決定的に進行したとする考え方（東浩紀）が存在する。

本書では七〇年代以降、段階を踏んで徐々にポストモダン状況が進行したという立場を取る。政治の季節が終了した一九六八年から七〇年代初頭が第一段階、「八〇年安保」的な多文化主義が台頭した八〇年代が第二段階（浅田彰）、一九九五年前後が第三段階（東浩紀）、そして九・一一と小泉純一郎政権の誕生によってグローバリゼーションの徹底段階に突入した二〇〇一年がさしずめ第四段階といったところだろう。第一章で提起した私の問題意識は、この二〇〇一年の変化に批評の世界が追いついていないことにある。

この図式下における八〇年代と九〇年代の違いは何か。まず八〇年代から検証しよう。

「明るい豊かな未来」を築くためにひたすら「真理探求の道」に励んでみたり、企業社会のモラルに自己を同一化させて「奮励努力」してみたり、あるいはまた「革命の大義」とやらに目覚めて「盲目なる大衆」を領導せんとしてみたりするよりは、シラケることによってそうした既成の文脈一切から身を引き離し、一度すべてを相対化してみる方がずっといい。繰り返すが、ぼくはこうした時代の感性を信じている。

(中略)

対象と深くかかわり全面的に没入すると同時に、対象を容赦なく突き放し切って捨てること。同化と異化のこの鋭い緊張こそ、真に知と呼ぶに値するすぐれてクリティカルな体験の境位《エレメント》であることは、いまさら言うまでもない。簡単に言ってしまえば、シラケつつノリ、ノリつつシラケること、これである。

——浅田彰『構造と力——記号論を超えて——』(一九八三/勁草書房)

八〇年代は消費社会の定着に伴って多文化主義と相対主義が台頭した時代、とされる。ただしこの相対主義というのは、七〇年代以前の（マルクス主義に象徴される）大きな物語の凋落を語ること自体が、絶対的な価値を帯びていた「相対主義という名の絶対主義」であった。いわば八〇年代とは絶対主義の臨界点としての擬似的な相対主義の時代である。

戦後日本の思想的なモードの変遷を辿るとき、もっとも適当な素材は国内最大の物語メディアである〈週刊少年ジャンプ〉であることは第一章で指摘したとおりである。そして、この八〇年代から九〇年代前半にかけて〈ジャンプ〉は『ドラゴンボール』『聖闘士星矢』など、トーナメントバトル・システムを採用した作品の人気に支えられ、黄金期を迎えていた。絶対主義の臨界点としての擬似的な相対主義が表出した八〇年代とは、大枠ではやはり近代的な「大きな物語」の作用した最後の時代と位置づけることができるだろう。

そして、このとき擬似的な相対主義として表出していたポストモダン観は、「自由で冷たい社会」の「自由さ」がやや能天気にも思える肯定的な文脈で受け取られていた。それが「八〇年安保」的な多文化主義であり、擬似相対主義である。

八〇年代を代表する文化人――「新人類」の代表であり、「おたく」という言葉の発明者でもある作家・コラムニストの中森明夫は、その代表作である小説『東京トンガリキッズ』（一九八七／角川書店）にこんな一節を残している。

そしてある日、本当にミサイルは赤い尾を引きずり僕らの上空を飛ぶだろう。その時、たぶん神様は無力だろう。そう、終わりは突然やってくる。（中略）世界の終わる日、僕達はチケットぴあで芝浦インクの来月のチケットを予約するだろう。世界の終わる日、僕たちは次のバーゲンの最初の日の日付にしるしをつけるだろう。世界の終わる日、僕達は、おろしたてのアディダスからゆっくりと靴ひもを抜き取るだろう。

八〇年代的多文化主義の体現者であった「新人類」中森明夫の言葉から、私たちは八〇年代という時代の本質を見ることができる。

それは、八〇年代の楽観的なポストモダン観は第一に経済的に決定されていた——具体的にはバブル経済へと向かう好景気に支えられていたという現実である。そして第二に、そんな多文化主義的な現実を大枠で規定しているのが、冷戦構造に象徴される近代的な「大きな物語」であるという現実——当時は未だに健在であった「大きな物語」の相対化フェイズであったという現実である。

しかし九〇年代前半、具体的には一九九一年のバブル経済の崩壊と冷戦の終結によって中森明夫『東京トンガリキッズ』に象徴される「八〇年代的なもの」が崩壊していくことになる。バブル経済の崩壊は好景気を、冷戦終結は「大きな物語」の政治的存在感を、それぞれ崩壊させたのだ。

かくして、九〇年代がはじまった。

2．九〇年代「平坦な戦場」のはじまり——完全自殺マニュアルと岡崎京子

だけど世界は終わらなかった。原発はいつまでたっても爆発しないし、全面核戦争の夢もどこかに行ってしまった。アンポトウソウで学生が味わったみたいに、傍観しているだけの80年代の革命家は勝手に挫折感を味わった。

これでやっとわかった。もう〝デカイ一発〟はこない。22世紀はちゃんとくる（もちろん21世紀はくる。ハルマゲドンなんてないんだから）。世界は絶対に終わらない。ちょっと〝異界〟や〝外部〟に触ったくらいじゃ満足しない。もっと大きな刺激が欲しかったら、本当に世界を終わらせたかったら、あとはもう〝あのこと〟をやってしまうしかないんだ。


——鶴見済『完全自殺マニュアル』（一九九三／太田出版）

そう、世界は終わらなかったのだ。

九〇年代という時代を簡易に表現するのなら、八〇年代から「好景気」と「冷戦」を引き算したものだと思えばよい。ポストモダン状況が進行すると、人々の世界像は「不自由だが暖かい（わかりやすい）社会」から「自由だが冷たい（わかりにくい）社会」に移行するが、この「冷たい（わかりにくい）」部分は、八〇年代においては「好景気」と「冷戦」によっ

て隠蔽されていた。

だが九〇年代、バブル経済の崩壊と冷戦の終結により、人々は「自由だが冷たい（わかりにくい）社会」に直面することになったのだ。

引用した鶴見済『完全自殺マニュアル』序文は、そんな「自由で、わかりにくく、冷たい世界」に投げ出された絶望を的確に表現した一文である。文中に頻出する「あのこと」とは、言うまでもなく「自殺」のことだ。無論これは、若者が憧れがちな「死」という意匠を用いた矮小なパフォーマンスの一種であることは間違いない。しかし、この鶴見の一文からは九〇年代を決定づける要素を抽出できる。

それは第一に「モノはあっても物語のない世界は、つまらない」という絶望である。九〇年代を通して「自由だが冷たい（わかりにくい）」世界はその「冷たさ（わかりにくさ）」によって悲観的に捉えられていくことになる。

そして第二に挙げられるのが、第一章で私が指摘した「引きこもり／心理主義」的傾向である。『完全自殺マニュアル』の序文は、問題が存在したとき、世の中（状況）を変えるのではなく、自分を納得させるのだと言っているようなものなのだ。鶴見は「つまらない世の中」を自分たちの力で面白くしようとは考えない。代わりに提案されるのはまず薬物であり、次に自殺である。無論、ここに登場する薬物と自殺はともに、問題の心理的な水準における解決の比喩に他ならない。世界がつまらないとき、世界ではなく自分の心を変えることでやり過ごす——それが鶴見が表現した九〇年代の思想なのだ。この「引きこもり／心理主義」

的な傾向は、九〇年代後半により拡大して展開されることになる。

この鶴見が描いた九〇年代の絶望を別の形で表現したのが漫画家の岡崎京子である。岡崎は一九八三年に〈漫画ブリッコ〉（白夜書房）にて活動を開始し、漫画誌のみならずカルチャー誌、ファッション誌などを舞台に、前述の八〇年代的多文化主義下における女性の感性を描き読者の支持を集めた。一九八九年には『Pink』で、売春を重ねては過剰な消費を繰り返す女性を主人公に、バブル経済下における「モノはあっても物語のない」世界を両義的に描き出した。

あたし達の住んでいる街には
河が流れていて
それはもう河口にほど近く
広くゆっくりよどみ、臭い
河原のある地上げされたままの場所には
セイタカアワダチソウが
おいしげっていて
よくネコの死骸が転がっていたりする

——岡崎京子『リバーズ・エッジ』（一九九四／宝島社）

そんな岡崎は、鶴見と並びもっとも敏感に八〇年代から九〇年代への移行を感知していた作家だったと言える。奇しくも『完全自殺マニュアル』と同じ一九九三年に連載が開始された『リバーズ・エッジ』は、鶴見と同じ風景——廃墟としての九〇年代——をより自覚的に描いた岡崎の代表作である。


あらかじめ失われた子供達。

すでに何もかも持ち、そのことによって何もかも持つことを諦めなければならない子供達。

無力な王子と王女。深みのない、のっぺりとした書き割りのような戦場。

彼ら(彼女ら)は別に何らかのドラマを生きることなど決してなく、ただ短い永遠のなかにたたずみ続けるだけだ。


——岡崎京子『リバーズ・エッジ』ノート・あとがきにかえて

そう、同作はそんな廃墟としての九〇年代を生きる「あらかじめ失われた子供達」の物語だ。

語り手の若草ハルナは「モノはあっても物語のない」この世界に疎外感を覚えながら、日常をなんとなくやりすごす少女として描かれる。

物語はそんな彼女が、河辺で偶然、死体を発見することではじまる。同性愛者でいじめられっ子の山田一郎、過食と嘔吐を繰り返す高校生モデル・吉川こずえ──同じく河辺の死体の存在を感知した生徒たちと、ハルナは友情未満の他愛もない触れ合いをもつ。

河辺の死体とは「モノはあっても物語のない」世界に現れた、破れ目のようなものだ。ハルナと山田、そしてこずえは「物語のない」世界への絶望を媒介につながっていく。死体が象徴する日常の破れ目で肩を寄せ合うように、彼らは集い、そして一瞬で別れていく。

岡崎京子はその儚い、だがそれゆえに美しい触れ合いを、ウィリアム・ギブスンの詩の一節を引いて「平坦な戦場で僕らが生き延びること」と表現した。平坦な戦場──それは「モノはあっても物語のない」九〇年代の廃墟のことに他ならない。

そこで、私たちに残された数少ない日常の「外部」──死──を経由することで可能になる、ほんの一瞬だけ成立する物語、いや物語未満の触れ合いとその喪失を岡崎は描いたのだ。

この岡崎が描いた「平坦な戦場」としての絶望的な日常と、性愛と死に象徴される外部性の獲得という構造は、同時代に活躍した魚喃キリコ、南Q太など広義の岡崎フォロアーに位置づけられる作家群、あるいは山本直樹や望月峯太郎といった青年漫画の担い手に共有されていった。

だがここには大きな問題が横たわっている。『リバーズ・エッジ』の河辺の死体は果たして本当に「平坦な戦場」を克服する鍵として機能するものだったのだろうか。それが本当に

「平坦な戦場」の裂け目につながる回路であれば、ハルナたちは「平坦な戦場」という世界観自体を放棄せざるを得ない。なぜならば死という決定的な現実との遭遇はそこを「平坦」ではなくしてしまう。そこには否応なしに「物語」が発生してしまうのだ。しかし岡崎の描く「死」はそう機能しなかった。

なぜか。皮肉な話だが、そこでは死が「外部」として描かれているからだ。

岡崎は性愛を外部としては描かなかった。語り手のハルナと同級生のセックスは、空虚な日常の一部と化しており、外部に接続できない。しかし、「死」は外部としての予感を漂わせる。

果たして日常に「外部」はあるのだろうか――そもそも、ポストモダン状況とはすべてが入れ替え可能になり、何を選んでも変わらない世の中になることではなかったか。そんな世界で人々は、自分たちの共同性の中でのみ通用する小さな物語とその超越性にすがる。だがそんなローカルな神様は、別の共同体＝小さな物語の中を生きる他者にとっては発泡スチロールのシヴァ神でしかない――。ポストモダン状況下において「外部」とは原理的に成立しないものなのだ。したがって外部性の導入という「平坦な戦場」の克服は必然的に失敗することになる。鶴見・岡崎が描く「死」は日常の外部への接続を僭称していたが、実際は「平坦な戦場」の中で流通する商品という名の擬似超越性にすぎなかった。岡崎は、結局「死」を描けなかったのだ。

岡崎は性愛に関しては、安易に特権化することなく、慎重な態度を貫くことができた。しかし死についてはやや安易に外部化・特権化してしまったと言わざるを得ない。同様の指摘が『完全自殺マニュアル』にも可能だろう。日常の外部として存在する「死」は、結局のところ商品のようなものでしかない。鶴見済は『完全自殺マニュアル』において薬物と死を等価に置いた。同書において、薬物も死（のイメージの消費）も、日常をやり過ごすための安全な擬似超越性＝商品でしかない。その点において、鶴見は岡崎より自覚的だったのかもしれない。

鶴見・岡崎的な「平坦な戦場」をやり過ごすための擬似的な外部性の導入は、やがて九〇年代後半にむけてより徹底されたものに回収されていく。

3. 心理主義化する九〇年代――野島伸司と幻冬舎文学の時代

九〇年代前半は、バブル経済の崩壊と冷戦終結に伴って、誰もがそこが「平坦な戦場」であることに気づいた時代だった。「生きる意味」も「真正な価値」も存在しないが、多文化主義的な消費社会の海を楽しく泳ぎまわっていれば問題ない――そんな楽観的なポストモダン観は常にその裏側の寂しさ、疎外感と同時に描かれてきたが、景気の後退は前者を葬り去り、後者のみを九〇年代に残したのだ。かくして、九〇年代は、これまでのように歴史や社会が「意味」を備給してくれない世界＝「物語」のない平坦な戦場として幕を上げた。

多くの大人たち、特にかつて浅田彰や中森明夫と併走した「新人類」文化人たちの多くは、世界のわかりにくさ、意味のなさから逃避するように、左翼的なロマンティシズム、あるいは新保守的なイデオロギーに回帰していった。大人たちが慌てて既に壊れた回路＝歴史と社会による「意味」の備給回路にすがっていく光景は当時の若者たちを失望させていった[1]。

そんな若者たちも直接的に「意味」や「物語」を求めるようになっていった。たとえば国内音楽の市場では、ＫＡＮ『愛は勝つ』、大事ＭＡＮブラザーズバンド『それが大事』など直接的に友愛を謳う楽曲が向精神薬のように瞬間的に支持を集め、退場していくということが繰り返された。

前述の鶴見・岡崎的な日常の中に擬似的な「外部性」を導入する、という挑戦はそんなベタな物語回帰を拒否しつつも、物語を獲得しようという果敢な挑戦であったと位置づけることができる。

この九〇年代前半のベタな物語回帰を象徴する存在として挙げられるのは、脚本家・野島伸司による一連のテレビドラマ作品である。

バブル経済下の一九八八年、トレンディー・ドラマ『君が嘘をついた』でメジャーデビューを果たした野島伸司は、バブル経済の崩壊に前後して『101回目のプロポーズ』（一九九一）、『ひとつ屋根の下』（一九九三）など純愛や家族愛を訴える物語回帰路線を採り、時代を代表するテレビドラマ脚本家となった。

しかしその一方で野島は同時期に、岡崎京子や鶴見済が象徴するスノッブ系サブ・カルチャー群で多用されていた、「性愛」「死」の商品化、日常への擬似的な外部性の導入を徹底して通俗的なレベルで遂行していったと言える。『高校教師』（一九九三）では近親相姦が、『人間・失格～たとえばぼくが死んだら』（一九九四）ではイジメによる生徒の自殺など、ゴールデンタイム放映のテレビドラマにおいて半ばタブーとされていた要素が露悪的に羅列され、支持を集めていった。鶴見・岡崎的な試みすらも、まるで向精神薬を処方するように記号的に配置する野島伸司の徹底した手法と、その商業的成功はこの時代の想像力のあり方をもっとも象徴するものと言えるだろう。

この「性愛」「死」といった擬似外部性の記号的な配置は、文学の世界でも顕著に見られるようになっていった。

九〇年代前半、八〇年代的な物語批判の文脈は大きく衰退し、村上春樹、吉本ばななといったむしろ消費社会に直面することで生まれる疎外感――「平坦な戦場」問題を描くプレ九〇年代的な作家たちが大きく支持を集めていった。

一九七九年『風の歌を聴け』でのデビュー以降、現代の国内文化において圧倒的かつ特殊な位置を占める村上春樹はともかく、吉本ばななについては八〇年代までは時代の感性を的確に切り取りつつもポストモダン状況を巧みに織り込んでいった作家として位置づけることができる。特に吉本が「平坦な戦場」を幸福な日常として読み替えるため、八〇年代までの少女漫画的な感性を輸入し擬似家族的な共同体を描いていたことは非常に重要で、『キッチン』（一九八八）、『TUGUMI』（一九八九）など現在も再読される初期吉本作品がこれに当たる。

しかし吉本ばななは九〇年代以降、精神分析的、いや俗流心理学的なアプローチで「性愛」や「死」という擬似的な外部性を、記号的に日常に導入するという野島伸司的な手法を採るようになる。『白河夜船』（一九八九）、『N・P』（一九九〇）、『アムリタ』（一九九四）といった作品がこれに当たる。

同様の指摘は村上龍にも可能だろう。一九七六年『限りなく透明に近いブルー』でデビューして以来、村上は『コインロッカー・ベイビーズ』（一九八〇）、『テニスボーイの憂鬱』（一九八五）、『愛と幻想のファシズム』（一九八七）などの作品で吉本以上に消費社会の可能性と疎外感を的確に描き出し、八〇年代を代表する作家として機能した。

しかし九〇年代以降、村上龍は明らかに低調期を迎える。時代に対する半分の肯定と半分の異議申し立てで成立していた村上の小説世界は、八〇年代という図式を失うと同時に迷走を始める。『長崎オランダ村』（一九九二）、『昭和歌謡大全集』（一九九四）のような社会時評的な視点・意匠を導入することでリアリティを補強する作品や、『五分後の世界』（一九九四）のような後退した歴史をサブ・カルチャー的な偽史（『機動戦士ガンダム』シリーズの宇宙世紀のようなもの）で補完するような作品が目立つようになった。

擬似的な外部性を召喚する商品――向精神薬、サプリメントとしての「性愛」「死」、あるいは「精神的外傷」「近親相姦」など登場人物（キャラクター）の過去に貼り付けることで淡白な物語を発生させる文学的記号、そして社会時評的なトピックと『機動戦士ガンダム』的な架空歴史の年表――これらはすべて八〇年代から九〇年代にかけて大きな物語が失効し、歴史的なものが個人の生に生きる意味や正しい価値を保証しなくなった世界でどう「物語」を確保していくか、という課題に、想像力の担い手たちが向き合った結果、洗練されていったものだった。

その記号、要素の組み合わせによって生成される「記号的」な文学を批評家の大塚英志は「幻冬舎文学」と揶揄した。それは、九〇年代における村上龍作品がこの現象を象徴しているると大塚が判断したためであり、この時期の村上龍の活動が当時角川書店より分離独立しベストセラーを連発していた幻冬舎に移行しつつあったためである。(2)

この幻冬舎文学的想像力はこの時期の文芸の世界に大きな影響を残し、辻仁成、江國香織などの作家を生み出していった。こうして、時代は一九九五年という転換点を迎えるのだ。

（1）　たとえば八〇年代における「新人類」文化人として活躍した作家のいとうせいこうは、八〇年代末から九〇年代初頭にかけて、原発問題、湾岸戦争などの時事に対し、左翼的な立場からの発言と運動を繰り返すようになった。同時期、柄谷行人を中心としたニュー・アカデミズム系の批評家・作家たちが「文学者による反戦アピール運動」を展開した。またテレビ朝日系の討論番組『朝まで生テレビ』や、〈別冊宝島〉などのジャーナリズムの領域においては新保守的な戦後民主主義批判が支持を拡大し、アカデミズムとジャーナリズム、左右の陣営の垣根を越えて、この時期に国内文化そのものの「政治回帰」が見られたと言える。

（2）株式会社幻冬舎は、一九九三年に角川書店の重役だった見城徹によって設立された出版社である。八〇年代を席巻したメディアミックスの手法（角川商法）を受け継ぎながらも、これまで私が述べてきた九〇年代の感性を敏感に導入し、唐沢寿明『ふたり』（一九九四）、石原慎太郎『弟』（一九九六）、五木寛之『大河の一滴』（一九九八）、郷ひろみ『ダディ』（一九九八）など数々のベストセラーを生み出していった。文芸の世界においては前述の通り、同時期の村上龍、吉本ばななの活動の中心を担っていった。

第四章

「九五年の思想」をめぐって——否定神学的モラルのあとさき

1. 一九九五年に何が起こったか

それにしても批評家たちはなぜ一九九五年にこだわるのだろうか。そして私もこの数字の前では立ち止まらざるを得ない。宮台真司、大澤真幸、森川嘉一郎、そして東浩紀。現代を代表する知性が口をそろえてこの数字に特別な意味を込める。(1)

それはおしなべて、この年に前後して国内のポストモダン状況はまた一段大きく進行し、社会の流動性が大きく上昇したという認識である。

平成不況の長期化が決定的となりつつあった時期に発生した阪神淡路大震災は、そのビジュアル・イメージのインパクトも相まって成長時代の終焉を象徴する事件として消費された。一方のオウム真理教による地下鉄サリン事件は、人々の実存が本格的にポストモダン状況下の流動性に耐えられなくなってきたことを示した。「生きる意味」「真正な価値」を歴史や社会が示してくれない世の中に生き、目的を見失った若者たちに、コミュニティとその中で機能する超越性（小さな物語）を与え、それをカルト的な手法で大きな物語の再生であると錯覚させることで彼らを糾合し勢力を拡大したオウム真理教――そのテロ事件をきっかけに露呈した教団の実体は、私たちに時代の生きづらさを決定的に突きつけた。皮肉にも敗戦五十年目の節目にあったこの年、九〇年代前半に渦巻いていた喪失感は、より徹底された「絶望」として社会に広く共有されることになる。

たとえば一九九五年を境に、前述の野島伸司作品や「幻冬舎文学」はその記号化がより徹底されることになる。それは、これまで論じた「心理主義」化である。

社会的自己実現への信頼低下は、「〜する／〜した」こと（行為）をアイデンティティに結びつけるのではなく、「〜である／〜ではない」こと（設定）をアイデンティティとするという考え方を支配的にし、問題に対しては「行為によって状況を変える」ことではなく「自分を納得させる理由を考える」ことで解決が図られる。

この自己実現と実存のあり方の変容は、具体的には物語要素の記号化をより具体的に過去の精神的外傷に求めるという傾向を生んでいった。アメリカン・サイコサスペンスの流行とその背景として機能した八〇年代から続く俗流心理学ブームのさらなる過熱を背景に、たとえば九〇年代後半における野島伸司作品は『聖者の行進』（一九九八）、『リップスティック』（一九九九）、『美しい人』（一九九九）と明確に心理主義化していく。これらの作品はいずれも広義の精神的外傷をもつ登場人物がその傷をアイデンティティとし、「あなたは

〜という傷を持っているため、美しい」という承認を得るという構造を持っている。

幻冬舎文学も『イノセント・ワールド』（一九九六）で小説家活動を開始した桜井亜美と、『ラブ&ポップ　トパーズⅡ』（一九九六）、『イン　ザ・ミソスープ』（一九九七）で明確に心理主義路線を採り始めた村上龍を中心に、同様の登場人物の精神的外傷を根拠にした実存の承認をめぐる物語が量産され、天童荒太『永遠の仔』（一九九九）のベストセラー化に完成を見た。(2)

この心理主義的傾向は、行為（〜する）ではなく設定（〜である）にアイデンティティを見出すキャラクター的な人間観と親和性が高い。

たとえば、この時期、つまり九〇年代後半から末にかけてのミステリー小説が、その（狭義の）ミステリーとしての完成度ではなく魅力的な登場人物＝キャラクターの器として消費される傾向がより強まったこと（キャラクター化）、そして東野圭吾などこの時期に注目を浴びていった有力作家たちの多くが、犯罪者たちの動機を一様に過去の精神的外傷に求めていたこと（「動機の不在」問題）は、この事実を端的に示している。

象徴的な作品として挙げられるのは京極夏彦による一連の「京極堂」シリーズだろう。京極堂と榎木津——膨大な設定によって支えられたふたりの探偵の魅力的なキャラクターで支持を集めた、同シリーズの第一作『姑獲鳥《うぶめ》の夏』にて事件の解決が心理的水準で図られたことには、ある種必然性がある。「引きこもり／心理主義」的な世界観と、キャラクター的な人間観は、ともに行為（〜する）への評価ではなく設定（〜である）への承認を求める実存のあり方を背景に成立している。

そして一九九五年における最大の文化的「事件」は同年十月のテレビアニメ『新世紀エヴァンゲリオン』である。アニメ作家・庵野秀明が手がけメガヒットを記録した同作は、九〇年代後半のカルチャー・シーンに決定的な影響を及ぼし、その後数年にわたる第三次アニメブームの発端となった。

設定（〜である）によって規定されるキャラクターたちが、社会的自己実現を拒否し、とりわけ過去の精神的外傷に対する承認を求める物語として展開する同作は、野島伸司作品、幻冬舎文学と並んで九〇年代を代表する想像力だと位置づけられる。

さらに「ロボットアニメ」とは、戦後一貫して主人公の少年がロボットという「拡張された身体」を獲得し、大人の社会に認められ、成長するという一種の教養小説の図式をもつジャンルだったが、同作では一九九五年当時の社会的自己実現への信頼低下がダイレクトに反映され、その教養小説的な構図は否定されることになった。

この『エヴァ』の思想を一言で表現するなら「世の中（社会）が正しい道を示してくれないのなら、何もしないで引きこもる」ということになる。もちろん、これは矮小なナルシシズムの発露に違いないが、同時に何が正しいことか誰もわからず、何かを選択して対象にコミットすれば必然的に誤り、他人を傷つけ自分も傷ついてしまう九五年以降のポストモダン状況下における「～しない、というモラル」の結晶であるとも言える。

同作において、明らかにオウム的なカルト思想に基づいて作戦を遂行する主人公・碇シンジの父親は、彼に組織のロボットに乗って敵と戦うことを要求するが、そんな父親（社会）が信じられない碇シンジは「間違った父親（社会）に向き合うこと」を拒否し、「誤るくらいなら何もしない」ことを選択、つまりロボットに搭乗することを拒否してその内面に引きこもり、物語は不意の幕切れを迎える。この結末は賛否両論を呼んだが、多くの若者が碇シンジに共感し、同作は九〇年代後半の「引きこもり／心理主義」を象徴する作品となった。

前述の幻冬舎文学を筆頭に、九〇年代後半の多くの想像力がこの『エヴァンゲリオン』の影響下のもと、社会的自己実現の信頼低下とその代替としての精神的外傷の承認をめぐる物語を再生産していった。

これらの、行為（～する）ではなく設定（～である）でアイデンティティを保つ登場人物＝キャラクターの承認をめぐる物語、より具体的には登場人物の精神的外傷を根拠にした実存の承認をめぐる物語――これが九〇年代後半の「引きこもり／心理主義」的想像力である。

2. 「九五年の思想」とは何か？

阪神淡路大震災と地下鉄サリン事件に象徴される一九九五年は、国内思想史のターニング

・ポイントとなった。

アメリカン・サイコサスペンスの流行と、その背景として機能した八〇年代から続く俗流心理学ブームのさらなる過熱。その影響下にある野島伸司による一連のテレビドラマ群。あるいは（後期）村上龍、桜井亜美などの作家に代表される「幻冬舎文学」たち、椎名林檎、浜崎あゆみなど精神的外傷を歌う歌姫たち――九〇年代後半を代表するこれらの作品が共有する世界観においては、「〜する／〜した」という社会的自己実現の物語は退けられ、「〜である／〜ではない」という自己像への承認をめぐる物語が選択されている。より具体的には「過去に〜という精神的外傷がある」ということをアイデンティティとし、そうして形成された自己像への承認を求める物語が強く支持された。

こうして醸成された「引きこもり／心理主義」的モードの進行＝いわば「九五年問題」に対して、国内の想像力はいくつかの同時代的に優れたアプローチを残している。切り口は無数に存在するが今回は「九五年の思想」として三つのものを挙げ、その変遷を追ってみたいと思う。

その三つとは、まずは当時から現代に至るまで、若者に最も影響力をもつ知識人であり続けているカリスマ社会学者・宮台真司の代表作『終わりなき日常を生きろ』、テレビアニメ『新世紀エヴァンゲリオン』とその社会現象化に伴って制作された劇場版完結篇への変遷、そして当時宮台と並んで若者に影響力を持った小林よしのりの時評マンガ『新ゴーマニズム

宣言スペシャル　脱正義論』の三つである。これらはすべて一九九五年前後に誕生し、時代を代表する思想を孕みながら、ゼロ年代を待たずに破綻をきたしている。この三つの思想が生まれ、そして死んでゆく過程を追うことで九〇年代後半という時代の本質を抉り出すことができるはずだ。

彼らの問題意識は確実に共有されていた。それは、比喩的に述べれば九〇年代の「引きこもり／心理主義」の鬼子として登場した「オウム真理教をどう克服するか」という問題意識である。九〇年代的な自意識は自己像＝キャラクター設定の承認を求め、その欲望は小さな物語とその共同性への思考停止を導く。人々はそれが自分たちの小さな共同性の中だけで通用する限定された擬似超越性＝発泡スチロールのシヴァ神であることを忘れ、異なる小さな物語を信じる他者に自分たちの信じる擬似超越性を押し付けてしまう、つまり最終的には決断主義化する。

「九五年の思想」とは、発泡スチロールのシヴァ神の誘惑に負けない強固な個の確立を目的とした、ある種のニーチェ主義的な傾向を持つ。だが結論から述べてしまえば、彼らは九〇年代の「引きこもり」の必然的な帰結としてのゼロ年代の「決断主義」に抗えなかった。そのそれぞれの過程を追ってみよう。

3.「まったり革命」から「あえて亜細亜主義」へ

「終わらない日常」を生きるとは、スッキリしない世界を生きることだ。何が良いのか悪いのか自明でない世界を生きることだ。（中略）そういう混濁した世界のなかで相対的に問題なく生きる知恵が、いま必要とされているのではないか。
――宮台真司『終わりなき日常を生きろ』あとがき（一九九五／筑摩書房）

社会学者・宮台真司は九〇年代前半、サブ・カルチャー分析と性風俗のフィールドワークで注目を浴び、やがて「九五年」のオウム真理教問題と、それに前後する援助交際問題についての発言で若者層の支持を集め、現在にいたるまで決定的な影響力を持つ評論家として機能している。

宮台の基本的なコンセプトは、当時から現在に至るまで一貫している。それはグローバル化とポストモダン状況の進行は不可避の潮流であり、「上昇し続ける社会の流動性を受け入れ、利用する形で効率的な社会設計を行い、個人の実存のあり方を考えていくべきだ」という理念である。そのため、時代の移り変わりと同時に、具体的に提出される処方箋は戦術レベルで変更（転向）される。

では「引きこもり／心理主義」的な九〇年代後半の想像力が台頭していった時代、宮台真司は何を行っていたか。それは「まったり革命」の唱導である。

「まったり革命」とは何か。それは、社会的自己実現への信頼が低下した（わかりやすくロマンチックな生きる意味を見つけにくくなった）九五年以降の世の中で、手に入れにくくなった「生きる意味」を求めるのはやめ、単に楽しいこと、気持ちのいいことを消費して、「終わりなき日常」を「まったり」とやりすごすことで快適に生きよう、という発想である。宮台は岡崎京子が「平坦な戦場」と表現したものを「終わりなき日常」と呼び替え、そんな世界を物語＝意味を断念することで生き残るという処方箋を提示したのだ。

宮台は、たとえばそれを「軽いノリで援助交際に興ずるコギャルたち」に見出した。

なぜ、援助交際を行う少女が「まったり」と生きていることになるのか？

それは、彼女たちが援助交際（売春）に意味を見出していないからだと当時の宮台は主張した。援助交際（売春）を心理的に抑止する家父長制的な貞操観念や身体の商品化に対する抵抗感はいずれも、近代的な大きな物語（共同性）の産物であり、当時の少女たちはその失効に敏感であるがゆえに自己の商品化にためらいがない。最初から大きな物語（共同性）を信じていない少女たちは、家父長制的な貞操観念をもはや反発する対象とすら見ておらず、したがって売春という行為も「体制への反抗」のような意味を負っていない。ただ単に、日常を楽しく生きるために自己を商品化して金銭を得ているだけなのだ――それが宮台の主張だった。

当時の宮台真司の言説は一種の「ニュータイプ」論である。つまり、社会の流動性の上昇に対応した実存の持ち主である新世代＝ニュータイプが既に出現しており、その実存のあり方は肯定しうるのだ、と。

また当時、宮台自身の言及は少なかったが一部のオタク層にも同じことが言えた。「萌え」キャラを所有して現実の恋愛から撤退する一部のオタクたちもまた「モノはあっても物語のない世の中」をスルーすることができるニュータイプだとする主張は、当事者たちの「恋愛格差（で自分たちが劣位にある）問題」を直視したくないという願望を背景に九〇年代後半から一定の支持を受け続けている。だが、この主張は九〇年代が終わり、二〇〇一年を経たゼロ年代前半、宮台自身によって誤りだと認められることになる。

階級的差別でも性的差別でもいいけど、八〇年代には、やはり「強いられた持続」はよくない、強いられなくなればラクに生きられると思われていて、僕も「ラクに生きよう」と言っていた。でも、いざそうなったら、今度は自傷と引きこもりのテンコ盛り。これはこれで病的だと思う。すると、オブセッシヴ（強迫）だったりディプレッシヴ（抑鬱）だったりを、有害すぎない範囲でどう持続させるか、というのが現在の課題だと思うんです。

——〈Invitation〉（ぴあ）二〇〇三年十月号「80's is now：なぜ、今〝80年代〟か？」特集より宮台の発言そう、結局、コギャルもオタクもニュータイプではなかったのだ。

彼らこそが、九五年以降の「モノはあっても物語のない世の中」において「物語（意味）」を断念して、記号的な快楽を消費してまったりとやり過ごすニュータイプであるというのが宮台の位置づけであった。

しかし、宮台はその認識を撤回した。

人間は「物語（意味）」から逃れられない。当時の宮台の期待とは裏腹に、援助交際に興じた少女たちの多くが、実は身体の商品化に自傷的なパフォーマンスというありふれた意味を込めていた現実、あるいは虚構の中の美少女キャラクターに耽溺する成年男性たちの多くが、恋愛至上主義というもっともありふれた物語を希求し、それが入手できないために代償を求める存在であった現実が、時間の経過、そして宮台自身のフィールドワークによって明らかになっていった。そして、その現実を前に宮台は転向していく。

まず宮台は二〇〇一年を境に、比較的害の少ない「物語」にコミットする生き方を唱導するようになる。人間が「究極的には無根拠であることを織り込み済みで、あえて」中心的な価値を選択し、小さな物語を生きるのは仕方がない。ただし、この「あえて」の部分を忘れてしまうと「自分の信じたいものを信じればいい」という思考停止を招いてしまう――。そのためこの時期（ゼロ年代前半）の宮台は、「あえて」選択する天皇主義、亜細亜主義という物語を唱導していた。

だが、現在の宮台はこの立場からも転向している。二〇〇八年現在の宮台は「適度な強迫や抑鬱（物語）を設計するアーキテクトの養成」（『幸福論』二〇〇六／NHKブックス）を唱導する立場である。つまりは、人間が「信じたいものを信じる」思考停止に陥るのも止むを得ないことであり、あとは社会設計において、これらの小さな物語同士のコミュニケーション、具体的には動員ゲーム的な衝突を調整しようとする立場である。

宮台真司は具体的な処方箋のレベルでは転向しているが、言論人としての基本的な態度はまったく転向していない。

宮台真司が『終わりなき日常を生きろ』などの著作で唱導した「まったり革命」は、同書に「オウム完全克服マニュアル」という副題が添えられていたことから明らかなように、現代社会においてオウム真理教のように性急に物語を求めること——本書の文脈に従って記せば、引きこもり的な全能感を維持するために、決断主義的に小さな物語（の共同性）を選択すること——の危険性を説く、極めて優れた「九五年の思想」だった。

ただ、同書にてオウム真理教へのオルタナティブとして提案された生き方は、空疎な「ニュータイプ論」に帰結してしまっており、宮台は自らその誤りを認め、転向したのだ。

4. 『新世紀エヴァンゲリオン』劇場版から「セカイ系」へ

次に私が挙げる「九五年の思想」は、繰り返し取り上げる『新世紀エヴァンゲリオン』、ただしその劇場版である一九九七年公開の『Ａｉｒ／まごころを、君に』（以下『エヴァ劇場版』）である。

この劇場版は一九九五年放映のテレビアニメ版（以下『エヴァＴＶ版』）の完結篇であると同時に、同作が引き起こした社会現象への監督・庵野秀明からの返歌的・批評的な内容を孕んでいる。社会的自己実現を拒否し、キャラクター的に「設定」された自己像への承認を求めローカルな人間関係へ、そして最終的には自己の内面へ退却していった『エヴァＴＶ版』に対して、それが引き起こした社会現象と文化潮流への批評的な返歌としての内容を持つ『エヴァ劇場版』の自己言及性とは、端的にまとめてしまえば、『エヴァＴＶ版』で描かれた「引きこもり／心理主義」への批評性であり、脱却への志向に他ならない。

『エヴァＴＶ版』では、自己像への承認を獲得すべく、全人類がその個体を消滅させ、まるで胎内のような溶液の中に埋没し群体生物として「進化」するという「人類補完計画」が描かれる。これはつまり、自ら設定した自己像（自己愛）に、無条件で全承認が与えられる（母親的承認が与えられる）状態のことに他ならない。

だが、『エヴァ劇場版』の結末において、碇シンジはこの母親的承認のもとに全能感が確保される内面（自己愛）への引きこもりを捨て、互いに傷つけあうことを受け入れて他者と生きていくことを選択する。そして、碇シンジはヒロインのアスカとともに滅亡した世界にただふたり残される。だが、アスカはシンジを「キモチワルイ」と拒絶する――これは、たとえポストモダン状況下においても、人は時には傷つけあいながらも他者に向き合って生きていくしかないのだ、というシビアだが前向きな現実認知に基づいた結末だったと言える。

つまり、「平坦な戦場」（岡崎京子）＝「終わりなき日常」（宮台真司）に対して、『エヴァTV版』は自己愛への母親的承認による全能感の確保で生き延びようとし、『エヴァ劇場版』はその空虚さを受け入れた上で、他者とのコミュニケーションを模索するしかないという回答を用意した。この態度はゼロ年代の現在、前提として既に共有されているものにすぎないが、『エヴァTV版』に象徴される「引きこもり／心理主義」的なモードが支配的だった九〇年代後半の当時としては、極めて優れた時代に対する回答だった。

しかし、『エヴァ』の子供たち（ファンのオタクたち）の大半は、この結論を受け入れることができなかったのだ。結末の「キモチワルイ」――少女に拒絶されることに怯えた彼らは、自分たちの肥大したプライドに優しい世界を選ぶことになる。(3)

そして、少女に「キモチワルイ」と拒絶されることを恐れた『エヴァ』の子供たちは第三次アニメブーム退潮後の九〇年代末〜ゼロ年代初頭にかけて、徹底した自己愛への退却を試みることになる。それが第一章で取り上げた「セカイ系」である。(4)

繰り返し説明すると、「セカイ系」とは、主人公と恋愛相手の小さく感情的な人間関係（「きみとぼく」）を「世界の危機」「この世の終わり」といった大きな存在論的な物語に直結させる想像力のことを指す。高橋しんによる漫画『最終兵器彼女』、新海誠によるアニメーション『ほしのこえ』、秋山瑞人によるライトノベル『イリヤの空、ＵＦＯの夏』（二〇〇一〜〇三）などがその代表として挙げられる。

　抽象的な説明になってしまったが、簡易な説明に置き換えれば、批評家・更科修一郎が指摘するように、これら「セカイ系」とはつまるところ「結末でアスカに振られないエヴァ」である。

　凡庸な主人公に無条件でイノセントな愛情を捧げる少女（たいてい世界の運命を背負っている）がいて、彼女は世界の存在と引き換えに主人公への愛を貫く。そして主人公は少女＝世界によって承認され、その自己愛が全肯定される。

　したがって「セカイ系」において、「終わりなき日常」を超越する意味＝物語は、このような「無条件で自分にイノセントな愛情を捧げてくれる美少女からの全肯定」で満たされることになる。これはキャラクターへの承認が母的な存在によって無条件に得られるという点において、九〇年代の「引きこもり／心理主義」のもっとも安易な形での完成形だと言える。

　広義の男性向けポルノメディアに登場する美（少）女からの全肯定によるナルシシズムの備給に、崇高な超越性を見出すという構図は、『Ｋａｎｏｎ』（一九九九）、『ＡＩＲ』（二〇〇〇）などに代表される九〇年代末〜ゼロ年代初頭の美少女（ポルノ）ゲームブームに顕著に表れたが、同様の回路は同時期の渡辺淳一の代表作『失楽園』（一九九七）、『愛の流刑地』（二〇〇四）の物語構造にも指摘できる。九〇年代末とは、男性のマッチョな自意識を女性（母性）が全肯定するという回路が全世代的に選択されていた時代だったのだ。

そう、「セカイ系」とは『エヴァTV版』における「～しない、というモラル」と『エヴァ劇場版』における「他者（キモチワルイ）を受け入れる」という痛みを伴う前向きな態度の双方に背を向けて、渡辺淳一的ロマンティシズム（自分を全肯定してくれる女性像の「所有」）の導入を選択する態度に他ならないのだ。そこには、対象に対する距離感は存在せず、埋没だけが存在する。第一章の文脈に照らし合わせれば「セカイ系」とは、社会が物語を備給しない世界において、母性的承認に埋没することで自らの選択すらも自覚せずに思考停止する、いわば極めて無自覚な決断主義の一種にすぎないのだ。

『新世紀エヴァンゲリオン』劇場版から「セカイ系」へ——その軌跡は、優れた「九五年の思想」が凡庸な女性差別的な回路に回収されていく過程であると言える。こうして、ふたつ目の「九五年の思想」が死んだ。

5．「脱正義論」から「戦争論」へ

そして私は最後にもうひとつ、「九五年の思想」とその挫折を紹介しよう。それは小林よしのりによる時評マンガ『新ゴーマニズム宣言』の九〇年代後半における展開である。奇しくも『エヴァンゲリオン』現象の真っ盛りであった一九九六年夏に発売されたシリーズ書き下ろし番外篇『新ゴーマニズム宣言SPECIAL　脱正義論』（以下『脱正義論』）は、小林が「薬害エイズ訴訟を支える会」の運動にコミットし、やがて共産党系メンバーとの対立によって離脱するまでの顚末が描かれている。

小林は自分を宣伝塔として利用しようという市民運動家たちの思惑を半ば察知しながらも、結果的に知り合ってしまった薬害エイズの被害者たちへの個人的な感情を理由に運動にコミットしていく。しかし、戦後補償問題など、なし崩し的に他の左翼運動一般との連携を模索し、永遠に運動体を持続させようとする共産党系メンバーに対し、小林は反発を覚えるようになる。特に、「薬害エイズ問題の糾弾」という社会運動によって、例外的に社会的に意味づけられた物語を獲得した学生運動員たちの多くが、自分の人生に意味を与えてくれる運動体から離れられなくなっていることに小林は強い危機感を抱く。性急に物語を求めるあまり、運動が進行し薬害エイズ問題が相対的に下火になっても、次の社会問題を見つけては「連帯」と称して戦線を拡大していく――それは各々の運動体が掲げる政治的主張の是非はともかく、個人の生き方として本当に正しいのだろうか？　小林はそれを、オウム真理教の信者と同じように、自ら思考することを放棄して、安易な物語の獲得のために思考停止する行為だと指弾した。

ここで小林が主張したものとは何だったただろうか？　それは、まさにこの不透明でわかりにくい世の中に耐えられず、「わかりやすい正義」という非日常に逃避することで安易な解決を図ろうとする態度への警鐘である。「日常へ帰れ」――そう「支える会」の学生たちに呼びかけた当時の小林が抱えていたものは、やはり「〜しない、というモラル」である。結論を急ぎ、（決断主義的に）何かを選び取って踏み出せば、それは取り返しのつかない過ちを犯すことにつながってしまう――そんな世の中に小林は「撤退する」という選択肢を提案したのだ。

しかし、この立場は「〜しない、というモラル」に立脚しながらも、『エヴァTV版』に見られた否定神学的な態度――「何かを選択すれば必然的に誤るので、引きこもる」という「引きこもり／心理主義」からは一線を画した態度である。

『脱正義論』における「撤退」は「〜しない」という態度への決断であり、それも暫定的な選択肢のひとつとして提案される。「トライ・アンド・エラー」を繰り返しながら対象との距離を検討し続ける」という、あくまで対象へのコミットを断念しない態度の選択肢のひとつとして「〜しない」というカード、「撤退」というコミットのカードを持つことを小林は提案したのだ。

そしてこの「誤ること（傷つくこと）を恐れず、他者にコミットする」という発想は一九九七年の『エヴァ劇場版』の着地した態度に近い。こうして、思想としての円熟を迎えたかに見える「九五年の思想」だが、『エヴァ』が「セカイ系」に堕したように、『脱正義論』もまた、その堕落形態に取って代わられることになる。それが九八年に発表されたベストセラー『新ゴーマニズム宣言ＳＰＥＣＩＡＬ　戦争論』（以下『戦争論』）である。

このゼロ年代を代表するベストセラー・シリーズの内容はいわゆる「反米保守」的な立場からの太平洋戦争肯定論なのだが、そのイデオロギーの内実について、一切私は問題にしない。小林『戦争論』をめぐる問題の本質はそんなところにはない。では、そこに存在した本質的な対立とは何か。それは『脱正義論』的「九五年の思想」と『戦争論』的「決断主義」との対立である。小林が『脱正義論』から持ち帰ったものは何か。それはおそらく「弱い人間は九五年の思想に耐えられない」という諦念なのだろう。だから小林は転向したのだ。「左」から「右」にではない、「価値観の宙吊りに耐える」立場から「(究極的には無根拠でも)中心的な価値を選びなおす」立場にだ。だから小林は「新しい歴史教科書をつくる会」に合流し、『戦争論』にて「反米」という物語を与えはじめたのだ。

そして小林や、小林の同調する「新しい歴史教科書をつくる会」だけではなく、これらを批判する左派陣営もその前後、いや局所的にはずっと早くこの「決断主義」に踏み出してゆく。カルチュラル・スタディーズやポスト・コロニアルの潮流における運動論の展開、あるいは評論家・大塚英志による護憲論などは、小林や「つくる会」と同等に、いやそれ以上に「決断主義」的だと言っていい。決断主義とは、ネオリベラリズムのことでもなければ、『DEATH NOTE』の夜神月的特殊能力を背景にした全能感のことでもない。「価値観の宙吊りに耐えられない弱い人間(自身を含む)のために、無根拠を承知で中心的な価値を信じる態度」のことなのだから。

6.「九五年の思想」の敗北

九〇年代、特に後半の五年間に広く社会に共有された「引きこもり／心理主義」に対し、優れたアプローチを残した三つの「九五年の思想」――宮台真司（前期）、『エヴァ劇場版』、『脱正義論』――は、その誕生後すぐに、死んだ。

それは総じて、決断主義に対する敗北だった。「九五年の思想」はいずれも、九〇年代的な「引きこもり／心理主義」によって肯定される自己像＝キャラクター設定的なアイデンティティを保持するためには、その設定を承認するための共同性＝小さな物語が必要であること、そしてその小さな物語はその存在を維持するために時に他者に対して暴力性を発揮することを――具体的にはオウム真理教を通して認識していた。そしてその処方箋として、ある種ニーチェ主義的な強さ（「意味から強度へ」）を提示した。それはより具体的には、特定の小さな物語に依存することなく、価値観の宙吊りに耐えながら（気にしないようにしながら）生きるという成熟モデルである。

しかし、これらのニーチェ主義的な成熟モデルは、性急に小さな物語を求め、その共同性の中で思考停止する「引きこもり」から「決断主義」への潮流に、批判力をもち得なかった。前期宮台「ニュータイプ論」は時代とともに破綻し、『エヴァ劇場版』と『脱正義論』は、「セカイ系」と『戦争論』という小さな物語への依存＝決断主義に回収された。

なぜか――それは、現代を生きる私たちは小さな物語から自由ではあり得ないからだ。たとえ「何も選択しない」という立場を選択しても、それは「何も選択しない、という物語の選択」としてしか機能しない。人間は物語から完全に自由ではあり得ない。私たちは小さな物語たちを、何らかの形で選択させられてしまうのだ。にもかかわらず「九五年の思想」は小さな物語たちから自由な超越的な視座＝「外部」を設定する、ある種の物語批判を通して強い「個」の確立を志向していた。

そして、個人の生が求める意味＝物語の備給という欲望に応えない「九五年の思想」は、物語批判的な超越性という空手形が不渡りを出す形で破綻を迎えた。存在し得ない外部性に依存する「九五年の思想」に消費者たちは耐えられず、決断主義的に意味を備給する小さな物語に回収されていったのだ。

「九五年の思想」はいずれも物語からの自由というものの不可能性を甘く見積もっていた。その結果、物語を必要としないニーチェ主義的な超人思想を志向し、破綻したと言える。ただ超人を志向するだけでは、人間は宮台真司が説くように軽くも、小林よしのりが説くように強くもなれない。小さな物語への自由で慎重なアプローチが可能になる、その成立条件こそが検討されるべきだったのだろうが、「九五年の思想」はいずれも方向性を指し示す段階に留まっており、「自由で慎重なアプローチ」の成立条件の検討が非常に甘いものになったと言わざるを得ない。

また「九五年の思想」が夭折した原因としては、これらがいずれもポストモダン状況の進行のもつ両義性を視界に入れていないものだったことが挙げられる。

東浩紀は自身のポストモダン観を二層構造と呼ばれるモデルで説明する。ポストモダン状況下では、単一の強大なアーキテクチャーの上に、無数の多様なコミュニティが乱立する。アーキテクチャーは法システム、あるいはWindowsやmixi、あるいは郊外の大型ショッピングセンターのようなインフラのことで、コミュニティはそんな単一の強大なインフラの上で展開される多種多様な消費活動や人間関係のことだと思えばいい。

たとえば私たちは同じWindowsのマシンで同じインターネットのインフラを用い同じgoogleに接続する。だが、その単一のフィールドの上で、私たちが行っているコミュニケーションは多種多様で、しかもいつでもリセットできるものだ。私たちは手軽にmixiで特定の嗜好をもつ人間関係を手に入れることができ、それを簡単にリセットできる。宮台真司は、この九五年以降のリアリティの変容を「現実が軽くなった」と表現した。だが、「現実が軽くなった」のは、世界の半分だけ、コミュニティの層のみの話である。コミュニティの層の多様化が進んでいけばいくほど、それでも「相対化できないもの」「リセットできないもの」の価値、つまりアーキテクチャーの層に属するものの価値が相対的に上がっていく。これは比喩だがWindowsやmixi、あるいはgoogleといったもの、あるいは同様に、個人の自由意志による「選択」では決定できない身体性や生殖といったものから、我々はむしろ逃れにくくなっているのだ。現実は「軽く」なっていっているのではなく、「より軽くなっていく層（コミュニティの層）」と、「より重くなっていく層（アーキテクチャーの層）」とに二極分化していっているのだ。現実のある層が入れ替え可能な、軽いものになればなるほど、未だに入れ替え不可能な層が重くなる。残念ながら、現実の総質量は変わらないのだ。

ここに「九五年の思想」が夭折した理由がある。「九五年の思想」はいずれも「軽くなった現実（コミュニティの層）」の入れ替え可能性への対応として提出された処方箋であるが、「より重くなっていく層（アーキテクチャーの層）」への対応という視点がほぼ欠如している。

決断主義はこの「軽くなった現実」の「軽さ」に人間は耐えられないという現実認知が生んだ「焦りの思想」でもある。だが、これを過去の思想で批判してもまったく批判力は発生しない。「決断主義」を克服し、このゼロ年代バトルロワイヤル状況に対して何らかの批判力をもつものがあるとすれば、それは九〇年代後半の思想が見失っていた残り半分の「むしろ重くなった現実」「リセットできない現実」を考えることでしかあり得ない。決断主義の克服に必要なのは、物語からの自由の模索ではない。物語から不自由な存在である私たちの現実を受け入れた上で、どう決断主義に抗っていくのか、という模索である。物語批判ではなく、逃れられない物語との付き合い方の検討こそが現代の課題なのだ。

ある種の物語批判として展開された「九五年の思想」は、既に批判力をもたない。人間は物語から逃れられないからだ。しかし、物語の不可避を受け入れた上での、自由で慎重なアプローチの確保として、その思想は再設計され得る。来るべき二〇一〇年代の想像力を考える上での補助線として、ここに明記しておきたい。

7. そして「物語回帰」のゼロ年代へ

「九五年の思想」は物語回帰への欲望の前に夭折した。その結果として台頭した「自分の信じたいものを信じればよい」という「究極的には無根拠であることを織り込み済みに、あえて」という回路は、容易に「ならば信じたいものを信じればよい」という開き直りを生んでしまう。

たとえば九〇年代末に話題を集めた「新しい歴史教科書をつくる会」を先駆けに、ゼロ年代の国内論壇においては一度葬られたはずの左右の定型的なイデオロギーが大きく活性化し、その状況は現在も続いている。

カルチュラル・スタディーズ系の文化左翼運動、格差社会批判にコミットするニート論壇ジャーナリズム、ウェブを中心に顕在化する反韓国・反中国色を帯びる排外的ナショナリズム……これらは左右のキャラクターの棲み分けこそあるものの、思想の内実としてはすべて七〇年代から九〇年代前半にかけては衰微の一途を辿った疎外論のバリエーションである。

そして、その「大きな物語」に依存した自己正当化の回路は「八〇年安保」の頃には否定されつくしたはずだ。

同様に、物語の想像力においてもこの回帰現象は散見される。映画『ＡＬＷＡＹＳ　三丁目の夕日』に象徴される昭和ノスタルジーブーム、『世界の中心で、愛をさけぶ』や『恋空』等の小説群に象徴される「泣ける」純愛ブームなどは、ゼロ年代の想像力を大きく特徴づけるベタな王道回帰と言える。

また、オタク系文化においては、中高年を中心に『仮面ライダー響鬼』『天元突破グレンラガン』あるいは福井晴敏のポリティカル・フィクションなど幼児的に単純化された正義を謳う諸作品が大きな支持を受け、九〇年代末からゼロ年代初頭のポルノゲームブームとその影響下にある『ＡＩＲ』『GUNSLINGER GIRL』等の諸作品では、白痴や障害者といった「自分より弱い」少女を年長男性が所有するという援助交際的欲望が追求される作品が支持を集めた。

しかし、この「物語回帰」を七〇年代以前への回帰と捉えると大きな誤りを犯すことになる。これらの現象は、決して「大きな物語がいまだに作用するという錯覚」に基づいたものではない。むしろ逆で、前述の「究極的には無根拠であるにもかかわらず、あえて」「信じたいものを信じる」決断主義的な態度で選択された「小さな物語」の導入なのだ。

「新しい歴史教科書をつくる会」の歴史修正主義に対し、「偽史を語るべきではない」という批判は正確ではあるが有効ではない。なぜならば、すべての歴史は偽史であり、ならば自分たちの信じたい（国家統合に有効だと信じる）偽史を「究極的には無根拠であるにもかかわらず、あえて」選択すべきだというのが同会のメタレベルにおける主張だからだ。このような同会に対してそこで語られている物語が偽史であることを批判しても、効果は得られない。「偽史こそが必要なのだ」と反論されるだけだろう。

同様に『ＡＬＷＡＹＳ　三丁目の夕日』に対して「昭和三十年代を美化している」と批判しても、その批判は正確であるが、いや正確だからこそ効果は得られない。劇中に内在する、「こんな時代だからこそ、美化された過去が必要なのだ」という主張によってその批判は予《あらかじ》め防御され、ノスタルジアは強化温存されている。同様に『ＡＩＲ』などのポルノゲームについても、（決して援助交際的な欲望そのものは否定しない）「安全に痛い」自己反省が劇中に盛り込まれ免罪符として機能し、消費者たちがその女性差別的な暴力性を自覚することなく、むしろ「自分は反省しながら萌える優しい人間だ」と思い込む構造（レイプ・ファンタジー）が支持される。

「つくる会」の外国人差別、ニート論壇の疎外論、ノスタルジー系の歴史修正、そして萌え系の女性差別はいずれも、それらの物語を決断主義的に選択した人々にとっては、このような価値の相対化が徹底された世の中だからこそあえて（自己反省を内在して免罪された）選択された超越性として信じられる。しかし、彼らの神様はその共同性の外側の人間、別の物語を信じる人間にとっては「信じたいものを信じる」安易さが暴力と差別を強化温存する

「発泡スチロールのシヴァ神」でしかない。

そう、ここで重要なのはその物語の内実ではない、態度＝あり方なのだ。ゼロ年代における物語回帰の問題点はむしろ「人間は何か（の価値、物語）を選ばなければいけないのだから、信じたいものを信じればいいのだ」という「あえてベタに」生きればいいという思考停止にこそある。付け加えるならば、まったく同じ構造を持つ「つくる会」と「ニート論壇」が互いに反目しあうことが象徴するように、異なる「発泡スチロールのシヴァ神」を信じる共同体（小さな物語が規定する共同性）は互いにその真正さを政治的な勝利で証明するために争うことになる。

ゼロ年代とは、こうして決断主義的に選択された「小さな物語」同士の動員ゲーム＝バトルロワイヤルの時代なのだ。そしてこの動員ゲームとはポストモダン状況の本来の姿が露呈した形だと言える。そして前述の通り、このゲームからは誰も逃れることはできない。「何も選ばない、という選択」もまた、ひとつの選択＝ゲームへのコミットである以上、ポストモダン状況下にある現代社会においては誰もが決断主義者として振舞わざるを得ないのだ。

そして現在、二〇〇一年前後から、社会のあらゆる場面で「あえて中心的な価値観を選択する」、つまり「信じたいものを信じる」という態度が広まっていった結果、醸成されたものが「九・一一以降の動員ゲーム（バトルロワイヤル）」である。

この呼称を安易に使用するのはためらわれるが、二〇〇一年九月十一日のアメリカ同時多発テロがイスラム「原理主義者」によって担われたことはそれを端的に示している。九・一一に起こったのは「虐げられる弱いものが虐げる強いものに噛み付いた」事件ではなく、これからは無数の「小さな存在」同士が「自分の信じたいものを信じて」戦うバトルロワイヤルの始まりを告げるものだったに違いないのだ。

このアメリカ同時多発テロ、あるいは同年よりはじまった小泉純一郎元首相によるネオリベラリズム的な「構造改革」は、「たとえ無根拠でも中心的な価値観を選び取る」「相手を傷つけることになっても対象にコミットする」といった「決断主義」の潮流を大きく後押しした。理由はひとつ。「そうしなければ、生き残れない」からだ。これらの「事件」に象徴される時代の気分は、そんな「サヴァイヴ感」に彩られていた。現在は誰もが自分が信じたいものを信じて噴き上がり、互いの足を引っ張り合う戦国時代のようなものだ。それはマクロには原理主義によるテロリズムの連鎖であり、ミクロには「ケータイ小説」に涙する女子高生と「美少女（ポルノ）ゲーム」に耽溺するオタク少年が互いに軽蔑しあう学校教室の空間である。

そしてこの「万人が決断主義者となって争う」動員ゲーム＝バトルロワイヤル状況に対して、九〇年代後半の「引きこもり／心理主義」からの批判はあまりに無力だ。九〇年代後半の「対象にコミットすれば過ちを犯すのでコミットしない」という「引きこもり」思想は、動員ゲームのバトルロワイヤルを生きる現代の若者には「そんな甘いことを言ってたら生き残れない」と一蹴されてしまう。

なぜならば決断主義とは、ポストモダン状況が押し進めるコミュニティの多様化と棲み分けの徹底が必然的に生む態度だからだ。過去からの批判は、すべて前提として織り込み済みなのだ。今という時代、何かを信じて主張することは多かれ少なかれ決断主義者として振舞うことに他ならない。「〜しない、というモラル」を主張することとさえも、これまで見てきたように「九〇年代後半の価値観を主張する決断主義」でしかない。

たとえば本田透のような既に破綻したオタク＝ニュータイプ論を掲げる論者も、九〇年代後半当時の小林のように「価値観の宙吊りに耐える」ことを主張する仲正昌樹もまた、それぞれ「ニュータイプ論」や「ポストモダニズム」を究極的には無根拠であることを承知の上で「信じたいものを信じて主張する」決断主義者であり、このバトルロワイヤルのプレイヤーにすぎない。

そして、私が『バトル・ロワイアル』や『女王の教室』といった先述の「サヴァイヴ系」とも言うべき作品群に注目するのは、これらの作品がこうした「小さな物語同士のバトルロワイヤル」といった現代社会に極めて自覚的な想像力として捉えられるからである。

これらの作品はいずれも、決断主義的に社会にコミットしてゆくという前提こそ共通するものの、「自分が信じたいものを信じればいい」という無自覚な決断主義者たちの抗争するこのバトルロワイヤルをどう生きるのか、という決定的に進んだ想像力に他ならないのだ。

私たちは主観的には、データベースから欲望する情報を読み込んで、同じ小さな物語を信じている者同士が集まって棲み分けているだけかもしれない。しかし、その小さな物語の共同性を維持するためには、共同性から異物を排除しなければならず、他の小さな物語との衝突の中でその存続を主張しなければならない。私たちは、たとえ無自覚であったとしても、既に終わりのない動員ゲーム＝バトルロワイヤルにコミットしているのだ。こうして時代は「必然的に」――サヴァイヴ系へと移行していく。

（1）　宮台真司と森川嘉一郎はともに、この一九九五年が戦後社会において流動化が決定的になった時期であるという見解を示している。（「生き延びるための思想――都市とメディアの現場から」〈PLANETS〉vol. 3／二〇〇七／第二次惑星開発委員会）。また、東浩紀は大澤真幸との対談（『自由を考える　9・11以降の現代思想』二〇〇三／NHKブックス）にて、大澤よりさかのぼれば見田宗介の議論を下敷きに、一九九五年を国内においてデータベース消費モデルが大きく浸透し始めた時期と位置づけ、同年以降を『動物の時代』と呼んだ。

（2）　精神科医の斎藤環は『心理学化する社会』（二〇〇三／PHP研究所）にて、この時期の同様の傾向を「社会の心理学化」と呼び、俗流心理学・俗流精神分析的な人間観の社会的な共有への警鐘とした。しかし、私はこの心理主義化はかなりの部分が、この時期の経済的・文化的な要因から導き出された社会的自己実現の信頼低下によるものであると考えている。

（3）　たとえば、『新世紀エヴァンゲリオン』の社会現象化に伴って発生した第三次アニメブームからは、同作への返歌的な多くの作品――「九五年問題」への回答を試みた作品が生まれた。しかし、その多くが、近代的、高度成長的な枠組みがまだ有効であり、「大きな物語」の退行を認めないという立場を貫く作品か、何らかの形で『エヴァTV版』的な母性的承認を延命させ、幼児的な自己愛を保護する回路を模索する作品に分類することができる。前者はポストモダン状況の進行を認めない想像力であり、後者は『エヴァTV版』の幼児性をより強化温存する作品だと言える。

前者の代表としては宮崎駿監督のアニメーション映画『もののけ姫』（一九九七）があり、そこでは微温的な現代左翼の文脈という大きな物語が「九五年問題」の処方箋として提示された。

後者の代表としては佐藤竜雄監督『機動戦艦ナデシコ』（一九九六）と、幾原邦彦監督『少女革命ウテナ』（一九九七）が挙げられる。

『機動戦艦ナデシコ』では「九五年問題」への回答として、母性的承認を醸成する共同体が提示される。具体的には、複数の美少女キャラクターが主人公の少年に恋愛感情を抱くことで承認する、という回路が示される。これは八〇年代に漫画家・高橋留美子の代表作『うる星やつら』によって完成され、九〇年代に継承されていったオタク系文化の様式を受け継ぐ構造である。同作ではこの八〇年代的な回路が、七〇年代のロボットアニメが象徴する「大きな物語」に対置される。そして劇中では七〇年代的「大きな物語」（熱血ロボットアニメ）の失効と、高橋留美子的、母性的な自己愛の承認回路への肯定が描かれていく。同作は『エヴァTV版』の文脈を、オタク系文化史に位置づけ、当時の消費者たち（オタク第三世代）の世界観を代弁したと言える。しかし、そこに「九五年問題」自体への批評性はまったく存在しない。『エヴァTV版』の文脈を、メタレベルから追認する作品として位置づけることができるだろう。

対する『少女革命ウテナ』は、この「九五年問題」により直接的に対峙した作品だと言える。同作の主題は、「大きな物語」の失効後に「成熟」は可能かという、極めて本質的な問いだ。そもそも近代的な「成熟」とは「大きな物語」への対応能力（順応するにせよ反発するにせよ）を指していたのだから、その失効とともに「成熟」という概念も（少なくとも既存の文脈では）消滅する。

しかし、「成熟」（社会的自己実現）を見失った人間は、『エヴァTV版』のように自己愛に引きこもるしかない──では新しい「成熟」の形、「大きな物語」ではなく「小さな物語」に拠った成熟は可能なのか、それが同作の問題意識である。

そんな同作が提示したのは、同性愛的な感情でつながるふたりの少女に象徴させた特殊な二者関係である。これは、互いに相手を「所有」することでそのキャラクター設定を全承認され、自己愛を満たすという共依存関係、『エヴァTV版』と同様の回路に思える。しかし、同作のふたりの主人公──同性であるがゆえに、互いを「所有」（セックスが比喩として用いられる）できない関係──は、互いに自立し、独立することで成熟する関係として描かれる。

つまり『少女革命ウテナ』は社会ではなく、特定の存在に必要とされることで、意味＝物語の備給を確保し、その上で共依存がもつ自己愛への「引きこもり」の弊害を解除する、いわば強者同士の二者関係を回答として提示したと言える。しかし、承認の根拠をあくまで特定の存在に求める──行為（〜する）に対する社会的評価ではなく、設定（〜である）に対する特定の相手からの承認を求めるという枠組みはむしろ強固に守られていることには留意が必要だろう。

結果として、両作とも「引きこもり／心理主義」的な九〇年代の想像力の枠組みの中で働いた作品であったと言える。

（4）　この造語は二〇〇二年に発生したものだが、実際の文化潮流としては九〇年代末からゼロ年代初頭にかけての第三次アニメブームの末期、および美少女（ポルノ）ゲームブームを背景にした流行であり、二〇〇二年当時は既に下火になりはじめていた。

より具体的には「セカイ系」とは『新世紀エヴァンゲリオン』から、「自己を母親的に全承認してくれる異性の所有」と、その正当化のための「世界の危機」「この世の終わり」といった大きな存在論的な物語の導入、というふたつの要素が抽出されたものとして位置づけられる。

たとえば上遠野浩平『ブギーポップは笑わない』（一九九八）は、その主題と表現においてライトノベルの射程を大きく引き伸ばした作品として知られるが、同時に同作は『新世紀エヴァンゲリオン』と「セカイ系」の橋渡しを果たした作品でもある。

平凡な高校生たちの他愛もない青春群像劇を駆動するために、世界規模の陰謀や人造人間や超能力者同士の抗争、あるいは天使による人類の黙示録的な裁定が導入される本作は、ローカルな人間関係の物語にまさに「世界の危機」「この世の終わり」といった大きな存在論的物語の導入が図られている。しかし、そこで登場人物の空白を埋める意味＝物語は決して母親的な少女との共依存的な二者関係ではない。

一方で同じく「セカイ系」に連なる九〇年代末の美少女（ポルノ）ゲームブームにおいては、『Ｋａｎｏｎ』（一九九九）、『ＡＩＲ』（二〇〇〇）など母親的な承認回路としての二者関係が描かれ、消費者たちの支持を集めたが、そこでは『ブギーポップは笑わない』に見られた存在論的な大状況の導入は比較的薄い。

現在、「セカイ系」という造語は「自己を母親的に全承認してくれる異性の所有」を志向する作品にも、自意識をめぐる人間関係のドラマに「世界の危機」「この世の終わり」といった大きな存在論的な物語を導入する作品にも使用されている。つまり、二大要素のどちらかを孕む物語を指す造語として、極めて広範な範囲を指す言葉として流通しているのだ。

本書でもまた、便宜的に広義の定義を「セカイ系」として使用する。つまり前者と後者、どちらか片方を孕む物語を「セカイ系」と呼称する。しかし、その言及の度合いは圧倒的に前者に傾いている。それは私がこれらの想像力における「九五年の問題」への回答が、異性を「所有」することで母親的な全承認を得る、という回路を持つことに注目するからであり、後者には前者を補強するために導入された歴史的経緯が存在するからである。

セカイ系とは、母親的少女を「所有」することで全能感を確保しようとする態度を、存在論的な物語の導入で補強しようとする立場である。この両者が結びつくのは、これらの作品の消費者にとって、母親的少女の「所有」というマッチョイズムこそが、「終わりなき日常」に意味を与える物語として機能しているからである。

第五章

戦わなければ、生き残れない――
サヴァイヴ系の系譜

1．九・一一後の世界――分岐点としての二〇〇一年

大きな物語の失効は、小さな物語の共同性が乱立する動員ゲーム＝バトルロワイヤルを生んだ。

現代社会を生きる私たちは、主観的にはデータベースから欲望する情報を読み込んでいるだけである。しかし、こうして発生する共同性は小さな物語を成立させるために排除の論理が働き、共同性の内部から異物を排除し、他の小さな物語を否定する力が働く。そんな共同性に依存して生きる私たちは主観的には、この相対主義が前提として共有され、何もかもが入れ替え可能になったポストモダン状況下の社会において、「あえて」超越性への賭けを試みる――「あえてベタに」賭ける主体なのかもしれない。しかし、それは他の共同性から眺めれば、発泡スチロールのシヴァ神を崇める決断主義的な思考停止でしかない。

かくして、私たちは発泡スチロールのシヴァ神の暫定的な真正さを証明するために、他の小さな物語との動員ゲームに興じることになる。これが、ゼロ年代的な社会像、動員ゲーム

＝バトルロワイヤル状況である。そう、小さな物語同士が乱立するという形で、社会像は再構成されているのだ。

国内においては、このポストモダン状況の寓話として読める新しい想像力たちが台頭し、発展を遂げている。二〇〇一年に前後して、この動員ゲーム的な状況を描き、その可能性と問題点を両義的に描き出す想像力が現れていったのだ。

本章では、九・一一――アメリカ同時多発テロと小泉純一郎政権の発足以降顕在化した、新しい想像力の変遷を追う。

2. 〈少年ジャンプ〉から考える――「トーナメント」から「カードゲーム」へ

第一章で紹介したように、〈週刊少年ジャンプ〉は、本書の提示する一連の議論にとってもっともわかりやすい例として提示し得る。それは国内最大の物語メディアのひとつである同誌の連載作品の変遷が、この論考で私が示す時代区分とほぼ一致するからだ。

鳥山明『ドラゴンボール』、車田正美『聖闘士星矢』、武論尊・原哲夫『北斗の拳』……ポストモダン状況が徹底されていなかった一九九五年以前まで、同誌では「主人公が武道大会やスポーツ大会に出場して、それを勝ち進むことで成長する、というドラマツルギー」＝「トーナメントバトル・システム」が支配的だった。そしてターニング・ポイントである一九九五年に、同システムの体現者ともいうべき長期連載『ドラゴンボール』と、同システムを劇中で批判するという「事件」を起こした冨樫義博『幽☆遊☆白書』の二大人気連載が終了し、「トーナメントバトル」は支持を失いはじめ、同誌は迷走期（＝社会像の変化に怯えて引きこもる」九〇年代後半）を迎える。

そしてゼロ年代以降、『ONE PIECE』を中心としたシステム再編に成功し、さらに「ルール、秩序の再構築を求めて戦う」サヴァイヴ系の動員ゲーム＝バトルロワイヤル状況に対応する『DEATH NOTE』の出現にいたる。その背景には同時に、『ポケットモンスター』（一九九六）などのビデオゲーム、『マジック・ザ・ギャザリング』などのカードゲームの影響、あるいは八〇年代末のバブル期から一貫して、ギャンブルやマネーゲームの世界を舞台に、知恵を駆使して這い上がる主人公を描いてきた賭博マンガの巨匠・福本伸行による『賭博黙示録カイジ』（一九九六〜九九）などがあり、九〇年代に胎動していた諸作品の影響が、ゼロ年代に前面化したものでもあった[1]。

この図式に当てはめて考えてみたとき浮かび上がってくるのは、一九九五年以前の「トーナメントバトル」型のドラマツルギーの全盛期において、既にそのオルタナティブの原型を採用していた想像力である。それが荒木飛呂彦『ジョジョの奇妙な冒険』（一九八七〜）に代表される「カードゲーム」型のドラマツルギーを有する作品群だ。

トーナメントバトルにおいて、勝敗を決するのは彼我の「努力と友情」である。つまりこれらの作品では単純な「力比べ」が作品世界を支配している。しかし「幽波紋（スタンド）」という一種の超能力設定が導入された後の『ジョジョ』ではそうはいかない。「幽波紋」の能力はその使い手によって様々だ。「時間を止める能力」「空間を削る能力」といった、山田風太郎忍者小説以来のある種「伝統的」な戦闘能力から、「健康になる料理をつくる能力」や「ギャンブルの賭け金を完全に取り立てる能力」など、イマイチどう戦闘に生かせるのかわからない能力まで千差万別だ。だが、このバラエティが、トーナメントバトルの単純な「力比べ」にはない多様さを作品にもたらしている。

『ドラゴンボール』においては（中盤まで数値化すらされていた）「戦闘力」が低いものは絶対に高いものには勝てない。強大な敵には、ひたすら修行して戦闘力を上げるしかないのだ。しかし『ジョジョ』では違う。能力Aには長所と短所があり、短所を突けば誰でもそれに勝つことができる。一見、反則的な能力Bにも、その弱点をピンポイントに突くことができる能力Cの持ち主をぶつければ効果的に撃退することができる。グーにはパーを、火には水をぶつけるように、『ジョジョ』の登場人物たちは知恵を絞って戦っていく。「頂点の強いものから底辺の弱いものへ」ピラミッドが形成されているトーナメントバトルに対し、『ジョジョ』では同等の能力をもった戦士たちが無数に乱立しているのだ。

そして九〇年代半ばに臨界点を迎え、衰退をはじめたトーナメントバトルに対し、〈ジャンプ〉誌上で台頭していったのは、『ジョジョ』に見られた「カードゲーム」型のドラマツルギーの想像力だった。

第一部のハルマゲドン的闘争から、徐々に小規模なバトルロワイヤルに舞台を移してきた『ジョジョ』を筆頭に、『遊☆戯☆王』『HUNTER×HUNTER』、そして『DEATH NOTE』まで、『幽☆遊☆白書』による破壊を通過した現代〈ジャンプ〉の主人公は、もはや単純な力比べに勝ってトーナメントを這い上がれば済むような単純な世界には生きていない。彼らはより上の階層に属する強者に挑戦するのではなく、自分と同等の、しかも無数に存在する弱者（プレイヤー）の隙を突き、自らの「一芸」を信じて生き残るために過酷なサバイバル・ゲームを戦うプレイヤーなのだ。

こうして考えるとトーナメントバトル（車田正美、鳥山明）的な力比べから、カードゲーム（荒木飛呂彦）的な知恵比べに少年漫画バトルの主流が移行するにつれて、作品の世界観も頂点に立つ存在がすべてを支配する「ピラミッド型」から、能力の違いこそあれ、基本的には同格のプレイヤーが乱立する「バトルロワイヤル型」に変化していっているのだ。ゼロ年代のサヴァイヴ系の台頭は、九〇年代以前のカードゲーム型の想像力がポストモダン状況の比喩として、物語の形式から世界観へと昇格することで形作られていったのだ。

そして、今、私たちが生きているこの世界は、これまで解説してきたようにトーナメント的ではなくカードゲーム的であり、「ピラミッド型」ではなく「バトルロワイヤル型」であると言える。この変化は、大きな物語の凋落から、小さな物語の乱立へ――ポストモダン状況の進行とほぼ完全に符合する。世界の変化は、確実に私たちの想像力と世界観に影響を与えているのだ。

3. そして、日常のサヴァイヴへ――『無限のリヴァイアス』

古い社会像（八〇年代以前）が失効し、そのために社会像が結びにくい過渡期（九〇年代）を経て新しい社会像が定着する（ゼロ年代）――〈少年ジャンプ〉の変遷に象徴されるピラミッド（トーナメント）型から、バトルロワイヤル（カードゲーム）型への社会像の変化は、そんな世界に対峙する人々の実存のあり方にも大きく影響を及ぼしている。

九〇年代においてはピラミッド（トーナメント）型の社会像の失効を認識し、社会的自己実現への信頼が低下した結果、自己像＝キャラクターとその承認を保証する二者関係の物語（引きこもり／心理主義）が志向された。

しかしゼロ年代においては世の中が個人の生を意味づけないことは前提として処理され、自ら選択（決断）した小さな物語に対し、自分で責任を負うという態度が描かれていくことになる。これまでとは違った形で、社会へのコミットが描かれるようになったのだ。それは――小さな物語たちの共同性の中で、その位置をめぐって争う日常のバトルロワイヤル、日常のサヴァイヴである。私たちは小さな物語から、そして小さな物語が乱立する社会から逃げられないのだ。

高見広春『バトル・ロワイアル』（一九九九）と並びゼロ年代のサヴァイヴ系の端緒となったテレビアニメ『無限のリヴァイアス』（一九九九）は、日常の人間関係のサヴァイヴという主題を前面に打ち出した作品だった。

舞台は未来、衛星軌道の航宙士養成所でテロが発生し、五百名弱の少年少女たちが軍艦に避難する。しかしこの軍艦「リヴァイアス」は軍が極秘裏に開発した秘密兵器であり、軍部は少年たちを救助するどころか同艦がテロリストに奪取されたと思い込んで次々と部隊を差し向けてくる。少年たちは止むを得ず「リヴァイアス」を操艦し、軍部の追っ手を退けながら、その内部に小さな「社会」を営み、救助を求めて宇宙をさまようことになる。

同作の最大のポイントは、この「少年少女ばかり五百人」の社会を徹底してシミュレートした点にある。思春期の少年少女たちばかりが五百人、極限状況に追い詰められた宇宙船の中で小さな「社会」を営む……。そこには当然、さまざまな負の感情が渦巻くことになる。容姿、学力、コミュニケーションといった能力の格差、思春期ならではの暴走しがちな性欲と自意識の問題、大人の社会でも決して拭い去れない嫉妬と憎悪の連鎖、そして権力闘争。後に『コードギアス　反逆のルルーシュ』を監督する谷口悟朗監督はこういった社会の生む負のエネルギーを容赦なく描ききった。

これは、第三次アニメブームの末期にあり、「ポスト・エヴァンゲリオン」（セカイ系）的文脈の支配が濃厚だった当時のオタク文化、特に『エヴァ』を意識せざるを得ないＳＦアニメの分野においては画期的な「社会」の復活だった。

だが、この「社会」は、九五年を、『エヴァ』を、そしてセカイ系を通過したあとの「社会」である。そこにあるのは秩序立ったピラミッドではなく、混乱したバトルロワイヤル状況である。何が正しいか、黙っていれば大人が示してくれて、それに従ったり反抗すればいいという単純なしくみでは動いていない。「社会」の与える抑圧は秩序ではなく無秩序であり、不自由の息苦しさではなく、自由のもたらす不安である。何が正しいか、価値があるかは勝手に決めればいい。そしてその正しさはバトルロワイヤルに勝ち抜いたもの（権力を得たもの）が決め、しかもその座は安泰ではない。

リヴァイアスに乗り込んだ少年少女たちは、まるで世界の縮図のような環境に放り出され、自分たちで生き延びる術を考え、社会を運営し、犯罪を裁き、そして外敵と戦っていく。そんな中で主人公の相葉昴治は、凡庸な能力の持ち主として描かれ、表面的にはその人あたりの良さで艦内の権力闘争を生き残っていくのだ。

ここでのポイントは、リヴァイアスの少年少女たちを追い詰めていたのは決して宇宙漂流という状況だけではないということだ。彼らが追い詰められていたのは、宇宙漂流という過酷な状況と同じくらい、いや、ある意味それ以上に、目に見える範囲での人間関係と、自意識の問題である。凡才である自分が受け入れられずに悩む昴治を筆頭に、彼らを追い詰めていたのは人間関係と自意識の問題なのだ。

『無限のリヴァイアス』の設定は、一見、同作の制作会社・サンライズが八〇年代前半の第二次アニメブーム期に量産していた宇宙冒険譚（『機動戦士ガンダム』『銀河漂流バイファム』）に酷似している。だが『ガンダム』や『バイファム』において主人公たちのサヴァイヴの対象はあくまで、戦争や漂流といった大状況（社会）である。そこで描かれる内面の葛藤もあくまでそんな大状況がもたらしたものである。

『機動戦士ガンダム』の序盤、主人公の少年兵アムロは、なりゆきでロボット兵器「ガンダム」のパイロットに任命されてしまった状況に不満を抱き、出撃拒否する。そこで、上司である士官・ブライトがアムロを殴り、叱り付ける。このときブライトが体現しているのは「社会」だ。「社会」を背景に戦うことを要求するブライトにアムロは反発するが、最終的には受け入れ、やがてはブライト以外の「社会」も認知し、成長していく。そう、かつては社会が「戦う理由」を根拠づけてくれたし、自意識の問題も「社会に自分をどう位置づけるか」という形で展開された。

　だが、「戦う理由がないので引きこもる」という『新世紀エヴァンゲリオン』を通過した『無限のリヴァイアス』では、どうだろうか。『リヴァイアス』では再び「戦う」ことが選択されている。しかし、その戦場はむしろ共同体の内側にある。軍規を守り、迫り来る敵軍を蹴散らせば社会に認められたアムロとは違い、相葉昴治は内側の敵にこそ勝たないと生き残れないのだ。

　ホワイトベースと違い、リヴァイアスには大人は乗っていない。もちろん、中にはアムロとブライト程度の年齢差はある。しかし、リヴァイアスの年長組はブライトのように「確固たる社会」を背景に「正しいこと」を指導したりはできない。誰もが背景に何も持たない弱者であり、子どもである。だから、リヴァイアスで権力を握るのは、暴力やアジテーションといった「政治」で権力闘争を勝ち抜いた人間（エアーズ・ブルーや尾瀬イクミ）となる。自分の力により同格の弱者を蹴散らすことで権力を手にいれたブルーやイクミは「社会」を背景に正しさを主張することができない。だからあくまで彼らは暴力とアジテーションをもって他者を支配する……そう、後の夜神月のように。

アムロはブライトに殴られ、昴治はブルーやイクミといったバトルロワイヤルの勝者に暴力を振るわれるが、その意味あいはまったく違う。そしてこの圧倒的な落差にこそ、この二十年に起こった社会の変化と、それに影響された想像力の変化がある。

かつての少年兵たちの敵はあくまで自分たち弱者を苛酷な状況に投げ込む「強大な社会」だった。だが相葉昴治の、そして夜神月の敵は「強大な社会」ではない。自分たちと同格の能力をもつライバルであり、そんな彼らの集合体である「大衆」の顔の見えない弱さや悪意である。

かつてはピラミッド型の単純な構造をもち、その強大な社会のヒエラルキーを勝ち上がること、より上の階層からの圧力を払いのけることが「生き延びること」だった。だが、相葉昴治や夜神月の生きる世界は違う。ピラミッド型の秩序は崩壊し、各々のプレイヤーが信じたいもの（正義）を信じて乱立するバトルロワイヤルに勝利することが「生き延びること」なのだ。こうして「生き延びるために、（社会のヒエラルキーを駆け上がったり、破壊するのではなく）同格のプレイヤー同士が戦う」という想像力の土台が完成していったのだ。

4．「スクールカースト小説」に見るバトルロワイヤルの進行

「カードゲームシステム」と「サヴァイヴ感」はゼロ年代前半、九・一一に幸福な（？）「結婚」を果たし、時代を代表する想像力へと育っていく。前者はポストモダン状況が徹底すると必然的に浸透する世界観であり、後者はそんな世界に生きる人々が、半ば必然的に選ばされる態度（決断主義）と切っても切れない関係にある。そして、ゼロ年代前半の想像力はこのふたつの要素が絡み合い、相互補完的に発展していったと言える。

たとえば、代表的な初期の「サヴァイヴ系」作品と言える高見広春の『バトル・ロワイアル』（一九九九）や、九・一一に前後して登場した山田悠介『リアル鬼ごっこ』（二〇〇一）では、学園や家庭といった日常の風景に、政府の命令で突然「生き残り」をかけた理不尽なゲームが持ち込まれ、主人公は参加を強制される。

これらの作品では相対的に「〝敵〟としての〝強大な社会〟」の存在がおぼろげながら設定されている。しかし、時代を下るとこの「〝敵〟としての〝強大な社会〟」の存在はより希薄になり、カードゲーム＝バトルロワイヤル的な世界観は、時代を下るごとにより徹底されていく。

『仮面ライダー龍騎』（二〇〇二）におけるバトルロワイヤルの黒幕は、ひとりの天才科学

者であり、その動機は「自分の妹を救いたい」という、ゲームのプレイヤーたちと同じレベルのものにまで成り下がっており、『Fate/stay night』（二〇〇四）におけるバトルロワイヤル＝「聖杯戦争」の設定者もいちプレイヤーにすぎない。『DEATH NOTE』における死神リュークの動機は単に「退屈しのぎが欲しい」であり、こうなるともはやバトルロワイヤルの黒幕でもなんでもなく、ゲームは自然発生的に開始されたもの＝前提として存在するものとして描かれている。

この「バトルロワイヤルの徹底」という観点で考えるときに注目したいのが、ゼロ年代前半に登場した若い純文学の書き手たちによる作品である。二〇〇三年の綿矢りさ『蹴りたい背中』の芥川賞受賞は文芸の世界に「若手小説家ブーム」を呼んだ。十代半ばから二十代前半までの若い書き手がおそらくは出版社の宣伝戦略に基づいて次々と送り出され、そして瞬く間に消えていった。東浩紀は綿矢りさと金原ひとみが芥川賞を同時受賞したときに、これを出版社の露骨な宣伝戦略として批判した。その批判自体は妥当だと私も思う。だが、当時セカイ系路線を掲げていた〈ファウスト〉誌の論客として振舞っていた東は、ここで登場した作品群が、ゼロ年代的なサヴァイヴ感を一様に備えていたことにまったく注目しなかった。だが、ゼロ年代前半を代表する想像力は、むしろ東が黙殺した綿矢・金原的なものの延長線上にあったのではないだろうか。

この「若手小説家ブーム」で出現した作家たちのデビュー作を並べてみよう。白岩玄『野ブタ。をプロデュース』（二〇〇四）、三並夏『平成マシンガンズ』（二〇〇五）、木堂椎『りはめより100倍恐ろしい』（二〇〇五）……これらの作家はいずれも東の批判する「安易な宣伝戦略」の結果デビューした作家たちだ。確かにデビュー作の完成度は極めて低く、彼らの作家的な資質に疑問を抱く者も多かった。だが、彼らが少なくとも当時、東が擁護していた九〇年代の流れを汲む「セカイ系」作家たちより先に進んでいたことだけは間違いない。

たとえば、滝本竜彦の小説の主人公は「世の中が複雑でよくわからない」「何が価値のあることなのかわからない」から「引きこもる」。そしてその欠落は、トラウマを抱えた「可哀想な女の子」がご都合主義的に主人公を好きになるという渡辺淳一的な女性差別回路で埋められる。

だが、物心ついたときから「九五年以降の世の中」になっていた前記の作家たちにとって、滝本が怯える世界の不透明さはもはや自明のことであり、当然、滝本・渡辺的な女性差別による安易な解決も図られない。なぜならば彼らの問題意識は既に「そんな世界に、具体的にどう立ち向かうのか」というレベルに到達していたからだ。

彼らの描く物語においては、生きることそれ自体が、既に日常世界での過酷なバトルロワイヤルである。そこにゲームを支配する存在は成立せず、彼らは「戦わなければ生き残れない」現実を前提として受け入れている。たとえば『野ブタ。をプロデュース』の桐谷修二は、より上手に人気者キャラクターを演じられた人間が権力を手にできる教室の人間関係に勝ち抜くべく、自己と他者を「プロデュース」していき、その暴力性への疑問とそれでもゲームを戦わざるを得ない葛藤が作品の主題となっているのだ。もちろん、彼ら若手作家たちの多くがデビュー作以降何も書けなくなってしまったことに象徴的だが、これらはいずれも学園という狭い狭い世界に縛られた想像力である。それでも、目に見える人間関係そのものが「敵」であり、サヴァイヴの対象としたこれらの作品は、九〇年代（セカイ系）的な問題意識を無価値にしてしまう決定的な一歩を踏み出していたと言えるだろう。

こうして、バトルロワイヤルはジャンルや文化圏を横断して、同時多発的にはじまり、時間を経て徹底されていった。文芸の世界ではこれら若手作家による「スクールカースト小説」とも言うべき作品群が注目を浴び、ライトノベルの世界でも桜庭一樹による『推定少女』、日日日『ちーちゃんは悠久の向こう』といった同様のモチーフを孕む作品が次第に高い評価を受けていった。

また、漫画の世界では『ドラゴン桜』はもちろん、夏原武と黒丸による『クロサギ』（二〇〇三〜）や、スクールカースト小説に近い想像力で構成されるすえのぶけいこの『ライフ』（二〇〇二〜）が高い人気を集めていった。

これらの作品は九〇年代の「引きこもり／心理主義」、あるいはセカイ系的な想像力から生み出された作品が描けなかったコミュニケーションを描いている。しかし、それは決して従来の社会――トーナメントバトル／ピラミッド型社会の復活を意味しない。そこで描かれているのはカードゲーム／バトルロワイヤル型の「新しい社会像」なのだ。

5. 動員ゲーム＝バトルロワイヤルの克服に向けて

ここで再度、一連のバトルロワイヤル系の想像力の、ひとつの到達点である『DEATH NOTE』について考えてみたい。

同作が突きつけたものは「誰が夜神月を止められるのか？」という問いだ。夜神月は、最強の決断主義者である。物語の序盤から当然のように「九五年を通過した社会」を前提に生きる彼の前には、「九五年の思想」が提示した「〜しない、というモラル」は機能しない。今という時代と資本主義というシステムは「〜しない」という選択すらも、ひとつの決断として機能させるからだ。もちろん、それ以前の「社会」を背景にした「モラル」も当然機能しない。誰よりも聡明であるがゆえに夜神月はこの前提を正しく理解し、信じたいもの（この場合は自分）を信じ、バトルロワイヤルを生き残ることで「新世界の神」を目指したのだ。

同作が描いているのは、決して決断主義的な実存のあり方ではない。浅薄な人間はすぐに勘違いしてしまうが、劇中で夜神月は常に誇大妄想を抱いた青年として描かれ、その自信過剰は明らかにギャグとして読まれることを意図してカリカチュアライズされている。そして同時に、この真剣に考えれば「ネタ」以上のものではない幼稚な夜神月でさえも、この不透明な世の中に「わかりやすさ」を示し、バトルロワイヤルに勝ち残れば魅力的に見えてしまうということを露悪的に突きつける作品が、この『DEATH NOTE』なのだ。

実際、本作の主題は、「決断主義」を止めることの困難であり、頭ではわかっていても、何かにコミットすれば結果的に決断主義者として振舞ってしまう私たちの直面した壁の存在に他ならない。夜神月を批判するのは簡単だが、しかしそんな批判者自身が夜神月にならないで済む方法は原則的に存在しない。本作が描いていたのは、決断主義による思考停止という罠が魅力的に映ってしまうという、現代社会に生きる弱い私たちの、危うい現実なのだ。

何度でも繰り返そう。碇シンジ（引きこもり）では夜神月（決断主義）を止められない。生きること自体がゲームへのエントリーとされる現代において、「引きこもる」こと、ゲームへの不参加を表明することは何の批判力も持たず、ただゲームの敗者となるだけであり、システムへの打撃にはなり得ない。今の世の中では、あえて碇シンジに留まることすらも、「引きこもり」を掲げる愚鈍な決断主義者」でしかあり得ないのだ。

そして恐るべきことに『DEATH NOTE』は、そんな現実に「より強い夜神月」を目指して立ち向かう＝「L」となることも決して解決にはならないことを示している。事実、夜神月はLの後継者であるニアとメロに敗れて、死んだ。だが、月が死んだあとに残されたのは、相変わらず、万人がそれぞれ自分の信じたいものを信じて争うバトルロワイヤルの世界でしかなかったことが示される。

たとえば私たちは mixi や動画共有サイトですぐに同好の士を見つけ、見たいものだけを見て、信じたいイデオロギーだけを信じて、愛したいキャラクターだけを愛して、それを共有できるものたちだけでつながり、島宇宙を形成して棲み分けることができる。そしてその

「閉塞した快適さ」をまもるために、他の島宇宙と時にウェブ上で、時に街頭で衝突する……私たちが生きているのはそんな世界だ。

夜神月が死んでも、彼を救世主と信じて祈りをささげる人々はいなくならない——『DEATH NOTE』の結末は、「夜神月を力で倒しても、バトルロワイヤルは終わらない」というシビアな現実認知を読者に突きつけてくる。

今を生きる私たちの課題は、たぶんここにある。碇シンジでは夜神月を止められないし、かといって自分たちも夜神月になって戦うのでは、バトルロワイヤルを止められず、むしろ激化させる。碇シンジに退行せず、かといって夜神月にもならずにこのゲームを生き抜くにはどうしたらいいのか——それが今を生きる私たちの課題なのだ。そして、この課題に答えるべく現在のサヴァイヴ系作品は「ゲームに参加しつつこれを止める」方法を模索しはじめている。それはたとえば甲斐谷忍『LIAR GAME』（二〇〇五〜）である。

同作は、「ライアーゲーム」と呼ばれる非合法ギャンブルを運営し、社会的弱者を次々とバトルロワイヤルに巻き込む主催組織に対し、主人公たちがゲームに参加し、過酷な頭脳戦を戦いながらゲームを内側から止める方法を模索する物語だ。同作は必ずしも十分な回答を見出せてはいないがその果敢な試みはまさにゼロ年代の想像力として評価するに相応《ふさわ》しい、スリリングなものだと言える。

だれもが決断主義者として振舞わざるを得ない現在、私たちはこの動員ゲーム＝バトルロワイヤルに無自覚に参加し、小さな共同性に棲み分けながら思考停止して生きるのがもっとも容易だろう。だがその容易な選択を拒否して、美や倫理へのアクセスを志向した瞬間、この動員ゲームをどう克服するのかという大きな壁に直面するのだ。

（1） 例えば『賭博黙示録カイジ』の主人公・伊藤カイジは多額の借金を背負ったために、裏社会に身を落とし、そこで展開する裏カジノの類の賭場で勝ち抜くことで這い上がろうとする。ここには知恵を駆使してゲームのルールを徹底解析するという「戦い方」（カードゲームシステム）と、「撃つか撃たれるかのゲームに勝ち残らなければ生き残れない」というシビアな現実認知（サヴァイヴ感）という、今日のサヴァイヴ系作品を特徴づける二大要素を既に見ることができ、これらの要素は『DEATH NOTE』『未来日記』『LIAR GAME』といった現代のサヴァイヴ系作品に受け継がれていっている。『銀と金』（一九九二）やこの『賭博黙示録カイジ』に代表される九〇年代の福本作品は、あらゆる意味でゼロ年代のサヴァイヴ系作品の源流に位置する作品である。

しかし、裏カジノの死闘に勝って金銭を得ることが疎外感からの解放に直結するカイジが生きる世界観は、近代的なツリー型のそれであり、ピラミッド型のトーナメントバトルにむしろ近く、成長時代のモデルを踏襲していると言える。

第六章

私たちは今、どこにいるのか——「決断主義のゼロ年代」の現実認知

1. セカイ系はなぜ新伝綺に敗れたか

前章までは、ゼロ年代までの物語的想像力の変遷を追いながら、そこで主題とされてきた問題意識について論じた。

そこで本章では、これまでの議論を整理しつつ、ゼロ年代という現代を生きる私たちがどこにいるのか——を明確に定義しておく。

素材は講談社の文芸誌〈ファウスト〉である。

二〇〇五年、東浩紀はそれまで携わってきた〈ファウスト〉から距離を置くことを宣言した。それまで佐藤友哉や滝本竜彦ら「セカイ系」の流れを汲む作家たちを中核に置いていた同誌が、「新伝綺」ジャンルを提唱し、作風としては「サヴァイヴ系」の流れを汲む『Fate/stay night』『空の境界』の奈須きのこを中心に路線転換したことへの批判がその理由である。奈須きのこを「物語を語ることにためらいがなさすぎる」と批判する東は

『Fate/stay night』を評してこう語っている。

（『Fate』の主人公、衛宮士郎には）内面がないし、葛藤がない。『機動戦士ガンダム』以前の少年の造形だと思う。むしろ『宇宙戦艦ヤマト』に近いでしょう。古代進ってなにも悩んでなかったじゃない。なんのために宇宙戦艦乗ってんだとか、ヤマトって無意味なんじゃないかとか、地球なんて滅びちゃえばいいとか、古代は絶対思わない。一九七九年に『ガンダム』が現れて以降、そういう能天気さは通用しなくなって、その屈託こそがオタク的想像力の強度を支えてきたと思ってたんだけど、『Fate』はそういうのをすべて吹き飛ばしている。

——東浩紀『美少女ゲームの臨界点』一二八頁／波状言論（東浩紀個人事務所）／二〇〇三

つまり、「戦うことに迷いがない」『Fate/stay night』は八〇年代以前への退行であるというのが東の理解である。『Fate/stay night』がオタク的なお約束、快楽原則に忠実な、良くも悪くも非常に淡白な作品であることは間違いない。だが、東のこの批判は大きな見落としを孕んでいる。これまで確認してきた通り『バトル・ロワイアル』『リアル鬼ごっこ』『野ブタ。をプロデュース』、そして『DEATH NOTE』と、ゼロ年代前半、東の視界から半歩踏み出したところには、既に九〇年代後半の「セカイ系」を通過（克服）した新しい想像力が台頭してきており、『Fate/stay night』は明らかにこの流れを汲む作品に他ならないからだ。

衛宮士郎が戦うことにためらいがないのは、彼が何も考えていないからではない。ゼロ年代を生きる若者たちにとって、生きることはすなわち戦うことだという認識が徹底されていったという時代の変化がその背景にはある。『バトル・ロワイアル』でも、『リアル鬼ごっこ』でも、主人公はある日突然、理不尽なゲームの中に投げ込まれて、過酷なサバイバルを強制される。そして否応なしにゲームをプレイすることになる。

かつての「引きこもり／心理主義」、あるいはその流れを汲む「セカイ系」が、一九九五年以降の政治状況がもたらした社会像の不透明化に対する敏感な反応だったように、彼らの「サヴァイヴ感」は、社会像の不透明化に怯えて引きこもっていたら生き残れないという、九・一一、小泉構造改革以降の政治状況に敏感に反応した想像力なのだ。「迷い」や「ためらい」は消滅したのではなく、前提として織り込み済みになったのだ。

〈ファウスト〉の転向は保守反動ではもちろんない。むしろ、ようやく重い腰を上げて、時代に追いつこうとする前進だったのだ。なぜならば、そもそも〈ファウスト〉誌は自らに冠した謳い文句とは裏腹に、ゼロ年代前半において、むしろ九〇年代後半の感性を守り続ける古風な媒体として機能していたのだから。

二〇〇三年、〈ファウスト〉の登場は、旧来の八〇年代的な感性をもつライトノベル読者や業界関係者（作家、編集者など）からの大きな反発を受けた。東浩紀をはじめとする、創刊当初の同誌に携わっていた批評家たちもまた、暗にこの対立図式を利用していた節がある。この時期の東の主な批判対象は、むしろ東自身の出自である文壇の保守勢力であり、東によって純文学や一般文芸は、美少女ゲームやライトノベルに比べて保守的で遅れたジャンルとされ、後者の文化に耽溺するオタク男子たちから大きな支持を得ていた。東浩紀を中心としたゼロ年代前半のオタク系サブ・カルチャー批評の世界は、九〇年代後半の感性から、八〇年代以前の感性を批判することで成立していた。そしてそんな図式がかれこれ十年近く、批評の世界では通用してしまっている。そのため、実際には九〇年代後半の感性の反省の上に成立したゼロ年代前半の感性が台頭してきても、それを「八〇年代以前への退行」と捉えてしまう傾向が顕著である。その端的な例が東の奈須きのこ批判だ。九〇年代後半に基準を置き、そこから距離のある想像力はすべて八〇年代以前的であるとする思考停止が、書き手たちの間では支配的だった。

私もまた、二〇〇三年の〈ファウスト〉創刊時における東の主張には批判的だった。だが、それは八〇年代ノスタルジーに囚われた旧世代オタクや、さらに保守的な文壇人の感性を支持するという意味においてではない。八〇年代的感性をもつ彼らが初期〈ファウスト〉の新しさに怯えていたのに対し、私は逆に同誌の「古さ」に苛立っていたのだ。初期〈ファウスト〉に私が感じたのは敏感さではなく、鈍感さだった。

僕のいまの文学的関心は、芥川賞などよりも『ファウスト』の動向に向いています。西尾維新や佐藤友哉は今回の受賞作家と同年代です。マスコミは、かつて平野啓一郎を天才と呼んだように、今度は彼らをもちあげているわけですが、僕は、西尾や佐藤、それに年がちょっと離れますが舞城王太郎を加えた『ファウスト』のコアメンバーのほうが、未来の文学を担う作家として有望だと思います。純文学とエンターテインメントの違いなど関係ありません。そして実際、ここ1、2年、佐藤や舞城は文芸誌にも掲載されるようになりました。ようやく才能ある作家が正当に評価される時代が来たのかと思ったものです。

——東浩紀ウェブサイト『渦状言論』二〇〇四年一月二十一日

これは二〇〇四年、綿矢りさと金原ひとみの芥川賞受賞を受けて、東浩紀が自身のウェブサイトに発表した文章の抜粋である。そして、東浩紀が時代に置いていかれはじめていると私が確信したのがこのときだった。私には、東が擁護する初期〈ファウスト〉的な感性がまったく新しいものに思えなかった。

もちろん、東の指摘するように綿矢・金原の芥川賞受賞にはじまるゼロ年代前半の若手作家ブーム、青春文学ブームは、出版業界の安易な宣伝戦略にすぎず、一過性のもの以上にはならなかったように思える。だが、それは初期〈ファウスト〉にも当てはまる批判だろう。前記の発言で東が挙げている舞城王太郎、佐藤友哉、西尾維新に滝本竜彦を加えた初期〈ファウスト〉の看板若手作家のうち、現在も一線を担っているのは西尾維新のみである。舞城は二〇〇五年以降、漫画執筆も合わせて誰の目にも明らかなように迷走をはじめ、滝本は二〇〇二年に発表したデビュー第二作『NHKにようこそ!』漫画版の原作シナリオ以外の活動を行わず、その内容も堂々巡りで終わった。佐藤は三島由紀夫賞を受賞し、純文学作家として認められつつあるように思える。しかしそれはまさに東が指摘するような純文学業界の安易な戦略の結果と言えるものであり、東自身が指摘するように、その近年の作品は八〇年代ポストモダン小説の稚拙な模倣の域に留まっている。

さらに言えば、個々の作品の完成度というか、小手先の技術では圧倒的に上回っているはずの初期〈ファウスト〉作品群が、綿矢・金原とその劣化コピーたち「ごとき」を打倒できなかった理由は、その感性において初期〈ファウスト〉はむしろ古かったからに他ならない。初期〈ファウスト〉の作家たち——たとえば佐藤友哉や舞城王太郎が語っていたのは一種の絶望である。それは(一九九五年以降の)社会像の変化に対応できず、どうしていいかわからずに迷走し、立ち尽くし、引きこもるしかなかったというポスト団塊ジュニア世代(いわゆる「ロストジェネレーション世代」の中核)に顕著な、パフォーマンスとして語られる絶望(ごっこ)である。

だが、二〇〇三年当時、既に世の中には彼らを絶望させた社会像の変化——過剰流動性の浸透でも、ポストモダン状況の徹底でもなんでもいいのだが——を前提として受け入れ、絶望することなく新しい時代を生き抜こうとする想像力が台頭していたことはこれまで確認してきた通りである。それは言ってみれば、同じ状況（九五年以降の過剰流動性、ポストモダン状況の徹底）に晒されながらも、「こんな世の中からは生きる意味を引き出せない」「本当の自分がわからない」といじけて引きこもる佐藤・滝本的な態度へのオルタナティブとして台頭した、より下の世代に属する綿矢・金原ら若手作家たちの態度による克服である。前者は『新世紀エヴァンゲリオン』を起源とする古い想像力の後継者であり、後者は『DEATH NOTE』や『LIAR GAME』に通じる新しい想像力の先駆けだと言える。

九〇年代後半に培《つちか》われた感性を熟成させ、高い完成度を誇る作品群を量産した初期〈ファウスト〉は、ゼロ年代の新しい感性についていけない保守的な層の支持を得てある程度の成功を収めた。だが、その作品を形成する想像力は既に過去のものであり、作品の完成度では遥かに劣るものの、新しい感性を有する綿矢・金原世代による若手小説家ブームを超えるムーブメントには至らなかったのだ。

〈ファウスト〉誌への評価において、東浩紀は二度読み間違えている。第一に、同誌がセカイ系から新伝綺へシフトした際に、それを保守反動的だと批判したこと。そして第二にゼロ年代前半における同誌の立ち位置についての理解である。

2. 西尾維新の「転向」とセカイ系の本質

答えはもう明らかだろう。「セカイ系はなぜ新伝綺に敗れたか」――理由はひとつ、ゼロ年代前半における「セカイ系」とは、時代の変化に追いついていけず九〇年代後半の感性に固執する想像力の受け皿として機能した文化だったからである。作家としての技量で、佐藤友哉、滝本竜彦、あるいは舞城王太郎と、綿矢りさ及びそのフォロアー、あるいは奈須きのことを比較した場合、圧倒的に前者に軍配が上がる。しかし、時代の変化は前者の作家たちの問題意識を、一瞬で無効化してしまったのだ。「セカイ系」が「新伝綺」に敗れたのは、時代の要請以外の何物でもない。

こうして考えたとき、これまで私があえて触れてこなかったひとりの作家の名前が浮かび上がる。それは路線転換の前後を通じて〈ファウスト〉の看板作家であり続けた――つまり「セカイ系」から「新伝綺」への移行をただひとりスムーズにこなしてしまった作家・西尾維新である。

西尾維新の代表作である《戯言シリーズ》（二〇〇二〜〇五）は、一言で言うなら「セカイ系としてはじまり、それを否定して新伝綺で終わろうとする」物語だ。主人公のいーちゃんは、九〇年代後半的な厭世観に浸り、対象に決定的にコミットすることを積極的には選ばない、セカイ系的なモラルの持ち主として描かれる。だが、当初、推理合戦を通してセカイ系的な世界観を提示する形で展開された物語は、後半に進むにつれて世界の破滅を目論む陰謀組織との対決へと変貌していく。

そして最終巻、いーちゃんはそれまでのセカイ系的なモラルを捨て、「誰かのために——何か、してみたい」と語るようになる。つまり、ここでは九〇年代後半的な「引きこもり」からゼロ年代前半的な「決断主義」への転向が見られるのだ。そしてこの転向は、西尾が《戯言シリーズ》完結に先駆けて〈ファウスト〉誌創刊号で連載開始した『新本格魔法少女りすか』では、より明確に現れている。

『新本格魔法少女りすか』の主人公・供犠《くぎ》創貴《きずたか》は、一言で言うなら『DEATH NOTE』の夜神月のような主人公だ。既存の社会や大人たちに対してまったく信頼を置いておらず、価値観やルールは自分が勝ち残ることで築こうと考えている。そして相棒の魔法使いの少女・りすかとともに、敵対勢力の魔法使いとのバトルロワイヤル的なゲームを思わせる過酷な戦いに身を投じていく。

ここで重要なのは、主人公の供犠創貴が自ら決断の主体となり、その責任を引き受けていることである。まだセカイ系を引きずっている《戯言シリーズ》では、完結に至るまで手を汚すのはあくまでいーちゃんの周囲の女性キャラクター（戦闘美少女）である。だが、本作において主人公・供犠創貴とヒロイン・りすかの関係は（比較的）対等に近い。主人公は頭脳を、りすかは魔法を駆使して敵を倒し、殺人の罪をともに背負う。〈ファウスト〉の路線転換とは西尾維新の必然的な、そしておそらくは無自覚に市場のニーズを読んだ転向のことに他ならない。

そしてつけ加えるのなら従来のセカイ系作品のクリティカル・ポイントがここにはある。第四章で私は『エヴァンゲリオン』に代表される「九五年の思想」と、そのゼロ年代における堕落形態とも言える「セカイ系」の違いについて解説した。それは前者の「〜しない、というモラル」に基づく超越性、中心的な価値へのアクセスの断念が、後者では戦闘美少女やトラウマを負った美少女による主人公の全肯定という非常に幼児的な形で回復されてしまうという点にある。

「九五年の思想」が「絶望を引き受けて生きること（アスカに振られるシンジ）」ならば、「セカイ系」ではその絶望が「（戦闘美少女やトラウマ少女など）傷ついている少女から無条件に必要とされること」で贖《あがな》われる。それはつまり、ポストモダン状況下で、手っ取り早く「生きる意味」や「確実に価値があること」を備給するために、あらかじめ癒されるべき傷を負った美少女が無条件で自分を必要としてほしい、という願望に他ならない。だから《戯言シリーズ》で、手を汚して「決断」するのはいつもいーちゃんの周囲の美少女たちであり、そして滝本竜彦の小説のヒロインたちは主人公に癒されるべき傷をあらかじめ負わされている。

高橋しん『最終兵器彼女』、秋山瑞人『イリヤの空、UFOの夏』のヒロインもまた、主人公の少年の代わりに「決断」し、手を汚していた。「セカイ系」とは、九〇年代後半的な

「〜しない、というモラル」を主人公に貫徹させるために、自分ではなく他人（戦闘美少女）に決断させ、そして彼女に無条件で必要とされることでその結果だけを享受しようとする態度に他ならない。まるで、渡辺淳一『愛の流刑地』で、ヒロインが主人公に「殺して」と自ら求めたことで、彼女を殺害した主人公が精神的に免罪されたように。「セカイ系」とは、その支持者に「〜しない、という（九〇年代後半的な）モラル」の貫徹であると主張されるが、実際には「自分で責任を取らず、その利益のみを享受する決断主義」でしかないのだ。

「九五年の思想」の堕落形態とも言える「セカイ系」は、皮肉な形で「九五年の思想」から「ゼロ年代的決断主義」への橋渡しを果たしている。社会的自己実現への信頼低下に絶望した少年（『エヴァンゲリオン』の碇シンジ）が、戦闘美少女にすべての決断と責任を預け、その結果のみを享受することで回復を試み（セカイ系）、やがてその欺瞞とご都合主義を反省し自らも決断と責任を担うようになる（決断主義）。

西尾維新という抜群の嗅覚をもつエンターテイナーの変遷は、結果的にここ十年の想像力の変遷をかなりわかりやすいかたちで描き出している。西尾維新は初期「ファウスト作家」の中で唯一、九・一一以降の世界でも通用する想像力にたどり着いた作家であると言え、『DEATH NOTE』のスピンオフ小説が西尾の手によって書かれたことは、まさに「時代の必然」としか言いようがない。

3. 私たちは今、どこにいるのか?

九〇年代後半、オウム真理教による地下鉄サリン事件、阪神淡路大震災の二大事件に象徴される社会像の変化は、国内におけるポストモダン状況の進行を大きく前進させた。

その結果、この国では社会的自己実現への信頼が大きく低下し、折からの不況（平成不況）も相まって社会の不透明さに怯える空気が支配的になった。

その結果台頭したのが、何かをなし得ること、「～する／～した」こと（行為）をアイデンティティに結びつける（コミュニケーション）のではなく、「～である／～ではない」こと、もっと言ってしまえば「～が欠落していること」（設定）をアイデンティティとする（キャラクター）という考え方である。

その結果が、アメリカから輸入されたサイコサスペンスの流行であり、八〇年代から続く俗流心理学ブームのさらなる過熱であり、登場人物たちが「過去にどんな精神的外傷（トラウマ）を持つか」で設定される『新世紀エヴァンゲリオン』から『永遠の仔』まで続く心理主義的な作品群の台頭であり、椎名林檎という「現象」である。ここでは、この何が正しいことかわからない、誰も教えてくれない不透明な世の中で、他者と関わり、何かを成そうとすれば必然的に（相対的に）誤り、誰かを傷つけて、自分も傷つくという絶望が描かれ、

「何が正しいかわからないから引きこもる」という気分が、あるいは「〜しない（誰も傷つけない）、というモラル」が叫ばれた。

だが、この「引きこもり」モードは二〇〇一年のアメリカ同時多発テロと、小泉純一郎内閣による構造改革の開始に前後して徐々に解除されてゆく。それは、決断主義的な暴力（テロ）が連鎖し、格差社会の足音が迫るゼロ年代前半の政治状況を背景に、ポストモダン状況の進行に怯えて引きこもっていたら生き残れない、何も手に入らないというサヴァイヴ感の浸透が物語を生む想像力に影を落としていった結果である。

その結果、社会の不透明さ、価値観の多様化（混乱）を前提として織り込んだ上で「生き残るためには（過ちを犯すこととその責任を取ることを引き受けた上で）決断する」という風潮が濃厚になった。この状況では、旧左翼的な疎外論や、皇国史観的なイデオロギーなど一見、古いもの、既に克服されたはずのものがローカルな動員力を持つようになり、文化レベルでは世代ごとに対応したノスタルジー（新人類世代は八〇年代前半、ポスト団塊ジュニアは九〇年代後半）が支配的になる。

だがこれらは従来の枠組みへの退行ではなく、むしろ現代への無自覚な対応である。戦前の右翼と「新しい歴史教科書をつくる会」は同じものだろうか。かつての労働組合と「フリーターズ・フリー」は同じものだろうか。当然、答えはすべて「否」である。前者に比して、後者は再帰的――むしろ中心的な価値の必要性によって事後的に呼び出されたもの――であり、無根拠を承知であえて選択されたものだ。そうしないと物理レベルでは政治的・経済的に生き残れない、あるいは、心理レベルで生きる意味を備給できないからだ。

そしてこうやって過剰流動性に耐えられない弱い人間が、いや、どんな人間も抱えている弱い部分が、左右のわかりやすいイデオロギーや、渡辺淳一＝セカイ系的な女性差別（萌え）的ロマンティシズムを媒介に閉じたコミュニケーション空間を生成し、その空虚を満たそうとすることはいたって現代的な行為であり、これは従来の社会像の復活とは違った、新しい社会像の台頭を示すことに他ならない。だから同様にかつての革命漫画『野望の王国』と『DEATH NOTE』は違うし、『銀河漂流バイファム』と『無限のリヴァイアス』も違う。「再帰的であること」を視界に入れない限り、正確に現代を把握し、時代に追いつくことはできないのだ。


まとめると、一九九五年から二〇〇〇年までの間は、一九九五年に大きな物語がまた一段階失効し、そんな社会像の変化を受け止め、怯えていた「引きこもりの時代」であり、二〇〇一年以降はその後に乱立した小さな社会同士が衝突（バトルロワイヤル）しあう「噴き上がりの時代」に変化したと言える。ここでは自分の選択した小さな物語に大きな物語的な超越性を読み込み、その正当性を他の小さな物語を排撃し、自分たちの生活空間から排除することで獲得しようとする決断主義的態度が支配的になる。

そしてここで重要なのは、決断主義を批判することがこれらサヴァイヴ系作品の想像力を批判することにはつながらない、という点である。『無限のリヴァイアス』『バトル・ロワイアル』といったサヴァイヴ系初期作品から、『仮面ライダー龍騎』『少女には向かない職業』といった発展段階の作品、そして『野ブタ。をプロデュース』『DEATH NOTE』『コードギアス　反逆のルルーシュ』といった後期作品まで、一貫して決断主義は生き延びるために選択される必要悪とされ、後期作品では決断主義者を主人公にその魅力（必然性）と限界、問題点を突きつけるピカレスク・ロマン（夜神月もルルーシュ・ランペルージも幼児的な悪として描かれている）として展開している。

さらにその発展形である『野ブタ。をプロデュース（ドラマ版）』『LIAR GAME』ではより直接的に、決断主義的バトルロワイヤルの克服が主題とされている。そう、サヴァイヴ系とは常に決断主義の必然性とその克服を主題としてきたのだ。

私たちは今、決断主義のある程度の有効性と、その（大きな）副作用として現れる限界と問題点に直面している。模索すべきは「引きこもり」からの脱却でも、ポスト・セカイ系でもない。それらは既に決断主義として出現している。「どうせ世の中勝ったものが正義なのだから」と開き直り、思考停止と暴力を肯定する態度にどう対抗するか、が私たちの課題なのだ。

このとき重要なのは、自分を免罪してしまわないことだ。繰り返し述べるが、決断主義とは多かれ少なかれ誰もが逃れられない「条件」のようなものだ。大きな物語の力が衰えた今、何かを選択し、主張することはすなわち決断主義的態度を生む。セカイ系が、実は少女に決断させて自分がその益を得る渡辺淳一的、女性差別的決断主義でしかなかったように、「主張しない」という態度を選択することもまた、ひとつの選択として機能してしまう。私たちは決断主義者であることから逃れられないのだ。

だから小林よしのりの『脱正義論』は「新しい歴史教科書をつくる会」に堕落し、(前期)宮台真司ではカルチュラル・スタディーズやフリーターズ・フリーを批判できず、碇シンジでは夜神月を止められない。世界規模では暴力の連鎖に歯止めがかからず、国内的にはただ「わかりやすさ」と「刺激」を求めた決断主義者が、思考停止の快楽を享受するために自分たちの信じたいものを信じて噴き上がる――それは夜神月を信仰するキラ信者たちであり、「新しい歴史教科書をつくる会」の支持者であり、さらには下北沢の再開発反対運動家であり、秋葉原解放デモの担い手たちである。

彼らを吉本隆明から『脱正義論』までの文脈で、運動の自己目的化を理由に批判してもまったく批判力は発生しない。彼ら決断主義者にとって、運動(決断)の自己目的化は織り込み済みであり、それはこのポストモダン状況下で意味を備給するためにあえて選択された運動に他ならないからだ。だが、決断主義的に選択された小さな物語たちは、単一のアーキテクチャーの上で展開されている限りは必ず衝突する。それがゼロ年代的バトルロワイヤルなのだ。

4．時代を祝福しながら克服すること

ひとつの時代に向き合うとき、人間は「こんな世の中が間違っている」とすべてを否定して背を向けるか、「流れに乗ればいい」と身をまかせてしまうかという両極端な反応を取りやすい。だが、それはともに愚かな選択だ。どんな状況にも利用し得る可能性と巧妙な罠がセットで隠されているように、あらゆる時代にも同じことが言える。世界に「いい」も「悪い」もない。私たちに必要なのは、それぞれの時代とその想像力が孕む長所と短所、コストとベネフィットを見極め、巧く利用することで次のものへと変えていくことなのだ。そのヒントはたとえば、東浩紀の一連の議論を『モダンのクールダウン』（二〇〇六／ＮＴＴ出版）で精緻に検証した社会学者・稲葉振一郎の発言に見ることができる。

支配権力に抗する「人民の権力」を標榜したマルクス主義の悪が明らかになって以降、批判的な正義の立場に立つためには「反権力」に徹するか、せいぜい「権力の極小化」を言うにとどめておくしかない、という雰囲気がありました。しかしフーコーの権力論が示唆するのは、別の問題の立て方――「権力・対・反権力」ではなく、「権力の謙虚でエレガントな使用・対・権力の傲慢で野蛮な使用」ではないか。最近ぼくはそう考えています。権力を振るったときに生じる、自らの無意識と身体を含めた「他者」からの

「抵抗」に対して謙虚であること、その意味をそれぞれの現場で具体的に考えていくこと。

——稲葉振一郎「ニッポン言論のタネ本15冊＋α　フーコー『監獄の誕生』」（朝日新聞社〈論座〉二〇〇二年六月号）

ここで稲葉が権力そのものを批判するのではなく、権力の「謙虚でエレガントな使用」を訴えているように、私も「謙虚でエレガントなバトルロワイヤルへの参加（決断主義的態度）」を考えてみたいと思う。セカイ系が決断主義に克服されたとき、そこにあったものはセカイ系的な前提——社会像の変化によって、確実に価値のあること、正しいことがわからなくなり、何かを選択すれば誰かを傷つけ、自分も傷つくこと——に対する否定ではない。むしろ肯定であり、前提としての徹底した共有である。徹底してセカイ系的前提を受け入れたからこそ、生きるためには（たとえ無根拠でも）何かを選択し、決断し、その責任を負わされなければならないという想像力が台頭したのだ。

同じように、決断主義者たちの動員ゲーム＝バトルロワイヤルを終わらせるためには、いや、より徹底することで次のものへと変化させるには、これを批判するのではなく受け入れることからはじめなければならない。

私たちは、多様すぎる選択肢の中（もちろん、これはあくまで単一化の進むアーキテクチャーの枠内での選択である）から無根拠を踏まえた上で選択し、決断し、他の誰かと傷つけあって生きていかなければならない。この身も蓋もない現実を徹底して前提化し、より自由に、そして優雅にバトルロワイヤルを戦う方法を模索することで、決断主義を発展解消させてしまえばいいのだ。

ひとつの時代を乗り越えるために必要なのは、それに背を向けることではない。むしろ祝福し、めいっぱい楽しみながら克服することなのだ。

ゼロ年代という時代を代表する想像力は、決断主義的動員ゲーム＝バトルロワイヤルである。そしてこの時代の長所を生かし、短所を克服する方法を考えることで、私はこれを乗り越える想像力を模索してみたいと思う。

そしてそのための大きなヒントになる想像力が、ゼロ年代前半から現在にかけて既に多数出現しているのだ。私の主張するゼロ年代の想像力とは、これから語られるであろう「ポスト決断主義」とも言うべき新しい想像力に他ならないのだ。

第七章

宮藤官九郎はなぜ「地名」にこだわるのか——（郊外型）中間共同体の再構成

1．ゼロ年代の想像力――その三つの可能性

前章まではゼロ年代初頭（二〇〇一年前後）に発生したパラダイム・シフトについて論じた。

一九九五年からの五年間は、同年に前後して起こった大きな社会像の変化のいわば受容フェイズであり、「旧来の社会像が信じられなくなった」ことを表現する想像力が支配的だった。

対して二〇〇〇年からの五年間は、いわば再構成フェイズである。旧来の社会像の失効を前提として受け入れ、「政治的（なゲーム）に勝利したものが無根拠なものを暫定的に正当化する」という「新しい社会像の模索を行う」想像力が支配的になった。これがゼロ年代を覆う決断主義的動員ゲーム＝バトルロワイヤルとも言うべき状況である。この決定的な状況の克服こそが、現代の課題に他ならない。

よって本章から第九章までは、「ポスト決断主義」とも言うべき、この時代の課題＝「決

断主義の困難」に優れたアプローチを見せたいくつかの想像力について考えてみたい。

その可能性を、私はとりあえず三つに分類する。そしてそれはゼロ年代前半に、極めて優れた作品を残した三人の作家に代表させることができる。

第一に挙げられるのは劇団「大人計画」の作家であり、テレビドラマ脚本家としても活躍中の宮藤官九郎である。第二に挙げられるのは同じくテレビドラマ脚本家であり、男性と女性による「ふたりでひとり」のユニット・木皿泉であり、そして最後は少女漫画家のよしながふみである。

この三者は「(郊外型)中間共同体の再構成」「動員ゲーム＝バトルロワイヤルからの離脱可能性の模索」「決断主義的問題意識の解体」というそれぞれ異なった(だが多くのものを共有する)方法で、この決断主義的状況に対する回答を提示しており、そしてそれぞれ新たに浮上した問題点に直面しているのだ。

本章ではまず、ゼロ年代前半でもっとも重要な作家として位置づけられる宮藤官九郎について考えてみよう。宮藤官九郎は松尾スズキの率いる劇団「大人計画」所属の俳優として出発し、やがて松尾に並ぶ同劇団の人気作家として知られるようになった。

二〇〇〇年の『池袋ウエストゲートパーク』を皮切りに、『木更津キャッツアイ』(二〇〇二)、『マンハッタンラブストーリー』(二〇〇三)と、放映局TBSの磯山晶プロデューサーと組んだ、タイトルに特定の地名の入る一連のシリーズ(地名シリーズ)で人気を博したゼロ年代を代表するテレビドラマ脚本家である。

宮藤が「地名」にこだわっていることからも明らかなように、これらの作品に共通するテーマは、キミとボクとの自意識の世界でもなく、かといって国家や社会といった大きな世界でもない、中間共同体の再構成だ。

宮藤の作品に共通するのは「別に歴史や社会の仕組みに裏付けられているわけではない、一見、脆弱な共同体」が発生し、それがごく短期間だが確実に人間を支え、そして最後はきっちり消滅することだ。ここには、「社会や歴史が共同体を裏付けてくれない世の中」＝「ポストモダン状況下での郊外的空間」で、人々が積極的に選び取った共同体のもつ、意外と高い強度が描かれている。それは永遠のものでもなければ、超越したものでもない。他愛もない日常の積み重ねであり、しかも一瞬で終わるものだ。だが、こういった「終わりのある日常」の「中」にこそ、人を支えるものは発生する――そんな確信が、宮藤の作品には溢れている。本章ではそんな宮藤の軌跡を追いながら、その内容を検討していこう。

2．すべては「池袋」からはじまった

二〇〇〇年四月十四日、まだ『動物化するポストモダン』も〈ファウスト〉も存在しない世界で、ゼロ年代におけるもっとも重要な想像力のひとつが産声をあげた。誰も気づかない

場所で、革命は静かにはじまっていたのだ。

『池袋ウエストゲートパーク』は、石田衣良のハードボイルド小説を原作としたテレビドラマである。原作小説は池袋西口で果物屋を営む青年・真島マコトを主人公に、彼が街で起こるさまざまなトラブルを持ち前の頭脳と行動力で解決する連作短篇だが、宮藤官九郎が脚本を手掛けたテレビドラマ版は原作のエピソードを巧みに再構成し、オリジナルの要素を大きく盛り込んでほぼ別物に仕上がっている。

ざっと内容を紹介しよう。池袋西口公園で「なんとなく」知り合った、果物屋のマコト、大学生のマサ、女子高生のヒカルとリカ、そしてオタク少年のシュン……彼らは意気投合しグループを形成するが、出会って間もなくリカが何者かに殺害されてしまう。地元のカラーギャングに人脈を持つマコトは独自の捜査を開始し、その過程で関連する別の事件を解決する。その結果、池袋のトラブルシューターとして知られるようになったマコトの元にさまざまな事件が持ち込まれるようになる。

この作品には、私がこれまで論じてきた九〇年代からゼロ年代へ、引きこもりから決断主義への移行が、ほぼ完全に内在されていると言っていい。一連の事件の犯人であるヒロインのヒカルは、少女期に父親から性的虐待を受けたことが原因で、相手を傷つけ、傷つけられる人間関係から退却し、そのはけ口を自分の存在を全肯定してくれる恋人＝マコトに求める(引きこもり／セカイ系)。

だが、それをマコトに拒絶された結果、ヒカルは恋敵のリカを殺害し、さらには自分とマコトの「キミとボクの世界」を守るために、マコトの周辺のカラーギャング間の抗争を誘引し、真相に近づいたシュンをも殺害してしまう（決断主義的動員ゲーム＝バトルロワイヤル）。

そう、まさに、この物語は「引きこもり／セカイ系」が必然的に「決断主義」化するという時代の流れをなぞるように進行するのだ。そして、この物語は同時に、そんなバトルロワイヤル（カラーギャングの抗争、ヒカルの殺人）を主人公のマコトがどう止めるのか、という物語でもある。

では、宮藤がマコトに与えた動員ゲーム＝バトルロワイヤルの克服とは何だろうか。そのヒントは物語の舞台が渋谷でも新宿でもなく池袋であることに隠されている。

物語の舞台となる池袋西口に集まる若者たちは、一九九五年以降の世界を生きる若者たちである。一九九五年以降の世界とは思想史的には、七〇年代以降進行し続けるポストモダン状況の徹底が一段階進んだ後の状態だと理解しうるが、都市論的には郊外化が決定的に進行しはじめた世界として理解される。ここでの「郊外化」とは何か。それは、ポストモダン状況の進行が都市計画として実現されることである。たとえばこの時期、日本の地方都市は、郊外を走る幹線道路沿いに全国チェーンの大型ショッピングセンターが連なるといった風景に統一されていった。ユニクロ、マクドナルド、ＴＳＵＴＡＹＡ、ＢＯＯＫ・ＯＦＦ、そしてジャスコ。これらの都市計画は流通の地域格差を大きく是正し、人々の消費生活を決定的に多様にしたが（コミュニティの層の多様化）、一方でそのハードウェアとなる街の風景を決定的に画一化した（アーキテクチャーの層の画一化）。

これにインターネットの普及による、コミュニケーションの多様化とそれを支えるインフラの画一化をあわせて考えても、この時期何が進行したかは明白だろう。

評論家の三浦展は（前期宮台真司の郊外論を暗黙のうちに踏襲して）それを「ジャスコ化」「ファスト風土化」と呼び、地域の歴史性や旧来の共同体を解体するものとして『ファスト風土化する日本』（二〇〇四／洋泉社新書y）で痛烈に批判した。この空間では歴史に裏付けられた共同体や価値観が個人の生きる意味を備給してくれるという近代的なモデルは失効してしまう。言ってみれば九〇年代の「引きこもり」的想像力から「セカイ系」にいたる流れは、「郊外に生きる僕らには物語がない（誰も与えてくれない）」という絶望を主張していた想像力だと言える。

対して、ゼロ年代前半の「決断主義」的想像力は、その郊外の空虚さを抱えて生きるという前提のもとに、自分で選択・設定した生きる意味を追求するという想像力に他ならない。「郊外に生きる僕らは物語を（自分で）つくるしかない」という諦念の産物である。

だが、宮藤はこの「引きこもりから決断主義への必然的な帰結」というヒカル的なモデルを結論とはせず、そのアンチテーゼとしてマコトという主人公を設定した。

ここで考えてみよう。二〇〇〇年における「池袋」とはどんな街だったか。いや、この物語の中でどんな街として描かれていたか。答えは明白である。渋谷や新宿のような歴史と文脈をもたず、埼玉県をはじめとする北関東の諸都市にとっての〈市街〉として機能する池袋は、言ってみれば都市でありながら郊外的な性格を強く持つ奇妙な街――「郊外」的都市だった。

郊外的な流動性の高さと、都市の凝集性の高さが奇妙に混在するその空間は当時「ストリート」と呼ばれ、ある種、原作小説の段階から大きな要素としてこの物語を支えていた。歴史的にも都市論的にも「郊外」的な街だったと言える池袋を舞台に選ぶことで、同作は「郊外」的な想像力の先駆けとなったのだ。

セカイ系からサヴァイヴ系への流れでは物語の想像力は歴史性から切断され、その舞台から具体的な「地名」は消滅するか、意味を成さない記号的な後景として描かれることが多い。しかし、ここでは一度消滅したはずの地名が復活しているのだ。だがそれは（これまで見てきたように）従来の社会像が復活したのではない。池袋は都市としてではなく郊外として、凝集性の高さがコミュニティを保証する場としてではなく、むしろ凝集性が低く流動性が高いからこそ「つながり」が自己目的化してコミュニティが成立する場として再帰的に選択されたのだ。(1)

そして本作におけるマコトの武器は、この街を舞台にしたコミュニケーションである。

劇中で描かれるマコトたちのグループは、池袋に「なんとなく」集まった年齢も居住地もバラバラのメンバーで構成されており、いわゆる地元の人間はマコトのみである。

さらにはマコトの根拠となり力となってカラーギャングたちの抗争を治める豊富な人間関係のネットワークも、中央から派遣された警察官僚から不法滞在のイラン人まで、池袋という街の歴史性や土着のコミュニティからはある程度切り離されたメンバーの、雑多な寄り合い所帯として描かれている。コミュニケーションを媒介するのは、劇中にちりばめられた「小ネタ」に代表される八〇年代サブ・カルチャーの数々であり、経済的なつながりでも村落的共同性でもない。そんなポストモダン状況が進行し、郊外化が進んだ都市だからこそ成立する共同性のネットワークが、マコトに力を与え、カラーギャングたちの抗争を終結に導く。

そして最終回、抗争を調停したマコトは叫ぶ、「ブクロ、サイコー！」と。そう、マコトはそもそも郊外＝池袋を絶望的な空間とは捉えない。それは九〇年代の「引きこもり／セカイ系」からゼロ年代の「決断主義／サヴァイヴ系」が共有する「モノはあっても物語のない世界」という前提の否定である。宮藤は郊外的な流動性の高さと都市の凝集性の高さが奇妙に混在する街・池袋（ストリート）に、自由にアクセスできてかつ強い求心力を持ち、人間を支えうる新しい共同体の出現を期待する立場を取るのだ。

宮藤はそんな郊外＝九五年以降のポストモダン状況だからこそ成立しうる新しい中間共同体の可能性を、ある種の希望、決断主義への処方箋として提示したのだ。(2)

『池袋ウエストゲートパーク』は言ってみれば宮藤の現代に対する理解を示した作品だと言

える。そして付記するなら同時に本作は、『ケイゾク』（一九九九）で、かつての小劇場ブームのセンスと、『新世紀エヴァンゲリオン』などオタク系文化のセンスをテレビドラマの世界に持ち込んだ演出家・堤幸彦の監督作品であることも重要である。

一九九五年における『エヴァ』以降、その流れを汲む文化の大半は『エヴァ』の主張した（正確には九〇年代前半、岡崎京子や『完全自殺マニュアル』が準備し、『エヴァ』が決定的なものにした）郊外的な「モノはあっても物語はない」という絶望の中で完結していたと言える。

だが、同じ『エヴァ』の流れを汲んだ作品から、その後の美少女ゲームブームや〈ファウスト〉誌と東浩紀を中心とした文芸運動の問題意識を完全に先取りし、さらに無効化している作品が存在し、しかも決してマイナー・カルトに留まることなく大きな支持を受けていた事実は非常に重要だ。

そしてその二年後の二〇〇二年、奇しくも「セカイ系」という言葉がインターネットのアニメ感想サイトで生まれたその年、岡崎京子、『完全自殺マニュアル』から『エヴァ』へと受け継がれた郊外的な絶望、つまり九〇年代的な厭世観という問題意識を決定的に無効化する作品が、再び宮藤の手によって描かれることになる。

物語の舞台は必然的にさらに郊外へ向かうことになる。千葉県木更津市——国内でもかなり早い段階で郊外化が進んだことで知られるこの街で、ゼロ年代前半における最重要作品が生まれることになるのだ。

3. そして「木更津」へ

たまには個人的な体験を語ってみよう。実感として、「九〇年代がいつ終わったか」と訊ねられれば、私は間違いなくこう答えるだろう。それは『木更津キャッツアイ』の第一話を観終わったときだ、と。

宮藤官九郎による「地名シリーズ」第二弾『木更津キャッツアイ』は、本放送での視聴率については苦戦した作品だと言える。だが、同作は前作同様、ソフト化と再放送を機会に人気が爆発し、二〇〇四年と二〇〇六年には続篇映画が公開され共に大ヒットを記録し、ゼロ年代を代表するテレビドラマシリーズとして、十代から三十代の男女双方から幅広く支持を受けた。だが、この作品は批評の世界では黙殺された。大塚英志が『キャラクター小説の作り方』（二〇〇三／講談社現代新書）で絶賛したのみである。

ここでも内容の紹介からはじめよう。主人公は木更津の商店街で稼業の床屋を手伝う二十歳の青年・田渕公平、通称「ぶっさん」。定職にも就かず、かつての高校野球部の仲間たちと草野球と酒宴の日々を満喫するぶっさんは、ある日ちょっとした思いつきで怪盗団「木更津キャッツアイ」を結成、愉快犯として他愛もない窃盗を繰り返していく……のかと思いきや、第一話の結末でぶっさんは仲間たちに、自分がガンに冒されていることを告白する。

こうして物語は怪盗団のコミカルな活躍と「死」という現実に直面したぶっさんの葛藤を、「ネタ」なのか「ベタ」なのかわからないような繊細で周到な形で混在させて描き、そしてぶっさんの死で幕を閉じる。

この物語で、宮藤が行ったのは徹底的な価値の転倒である。「引きこもり／セカイ系」から「決断主義／サヴァイヴ系」へいたる作品群は、基本的に郊外的な空間、単一のアーキテクチャーの上で多様で入れ替え可能なコミュニティが乱立する空間を、「モノはあっても物語のない」「生きる意味を社会や歴史が裏付けてくれない」絶望的な世界として描いていた。岡崎京子や宮台真司の言葉を借りればそこに存在するのは「平坦な戦場」「終わりなき日常」であり、その絶望にナルシスティックに耽溺すると九〇年代後半の「引きこもり」的想像力＝碇シンジになり、埋め合わせるべく確信犯的に踏み出すと「決断主義」的想像力＝夜神月につながる。

そして、木更津は完全な「郊外」だ。池袋のストリートには辛うじて存在した凝集性の高さすらそこには存在しない。自分の人生がつまらないのを世界のせいにするには絶好の場所だ。だが、ぶっさんは「引きこもり」も「決断主義」も選ばなかった。なぜか？　それはぶっさんにとって、「郊外」は決して絶望的な空間ではなかったからだ。

そう、宮藤はこの「郊外」＝「終わりなき（ゆえに絶望的な）日常」という図式をひっくり返したのだ。宮藤が描いたのは「終わりのある（ゆえに可能性に満ちた）日常」という新しい「郊外」像である。

この物語では、あの「郊外」が、岡崎京子が絶望し、庵野秀明が絶望し、佐藤友哉や滝本竜彦が生き生きと安っぽい絶望ゴッコを語った「モノはあっても物語のない」郊外が、むしろ過剰なまでに物語に溢れた空間として描かれているのだ。

物語冒頭で余命半年を宣告されたぶっさんは、残された日々を「普通」に生きることを選択する。

「普通」とは「つまらない日常を諦めて受け入れること」ではない。むしろ「日常の中の豊かさをめいっぱい満喫すること」である。実際、ぶっさん以下キャッツとその周辺の人々が過ごす日常は、たまらなく魅力的だ。愉快な仲間たちと行うまばゆい朝日の中での草野球、たまり場での酒宴、そして夜は怪盗団としてのスリリングな活躍！　ぶっさん役の岡田准一目当てで観はじめた女性ファンにすら「私も男の子に生まれたかった」と言わしめる木更津は、一種のユートピアだと言っても過言ではないだろう。

いったい宮藤は、「絶望的」なはずの郊外をどんな魔法で生まれ変わらせたのだろうか。答えは明白である。それは宮藤が「郊外」という新しい空間の二面性を、他の誰よりも正確に把握し、その欠点を補い利点を生かすことができたからだ。

宮藤が描く郊外の可能性とは、『池袋ウエストゲートパーク』でも描かれた新しい中間共同体が成立する場としての可能性だ。キャッツの関係は実に自由だ。彼らは歴史性からの断絶を逆手にとって、旧来の村落的共同体の持っていた閉鎖性とは無縁の自由自在につながることができるコミュニティ（中間共同体）を形成し、歴史のかわりにサブ・カルチャーのデータベースの海から巧みに引用を行い、日常を魅力的に彩っていく。キャッツの魅力とはこうして生まれた「誰でも参加できそうな」共同体の力に拠るところが大きい。と、書くとひねくれた人は言うかもしれない。「そんな共同体は脆いものだ、永遠のものではない、一瞬で終わるものではないか」と。

だが、ここで本作のテーマが「死」であること、ぶっさんが余命半年のガン患者であることとの意味が重要になる。宮藤は郊外型の新しい共同体のもつ脆弱性を克服するために、「死」という要素を導入したのだ。いや、正確には「死」という要素に正しく向き合うことで、宮藤は郊外をポジティブに捉えなおすことができたのだ。なぜならば岡崎京子から『新世紀エヴァンゲリオン』、そしてセカイ系から決断主義にいたるまで長く共有されてきた「郊外」への絶望＝「終わりなき日常」という認識は、時間の経過、究極的には「死」から目を背けることではじめて成立するものだからだ。

たしかに近代的な成長モデルは失効した。歴史や社会がその方法を提示してくれない以上、私たちは『サザエさん』や『うる星やつら』のキャラクターたちのように歴史から切り離された日常を生きるしかない。だが、「終わりなき日常」という世界観に基づいた想像力は、近代的な成長モデルの失効を強調するあまり、郊外の、ポストモダン状況の二面性を捉え損なっていると言える。

第四章で論じた宮台真司の転向問題からも明らかなように、郊外化、ポストモダン状況の進行は、コミュニティの層を多様化し、入れ替え可能なものに相対化する一方で、逆にアーキテクチャーの層の画一化、絶対化を生む。「終わりなき日常」という認識は、前者のみに注目し後者から目をそらすものに他ならない。たとえキャラクターのように生きる（歴史と切断されて生きる）としても、私たちは現実の時間の経過、そして「死」からは逃れられないのだ。

宮藤はここに注目して「郊外」を書き換えたのだ。ぶっさんが余命半年に設定されているのは、この現実を浮き彫りにするために他ならない。

そして宮藤がぶっさんに与えた「死」は、かつて岡崎京子や『完全自殺マニュアル』が「終わりなき日常」に起伏をもたらすために導入した、擬似的な外部性＝非日常としての「死」ではない。ここで「死」はあくまで「普通」の「日常」の中に存在し、その終着点として誰もが確実に直面するものとして存在する。

ぶっさんが、そしてポストモダン状況＝郊外的空間を生きる私たちが直面しているのは、「（歴史から切断され、キャラクターのように生きる）終わりなき日常」ではなく、実は「（歴史から切断され、キャラクターのように生きるにもかかわらず）終わりのある日常」なのだ。

そんなぶっさん（そして私たち）にとって、キャッツの仲間たちと過ごした記憶は、日常の中に発生する自ら選び取った共同体がたとえ歴史から切断されていたとしても、他の何物にも代えがたい「入れ替え不可能なもの（＝物語）」として機能する。だからキャッツの活躍とバカ騒ぎは、底抜けに楽しいその一方でたまらなく切ない。「死」に正しく向き合うことで、郊外という空間は、自由に選び取った共同体に高い強度を与えることができるのだ。

つまり宮藤は、「キャラクターのように」生きているぶっさんに身も蓋もない形で訪れる「死」を、「終わりなき日常」を生きているかのように見えるキャッツたちに確実に訪れる「終わり」を描いたのだ。そうすることで、それまで歴史から断絶し、物語にアクセスできない空間とされてきた郊外（ポストモダン状況）を、従来の想像力が捉え損なってきたその二面性を正しく捉えなおし、優れた「郊外小説」を生み出したと言える。

ここでは、それまで「終わりなき（ゆえに絶望的な）日常」として捉えられていた郊外的な中間共同体での物語が、「終わりのある（ゆえに可能性に溢れた）日常」に変貌するのだ。この決定的な達成はおそらく、ゼロ年代前半のサブ・カルチャー史において最も重要なものに他ならない。九〇年代前半から続く「平坦な戦場＝終わりなき日常」という「郊外的な絶望」に基づいた一連の想像力を、宮藤はこの一作で完全に過去のものとしたのだ。世界がつまらないとあなたがもし感じているなら、それは本当に世界のせいなのか、一度点検してみるといいだろう。日常の中にいくらでも物語は転がっている。あとは、それを掴み取るための覚悟と意思がもてるかどうか、だ。

4．臨界点としての「マンハッタン」

続く二〇〇三年の『マンハッタンラブストーリー』は、宮藤にとってひとつの臨界点となった作品だと言えるだろう。タイトルには「マンハッタン」とあるが舞台はニューヨークではない。これまで見てきたように、宮藤の「地名」シリーズでは、そこが日常の場となりうる具体的な地名であることが重要なのであり、そこが本当に「池袋」であったり「木更津」であることに意味はないのだ。

そして、本作の舞台となるのは都内某所にある、たかだか開店二年の喫茶店である。近所のテレビ局の関係者たちが集まる純喫茶「マンハッタン」、その常連客と従業員から成る八人の男女（A：赤羽伸子、B：別所秀樹、C：千倉真紀、D：土井垣智、E：江本しおり、F：船越英一郎、G：蒲生忍、そして主人公兼ナレーターの「店長」を加えた八名）の錯綜する恋愛関係（バトルロワイヤル）が、前二作同様に八〇年代サブ・カルチャーを参照枠にもつ小ネタ満載で描かれるのが本作だ。

つまり、ここでも「歴史ではなくサブ・カルチャーに依存した郊外的な共同体」が描かれていることになる。そんな空間を舞台に、A（赤羽）はB（別所）を好きになり、B（別所）はC（千倉）にずっと片思いしていて、そんなC（千倉）はD（土井垣）と十年間不倫を続けており、そしてD（土井垣）は最近出会ったE（江本）に夢中……といった恋愛相関図を調停するべく、店長が陰でこっそり活躍する、というのが前半のストーリーだ。

ここで行われているのは、あらゆる超越性の相対化だ。マンハッタンに集う人々は、大人げないまでに真剣に恋をするその一方で、実にあっさりと心変わりして、別の相手を好きになる。「恋愛」とは、過剰流動性や郊外化に怯え、絶望する人間が最も性急に逃げ込む（決断する）もののひとつだ。それはたとえばゼロ年代初頭の片山恭一『世界の中心で、愛をさけぶ』に象徴される純愛ブームや、渡辺淳一『愛の流刑地』や美少女ゲーム『AIR』など女性差別的な「所有」関係に超越性を読み込むセカイ系作品の流行だろう。

だが、宮藤はここで「恋愛」を「入れ替え不可能なもの」ではなく徹底して「入れ替え可能なもの」として扱う。そして同じように、主人公の店長が有していたメタ視点もまた、「入れ替え可能なもの」に引きずりおろされる。それまでメタ視点を確保し、登場人物の一人でありながらナレーターという特権的な位置を与えられ、客たちの恋愛関係（バトルロワイヤル）の調停者として活躍していた彼も、物語中盤でやがて「H」という記号を与えられ、恋愛相関図に巻き込まれていく。そう、誰も決断主義的動員ゲーム＝バトルロワイヤルのプレイヤーであることから逃れられないのだ。

この時点で、メタ（プレイヤー視点）＝探偵役は、入れ替え可能なものとされ、物語の進行に応じてF（船越英一郎）など他の登場人物に担当され得るという新しいルールが作品世界に導入されることになる。

だが、ここでも宮藤はそんな「入れ替え可能な恋愛」を否定しない。『木更津キャッツアイ』で描かれた「永遠ならざる共同体」「終わりのある日常」が、むしろその有限性によって強度を保っていたように、宮藤の描く「恋愛」もまたその有限性こそが、可能性としてポジティブに描かれる。

ここでの恋愛は決して超越性を孕むものではない。日常の中に内在するもので、入れ替え可能なものだ。だがそれでもマンハッタンに集う人々は（どんなにメタ視点を確保しようとしても）恋をしてしまう。全力で恋をして、心変わりに戸惑い、そして嫉妬にかき立てられる。そしてそんな小さな物語たちのハイテンションな大量消費こそが、彼らの日常を豊かに彩っていくものとして魅力的に、肯定的に描かれていく。

宮藤は「恋愛」を、『木更津キャッツアイ』における（郊外型）共同体と同じように、「入れ替え可能なものであるにもかかわらず、人間を虜にしてしまうもの」＝「超越性にアクセスせずとも、人間に物語をもたらす（日常を豊かにする）もの」として再提示しているのだ。恋愛を、非日常から日常に取り戻す——それが宮藤が本作で行ったことである。

しかし、同時に『マンハッタンラブストーリー』は、宮藤「地名」シリーズがはじめて商業的に苦戦した作品でもあることは付記しておきたい。視聴率苦戦の最大の原因は、裏番組の人気作品『白い巨塔（二〇〇四年版）』の影響だと思われるが、恋愛の「入れ替え可能性」というラディカルなテーマへの挑戦は、視聴者によってはほとんど生理的に近い拒否反応を誘引する、強烈な悪意にも似た迫力を画面に生んでしまっている。

無論、私はこの挑戦を積極的に評価する立場ではあるが、そのラディカルさが本作の共感可能性を狭めていることは明白だろう。

5. そして、伝統的共同体へ

そして『タイガー&ドラゴン』（二〇〇五）では、ついにタイトルから地名が消滅する（作品タイトルはクレイジーケンバンドによる二〇〇二年の同名楽曲に由来している）。だがその一方で、本作は宮藤「地名」シリーズでもっとも、舞台となる「街」（の歴史）への依存度が高い物語である。

今回の舞台は浅草、ヤクザ・山崎虎児が突然落語の魅力に取り付かれ、古典落語の大御所・林屋亭どん兵衛に弟子入りする。毎回、古典落語をモチーフに物語が展開し、クライマックスでは高座で虎児が落語のストーリーになぞらえて事件の顛末を説明するという凝った構成で話題を呼び、平均視聴率一二・八%のスマッシュヒット作となった。

だが同作では『木更津キャッツアイ』『マンハッタンラブストーリー』に見られた、郊外化、過剰流動性をしゃぶりつくそうという貪欲さは消滅し、舞台も浅草という圧倒的な歴史と文化的な背景をもつ街が選択されている。そこで孤独な孤児として描かれる主人公の虎児は、落語という古典教養と浅草という下町に残る濃密な人間関係に支えられ、擬似家族を形成して回復してゆく。

サブ・カルチャーと流動性の高い共同体に支えられていた前二作とは対照的に、例外的に現存する反・郊外的な空間の横綱相撲的なアドバンテージが描かれているのだ。そして同作は、おそらく宮藤「地名」シリーズの中でもっとも完成度が高い。『池袋』『木更津』『マンハッタン』に見られた構成の混乱がなく、隙のないウェルメイドな作品に仕上がっている。そしてその反面、『木更津』のような熱狂的ファン層を獲得することもなければ、『マンハッタン』のような迫力を生むこともなかったのだ。

私はここに、現時点での宮藤の限界を見る。決断主義の克服という観点から考えた場合、宮藤の提示したものは、『木更津』『マンハッタン』で見せた過剰流動性をポジティブに捉え、「終わりのある日常」をハイテンションに楽しむというモデルで完結しているのだ。

宮藤が続く物語の舞台を浅草に求めたのは、郊外をテーマにしても『木更津』『マンハッタン』以上の結論はなく、これ以上語るべきものが存在しないからではないだろうか。このある種の「転向」以降、『吾輩は主婦である』（二〇〇六）の西早稲田、『舞妓Haaaan!!!』（二〇〇七）の京都と立て続けに宮藤は圧倒的な歴史を持つ伝統的な街を舞台にしており、いずれも商業的成功を残している。

また『木更津キャッツアイ』の続篇映画である『木更津キャッツアイ　日本シリーズ』（二〇〇三）、そして『木更津キャッツアイ　ワールドシリーズ』（二〇〇六）においても また、同様の伝統的共同体への転向が、特に後者において顕著に見られるようになる。

しかし宮藤の転向後も、郊外小説としては『木更津キャッツアイ』『マンハッタンラブストーリー』の二作を超える達成はなく、宮藤官九郎はゼロ年代前半におけるもっとも重要な作家として位置づけられるだろう。

だが、宮藤の問題意識は常に、バトルロワイヤルの背景をなす、ポストモダン状況の進行、郊外化に向けられており、それは言ってみれば、碇シンジや夜神月のように「ならない」ための想像力であり、既にシンジや月になってしまった人々を回復させうる想像力ではない、と考えることもできる（だからこそ本質的なのだが）。

では、今、そこにいる夜神月を止めるにはどうしたらいいのだろうか――？

次章ではそんな時代の要請に真摯に向き合い続ける作家・木皿泉について考えてみたい。

（1）　社会学者の北田暁大は送り手と受け手の間にある誤解の可能性を減らすためのコミュニケーションが生む社会性＝「秩序の社会性」に対置し、コミュニケーションする事実をコミュニケーションすること、つまり自己目的化したコミュニケーションが生む社会性＝「つながりの社会性」というものを提唱した。「つながりの社会性」においては、コミュニケーションの意味内容やメッセージではなく、感情的な盛り上がりや、形式的な作法が重視される。具体的な例としては、携帯電話におけるメール交換で、それがどんなにつまらない他愛もないできごとの報告であったとしても「メールした事実」が親密さを計る指標とされたり、ソーシャルネットワーキング・システムにおいて、あるユーザーが自分の日記にコメントがつくこと自体を「相手に気にかけてもらっているサイン」と解釈し、目的化する行為が挙げられる。

（2）これはかつてのJ文学が、比喩的に述べれば渋谷という郊外化の波を受けない強力な歴史性と凝集性によって支えられていた「都市」の文学であり、そして必然的に九五年以降の郊外化の徹底に比例して衰退していったこととあわせて考えるとわかりやすい。石田衣良や宮藤官九郎は、最も早い段階で郊外の文学を用意したと言えるだろう。こういった郊外のポジティブな読み替えは、もしくは「都市」の「郊外」的な読み替えは、二〇〇四年の綿矢りさ・金原ひとみブームに前後して、嶽本野ばら『下妻物語』（二〇〇二）や、古川日出男『LOVE』（二〇〇六）、『ハル、ハル、ハル』（二〇〇七）など多くの若手作家たちの作品によって共有されていった。批評家の仲俣暁生はこの「都市の小説」と「郊外の小説」をまとめて「ポップ文学」と呼んでいるが、これまで説明したように両者はまったく異なるものに支えられており、都市と郊外の本質的な対立を無視したカテゴライズだと言えるだろう。

第八章

ふたつの『野ブタ。』のあいだで――
木皿泉と動員ゲームからの離脱可能性

1. 決断主義的動員ゲーム＝バトルロワイヤルを解剖する

本書では「決断主義」をキーワードに、ゼロ年代の創作物をかたちづくる想像力の変化を考察してきた。この文脈での決断主義とは何か。それは、七〇年代以降、段階的に進行していったポストモダン状況の、特に国内では一九九五年と二〇〇一年に大きく見られた進行に対応した態度である。ここでは、ポストモダニズム的な価値観の宙吊り状態が原理的に不成立である（それでは生き残れない、意味を備給できない）という前提が共有され、「たとえ究極的には無根拠でも、特定の価値を選択する（決断する）」という態度が選択される。これが決断主義である。それは、ポストモダン状況下において何かを主張するときに必然的に選択される不可避の条件のようなものだ。「何も主張しない」ということは人間の存在においてはあり得ないのだから。

そして、この「無根拠にもかかわらず選択される価値」は、その正当性を確保するために政治的な勝利を必要とする。そのため、現代社会においては、決断主義者同士の対立的なゲームが乱立することになる。これが決断主義的動員ゲーム＝バトルロワイヤルである。

そこでは弱者は無自覚なまま逃げ込むように、そして強者は動員のため確信犯的に、中心的な価値を選択してゲームにコミットし、プレイヤーでありながら時に設計者としてゲームのルールを構成していく。「何も主張しない」ということが人間の存在においてはあり得ない以上、このゲームは不可避である――。

これまで見てきたように、国内では二〇〇一年の小泉構造改革やアメリカ同時多発テロをきっかけに、この「決断主義」的状況を主題に選択した物語が多数見られるようになった。現代の想像力が直面している課題は、この「決断主義」の克服に他ならない。


たとえば私は第一章で『DEATH NOTE』をゼロ年代の決断主義を代表する作品として位置づけた。同作の主人公・夜神月は、一九九五年以降の過剰流動性、つまり「何が正しいか、がはっきりしない世の中」を前提として、真正な価値はバトルロワイヤル（ゲーム）の勝者が政治的に支配することで暫定的に決定する、つまり「何が正しいか、は政治的に勝利した人間が決定する」という世界観で行動している。

だが、夜神月を信奉する大衆＝キラ信者はどうだろうか。彼らはたしかに、「何が正しいか、がはっきりしない世の中（過剰流動性）」に怯え、キラ＝夜神月という中心的な価値をあえて選択しているという点では決断主義的である。だが、彼らは「何が正しいか、は政治的に勝利した人間が決定する」という「ゲーム」の構造には相対的に無自覚だと言える。

同様の構造は、小泉純一郎のメディア戦略や、カルチュラル・スタディーズの流れを汲む運動のロジックにも指摘でき、ここに、決断主義的バトルロワイヤルの基本的な性格を読みとることができる。つまり、ここでは、ゲームの構造に自覚的で有能なプレイヤー＝（メタ）決断主義者が、無自覚で無能なプレイヤー＝決断主義者を動員することでコミュニティ（島宇宙）が形成され、この自分の島宇宙への動員ゲームがバトルロワイヤル（ゲーム）を形成するのだ。

そして、ここでのポイントは、（メタ）決断主義者と決断主義者を明確に区別する基準は存在しないことである。両者を分割するのはゲーム構造への自覚の有無であるが、この自覚の有無、つまり「ネタかベタか」の判別は、原理的に不可能であり、その境界線はアナログである。たとえば歴史教科書運動の、特に初期における小林よしのりがどの程度このゲームの構造に自覚的だったかは、おそらく本人にもわからないだろう。夜神月もまた、自身のイデオロギーを頑なに信じていたにもかかわらず、それを世界に適用するためには政治的な勝利以外にはあり得ないという一種のドライな諦念を前提としていた。「ネタ／ベタ」が原理的に明確には区分できない以上、決断主義者は、優秀なプレイヤーであればあるほど、よりゲームの構造に自覚的である、とする理解が妥当だろう。

ゼロ年代の想像力が、ジャンルを問わずこの決断主義的動員ゲーム＝バトルロワイヤルを描いてきたことは、これまで確認してきた通りである。だが、そこで描かれる決断主義的バトルロワイヤルは、概して肯定的には描かれておらず、むしろ常に克服されるべき対象として描かれてきた。

その端緒とも言える『無限のリヴァイアス』『バトル・ロワイアル』、または『リアル鬼ごっこ』や『仮面ライダー龍騎』などの作品は、いずれも決断主義的な世界観を描く一方で、暴力の連鎖を強いるシステムへの批判をその主題に孕んでいたことは非常に重要である。それは『DEATH NOTE』や『コードギアス』など近年の作品においても変わらない。

これら後期作品では強力な決断主義者を主人公に設定しながらも、物語はあくまでピカレスク・ロマンの枠組みの中で展開し、作品そのものはむしろ主人公＝決断主義の克服を志向していると言える。サヴァイヴ系の歴史とは、決断主義を前提として受け入れながらも、その克服を志向する物語の歴史だと言える。

こうして考えたとき、相対的に古い作品である『無限のリヴァイアス』『バトル・ロワイアル』の主人公たちが、ただ状況に対応して「生き延びるために」止むを得ず決断する（ベタな）決断主義者だったのに対し、近年の『DEATH NOTE』の夜神月や『コードギアス』のルルーシュ、あるいは『LIAR GAME』の秋山などの登場人物が、ゲームの構造自体に自覚的な（メタ）決断主義者として描かれていることの意味が重要性を帯びてくる。

決断主義的な動員ゲーム＝バトルロワイヤルをもし調停したいのなら、抗争を強いるシステムに（無自覚な）決断主義者としてただ違和感を唱えているだけでは不可能だ。なぜならば、そこにはゲームの構造に対する理解が欠如しているため、（メタ）決断主義者の動員に対抗できないからだ。あくまで比喩的な表現になるが、ゼロ年代前半、誰も小泉純一郎に勝てなかったのは、要はこういうことに他ならない。決断主義の理解としては「夜神月やルルーシュといった強力で自覚的なプレイヤー同士が、無自覚なプレイヤーを動員して抗争する」というモデルで考えないと不十分なのだ。

そのため後期サヴァイヴ系作品ともいうべき『DEATH NOTE』や『コードギアス』、あるいは『LIAR GAME』といった作品には、ゲームのキーパーソンとして（メタ）決断主義者が設定される。この理解は、ゼロ年代のサヴァイヴ系が決断主義の克服を主題に発展してきた、ひとつの成果と捉えることができるだろう。バトルロワイヤルを、ゲームの強力なプレイヤーでありながら同時に限定的な設計者にもなり得る（メタ）決断主義者同士の動員ゲームとして捉えることは、決断主義の超克への前提のひとつなのだ。

そして、今回はこういった（メタ）決断主義者同士の動員ゲームという構造を最も的確に表現し、ゼロ年代前半の若者層に大きな支持を受けた作品を素材に論を展開したいと思う。

それは二〇〇四年に発表された白岩玄による青春小説『野ブタ。をプロデュース』、そして同作を原作とした脚本家・木皿泉によるテレビドラマ版である。

2．書き換え可能な「小さな世界」――『野ブタ。』の描いたもの

方をしている。

第二章でも論じたが、「キャラクター」という言葉は現代において、随分と奇妙な使われ方をしている。

国内ではゼロ年代に入り、教室やオフィス、あるいは家族など、特定の共同体の中で共有されるその人のイメージを「キャラクター」と呼ぶことが定着した。この「キャラクター」は、当然、物語の登場人物のことをキャラクターと呼ぶことに由来している。この一種の「和製英語」定着の背景には、日常を過ごす場としての小さな共同体（家族、学級、友人関係など）を一種の「物語」のようなものとして解釈し、そこで与えられる（相対的な）位置を「キャラクター」のようなものとして解釈する思考様式が広く浸透しはじめたことを示している。

なぜ、このような意識が浸透したのか。それは端的に言えば社会の流動性がこの十年で上昇したからだ。たとえばウェブ上のコミュニティを例に取るとわかりやすい。これまでも職場ではあまり人気のない女性が、男性の多い趣味のサークルでは紅一点の「お姫様」に祭り上げられたり、学校のクラスではまじめに振舞っていた優等生が、塾の仲間の前では平気でふざける、といったことは当然あった。だが、旧来の村落的・商店街的な共同体の崩壊（郊外化）と、ウェブや携帯電話の普及に見られるコミュニケーションの選択肢の多様化は、それまで「拭い去れないその人の個性」と捉えられていた部分を「所属する共同体の中で与えられる位置＝キャラクター」として解釈する思考様式を決定的に定着させたと言えるだろう。

この説明の「キャラクター」を「中心的な価値」に置き換えると、ほぼ決断主義の説明になる。回りくどくなったが、私たちが直面している決断主義的動員ゲーム＝バトルロワイヤルのうち、もっとも身近なものは、日常の場としての「小さな共同体」におけるキャラクターをめぐる闘争なのである。

そして、この『野ブタ。をプロデュース』はおそらくは誰もが経験したことのある、学校という「小さな共同体」におけるバトルロワイヤルを描いた物語だ。

主人公は男子高校生・桐谷修二。クラスの人気者として、教室に君臨する一種の権力者だ。彼がクラスの中心人物として、気持ちよく生活できるのには理由がある。それは彼が高校生にして「決断主義的動員ゲーム＝バトルロワイヤルでは、自覚的なプレイヤーが設計者を兼ねる」という、現代におけるコミュニケーションの基本的な性格をほぼ正確に洞察しているからだ。

現代における学校とは、異なるものを信じる人間たちが強制的に同じ箱に入れられる場所だ。そこで生徒たちは、教室という共同体の中の相対的な位置に応じて「キャラクター」を与えられる。物語に主役と脇役、善玉と悪玉がいるように、与えられた位置＝キャラクターがそこではすべてを決定する。

多くの生徒たちは、この構造を無自覚に受け止めながら、自分の身を守るための対応を取っていく（決断主義）。だがそれは実は、教室という小さな共同体の中の相対的な位置、つまり書き換え（入れ替え）可能なものである……。そう、修二は（メタ）決断主義者であることで、教室を舞台に繰り広げられるゲーム（状況）を、ある程度コントロール（プロデュース）できるのだ。

そしてそんな修二はこの物語で、自身の能力を確認するためにいじめられっ子の転校生・信太（通称「野ブタ」）を人気者にプロデュースしていくことになる。修二はその（メタ）決断主義者としての能力を活用し、信太のキャラクターを次々と魅力的に演出していくのだが、物語の終盤、些細なミスからクラスメートの信頼を失い、彼の実力をもってしても失地回復が不可能な状況に追い詰められ、最後には自ら学校を去っていく。

ここで著者の白岩玄は決断主義の可能性と危険性を両方提示していると言える。小さな世界が書き換え可能であることは、世界の可能性（信太のプロデュース成功）でもあり、同時に危険性（修二の没落）でもある。そんな現実認知を、白岩は自覚的な決断主義者である主人公が、その暴力性の報復を受けるという結末をもってして読者に訴えたのだ。

そして、本作が優れた現実認知の物語であるということは、同時に決断主義の克服という課題についてはある種の敗北を認めているということでもある。この点については、「いじめ」を主題にしたすえのぶけいこ『ライフ』や、夜神月が敗死しても暴力の連鎖が止まらない『DEATH NOTE』にも同じことが指摘できる。決断主義をめぐる想像力は、その克服を主題に据えながらも、ゲームの構造に自覚的な後期作品になればなるほどオルタナティブの提示を放棄しつつあるのだ。それだけ、決断主義の克服は困難を極めていると言える。無自覚な決断主義者たちの生存競争を描いた『無限のリヴァイアス』『バトル・ロワイアル』では、動員ゲームの構造を理解しないまま、まったくシステムへの打撃にならない決断主義嫌悪が提示されていたが、対して構造に自覚的な後期作品になればなるほど現実認知と問題提起に留まってしまっているのだ。

だが、本当に決断主義的動員ゲーム＝バトルロワイヤルを克服する方法は存在しないのだろうか。答えは当然「否」である。少なくともひとり、いや、ふたり、正確には「ふたりでひとり」、この課題に正面から挑戦して魅力的なモデルを提示した作家を私は紹介できる。彼らは同じ桐谷修二という主人公を描きながら、先述の物語とはまったく別の回答を提示することに成功しているのだ。

長い導入になってしまったが、ようやく私は本章の本題に入ることができる。その作家とは、二〇〇五年に放映され、ブームを起こしたテレビドラマ版『野ブタ。をプロデュース』の脚本を担当した作家ユニット・木皿泉である。

3．『すいか』と木皿泉

「木皿泉」とは、男性（一九五二年生）、女性（一九五七年生）による、ふたりの脚本家のユニットである。デビュー当初は主に関西で活動し、『やっぱり猫が好き』等の作品でシット・コムの名手として、一部ファンにのみ知られる存在だったが、二〇〇三年に日本テレビ系列で放映されたテレビドラマ『すいか』が、視聴率的には苦戦したもののドラマファンの間で高い評価を受け、第二十二回向田邦子賞を受賞した。

この『すいか』もまた、ゼロ年代サブ・カルチャー史においては非常に重要な作品である。九〇年代後半の「引きこもり／心理主義＝セカイ系」からゼロ年代前半の「決断主義／サヴァイヴ系」へのシフトの間には、厳密に言えば「癒し系」作品の流行現象が存在する。坂本龍一『ウラBTTB』（一九九九）、岡田惠和『彼女たちの時代』（一九九九）と『ちゅらさん』（二〇〇一）、高屋奈月『フルーツバスケット』（二〇〇一）などが挙げられるが、本作もまたその流れの中で出現した作品だと位置づけることができる。


舞台は三軒茶屋にある小さな賄い付き下宿「ハピネス三茶」。ヒロインである早川基子は、「ただ、なんとなく」生きてきた信用金庫勤めの独身OLだ。いわゆる「負け組」OLであり、「終わりなき（ゆえに絶望的な）日常」という世界観を抱き、生きる意味を失って煮詰まっている。

そんな基子は職場での唯一の友人だった「馬場チャン」の横領事件と、母親とのいさかいを機に実家を出て「ハピネス三茶」の住人となる。基子は漫画家の亀山絆、大学教授の崎谷夏子など、個性的な面々との奇妙な友情を育むことになり、そして彼女たちとの他愛もないやりとりを通して、日常の中の豊かさを再発見していく。

「知らないの？　一九九九年に、地球は滅びるんだよ。ねっ」

「知らないよ、そんなもん」

「ノストラダムスだよ、中学生なのに知らないんだ」

「そんな話、ウソに決まっているでしょ」

「ウソじゃないよ、大人も言ってるもん。（なぜか勝ちほこったように）みーんな、なくなっちゃうんだって」

「みんなって、これも、これも、あれも、みんな？」

「これも、これも――ぜーんぶだよッ！」

（中略）

〈それから二〇年後の二〇〇三年、夏。地球は、まだあった〉

――『すいか』第一話「逃げる女煮つまる女」


『すいか』が描いているのはハルマゲドンが来なかった世の中だ。それはつまり岡崎京子のいう「平坦な戦場」であり、宮台真司のいう「終わりなき日常」である。世界の終わりなんて未来永劫現れることもなく、ただ「モノはあっても物語のない」、「生きがい」や「生きる意味」がなかなか手に入らない無味乾燥な毎日――基子は、そんな毎日に疲れきっている。

しかし木皿泉は、そんな基子が、世界が決してつまらなくはないことに気づいていく物語を描いた。

基子が煮詰まっていたのは、世界がつまらないからではない。世界から、日常から、そこでの人々とのコミュニケーションから、意味や物語を引き出すことができず、自分から何もしようとしなかったからだ。

だが、ハピネス三茶に居を移してからの基子はその日々の暮らしの中で静かに、淡々と、自分でも気がつかないうちに確信していく。何に？　それは、日々生きていくことそれ自体が死との対峙であり、物語であるということだ。『すいか』は一見、何も起こらない日常の物語だ。しかし、彼女たちはそんな日常の中でときに死に対峙し、ときに愛について考える。そう、そこは「平坦な戦場」でもなければ、終わりなき日常でもない。確実に「終わりのある」日常であり、物語にあふれた空間なのだ——ハピネス三茶は、社会からも歴史からも切り離された閉じた世界だ。だからこそ人々はそこで、かつて「大きな物語」が隠蔽していた、日常という物語、そしてその延長線上にある生と死という物語に対峙していく。

そう、前章で私が論じた『木更津キャッツアイ』で描かれた「木更津」と同じように、本作で描かれているハピネス三茶もまた「終わりのある（ゆえに可能性に溢れた）日常」の舞台なのだ。

私たちは生きているだけで物語に接している。ただ、世界からそれを与えられることに慣れてしまった私たちは、自分でそれを見つけ出す方法を忘れてしまったのだ。私たちはむしろ、大きな物語を失うことで小さな物語を生きることを思い出せるようになったのかもしれない。

『すいか』最終話のサブタイトルは「彼女たちが別れる理由《わけ》」——ここでは基子と「馬場チャン」のつかの間の再会、そして別れが描かれる。

馬場チャンは「終わりなき日常」に耐えられなくなったもうひとりの基子だ。物語の冒頭、かわりばえのしない平坦な戦場から、物語を世界が与えてくれない日常から逃避するため、馬場チャンは職場から三億円を横領して姿を消した。

そして逃亡生活に疲れた馬場チャンは、唯一の友人だった基子の前に姿を現す。

馬場チャンは基子を誘う。「知っている人なんか、誰もいないところで二人で暮らさない？」と——。馬場チャンは基子に選択を迫る。片手には遠い外国へのチケット、もう一方の手には基子が持っていた夕食の買い物のためのメモ——基子は後者を選ぶ。馬場チャンは基子に語る。自分は逃亡生活で久しく目にしていなかった梅干の種を見て、涙があふれたのだ、と。

「朝御飯、食べた後の食器にね、梅干の種がそれぞれ残ってて——何か、それが、愛らしいっていうかつつましいっていうか——あ、生活するってこういうことなんだなって、そう思ったら泣けてきた」

——『すいか』第十話「彼女たちが別れる理由《わけ》」

梅干の種を見て、馬場チャンは思い出したのだ。自分にその気持ちさえあれば、等身大の日常の中からいくらでも「物語」を引き出せるのだということを。

ここで重要なのは、木皿がそんなユートピアの「終わり」を明確に描いていたことだろう。物語は「教授」こと崎谷夏子がハピネス三茶から去る日を淡々と描き、終わりを告げる。そして基子もまた、いつかはそこを離れていくことが暗示される。

この物語の最後の台詞には、基子と馬場チャンの最後のやりとりが充てられている。基子に選ばれなかった馬場チャンは、深いため息をついて言う。「また、似たような一日が始まるんだね」——そして基子は答える、「馬場チャン、似たような一日だけど、全然違う一日だよ」と。(1)

4. 木皿泉の挑戦——もうひとつの『野ブタ。』へ

そしてこれから私が語るドラマ版『野ブタ。をプロデュース』は、そんな木皿泉が、ゼロ年代の決断主義を体現する作品、つまり白岩玄の原作版『野ブタ。』に、日常の中の小さな物語という回路で対峙した作品である。

かつて宮藤官九郎が日常の内部に死を取り込む(取り戻す)ことで、「平坦な戦場」=「終わりなき日常」という世界観を無効化したように、木皿泉もまた日常の内部から物語を

立ち上げることを選択した作家である。

だが、彼らに与えられた桐谷修二という少年は、「死」と向き合うにはあまりに若い。ぶっさんのように死病に冒されてもいなければ、基子のように煮詰まってもいない。むしろ強力な決断主義者として、この動員ゲーム＝バトルロワイヤルを楽しんでいる少年である。

木皿泉がこのドラマ化にあたって課せられた使命は、原作小説では終わりのないバトルロワイヤルの中でやがて擦り切れて、惨めに敗北しながらもゲームを離脱することのできない器用貧乏な少年を救うことだ。小手先の器用さに溺れ、自分の力に酔う小さな、そして極めて優秀な（メタ）決断主義者を、どう着地させるのか――あらすじを追って説明しよう。

ドラマ版の修二もまた、クラスの中心人物として君臨し、状況をコントロールする優れた（メタ）決断主義者として登場する。そして原作同様に転校初日から激しいイジメを受ける信子（通称「野ブタ」、ドラマ版では少女として描かれる）に、自らのプロデュース力を試し「青春を満喫するために」手を差し伸べることになる。だが、ここで原作とは異なり、修二には一緒にゲームを戦う相棒が与えられることになる。奇しくも木皿泉が「ふたりでひとり」の作家であるように、ドラマ版の修二にもまた相棒・彰が与えられるのだ。こうして原作での「救うものと救われるもの」という二者関係は、修二、彰、信子の三人組の「プロデュース」チーム＝共同体として描かれることになる。

この共同体は、物語が進むにつれ、その有限性によってむしろ可能性が開かれた『木更津キャッツアイ』的な共同体へと成長していくことになる。

物語は第一話、第二話こそ、修二の智謀によって信子が「プロデュース」されていく過程を描くが、続く第三話、第四話では修二がそんな自身のあり方に疑問を抱くようになる。木皿は物語のかなり早い段階で決断主義の問題点を抉り出してゆくのだ。文化祭を描く第三話では、修二が信子をプロデュースし、ゲームをコントロールすることよりも、実はそんなゲームの中で培った彰や信子と過ごす時間こそが、（有限であるがゆえに）自分を支えていることに気づいていく。そして第四話では、自らの人気者の地位を捨ててでも、信子の窮地を救おうとする修二の変化が描かれる。物語は中盤に進むにつれ、強力な決断主義者としてゲームを有利に進めても一向に満たされない修二が自身の空虚さを自覚していく姿が描かれるようになっていく。

ここで木皿泉が提示する決断主義の克服とは、ゲームの勝利では獲得できないものを提示することで図られる。動員ゲームに勝利し、小さな物語の支配者となることは同時にその物語が入れ替え可能な空虚なものであることをプレイヤーに自覚させる。それがそもそも「究極的には無根拠であることを織り込み済みで選択される」決断主義であることに自覚的なプレイヤーならばなおのことだ。

ひとつの小さな物語＝共同体が終われば消滅する「キャラクター」を承認させることで得られるものではなく、自分の生が存続する限り付き合わなければならないものの存在を浮かび上がらせる――そのために取られた方法論は、修二の決断主義を否定することではなく、むしろ徹底させることで限界を露呈させる、という手法なのだ。

ドラマ版『野ブタ。』前半において修二は徹底した決断主義者である。彼はおそらく、自身のイデオロギーの無謬性をある程度信じる夜神月よりも徹底した決断主義者であり、世の中のもの（価値観）はすべて「入れ替え可能」で「書き換え可能」だと思っている。そしてその世界観に基づいて、自分だけでは飽き足らず、他人の人生までコントロールしようとする。その結果、自分の力をもってしても書き換えられないもの、入れ替え不可能なものの存在に気づく、という構造でこの物語は成立しているのだ。

たとえば第五話では「恋愛」が、第六話では「貨幣」が、それぞれ考察の対象になり、修二はひとつひとつの要素をゲームの勝利で得られる入れ替え可能なものか、それともゲームに勝利しても手に入らない入れ替え不可能なものなのかを判別していくことになる。それは、いつか死に向かう日常という、私たちが決して逃れられない最後の、そして最大の物語である。

そして第七話で、修二は自ら「自分は寂しい人間だ」と自覚する。

動員ゲーム＝バトルロワイヤルで得られる承認は、「～である／～ではない」という自己像＝キャラクターへの承認である。修二が実践して示すように、この「キャラクター」はいくらでも書き換え可能で入れ替え可能だ。

だが「～する／～した」という行為で構築されるコミュニケーションは、入れ替え不可能な関係性を発生させる。修二は動員ゲーム＝バトルロワイヤルを戦う中で、その「プロデュース」チームこそが、はじめて獲得した関係性のコミュニティ＝入れ替え不可能なものであることに気づくのだ。

公共性が個人の生を意味づけない現代社会において、その関係性の構築の場は日常という、決して歴史や社会に根拠づけられたものではない、確実に死まで続く最大にして最後の物語でしかあり得ない。私たちはやがて老い、死に向かう生の中でこの動員ゲーム＝バトルロワイヤルに何度も、それも不可避にコミットさせられてしまう。だがひとつのゲームが終わり、そのゲームの中での私たちのキャラクターが消滅しても、私たちの生は消滅しないのだ。

そして徹底してゲームに自覚的である修二は、動員ゲーム＝バトルロワイヤルに勝利するだけでは獲得できない「入れ替え不可能なもの」があることを知り、むしろ「プロデュース」作戦を共に戦った彰たちとの関係から、それを得ようと考えていくようになるのだ。

木皿泉は、決断主義が不可避であることを否定しない。なぜならばそれは、このポストモダン状況（郊外）の流動性の高さをむしろ可能性として、希望として捉えるためには必要な条件だからだ。ドラマ版の桐谷修二は、徹底した（メタ）決断主義者であるからこそ（通過したからこそ）、ゲームの勝利では手に入らないものの存在に気づくことができるのだ。

本作は決断主義者である修二の成長物語である。だが、修二の成長とは当然、決断主義者としての能力を上げることではない。夜神月を敗死させたニアが暴力の連鎖を止められないように、「新しい歴史教科書をつくる会」を批判するリベラル派たちが結局子どもたちに別の偽史を強要するしかないように、それでは決断主義を克服したことにならないからだ。

木皿泉がもうひとりの修二に与えた可能性は、キャラクターを変化させ、ゲームに勝利するのではなく、そのキャラクターを操る自分を変えることであり、無数に乱立するゲームをその下部で支えるものに目を向けることに他ならない。それは決して脱構築できない生殖関係、つまり家族であり究極的には自身の「死」である。

つまり、ドラマ版『野ブタ。』では、（無限であり、入れ替え可能な）決断主義的なゲームへのコミットを通して、そんなゲームの勝利では購《あがな》えない（有限であり、入れ替え不可能な）関係性の共同体を獲得するという可能性が提示されているのだ。

5．バトルロワイヤルの離脱可能性

物語の終盤は原作同様に、終わりのないゲームに擦り切れるようにミスを犯し、クラスメートからの信頼を失った修二の姿が描かれる。だが、原作とは違い、修二はここで彰と信子というふたりの味方の存在に救われる。そして三人は、一連の信子へのいじめの黒幕であり、そして修二のプロデュースの妨害者であった少女・蒼井かすみと対決することになる。

蒼井かすみは「もうひとりの桐谷修二」とも言える存在だ。『すいか』の最終回で基子を、同じ欠落を抱えながら、ハピネス三茶という共同体を手に入れることができなかった存在＝馬場チャンと対峙させたように、木皿泉は『野ブタ。』でも、修二と同等の能力をもつ決断主義者であり、教室の状況をコントロールしてきた蒼井との対決を描く。そして修二たち三人組と蒼井の対決は、蒼井の敗北に終わる。というよりも蒼井は、自分と同等の力を持ち、同じ決断主義的な世界観をもつ修二が、彰と信子との豊かな関係を築いていることへの嫉妬を告白し、自暴自棄になって自滅していく。

蒼井は修二のキャラクターを殺すことはできたが、キャラクターの承認ではなく関係性への信頼で構築された「プロデュース」チームを破壊することはできなかったのだ。

蒼井かすみが抱えている欠落は、決して深遠なものでもなければ特別なものでもない。蒼井はいわばイソップ童話の「酸っぱい葡萄」状態にある。蒼井かすみが修二たち三人組を憎悪するのは、それが「羨ましいから」でしかないのだ。

『すいか』の馬場チャンがそうであるように、本来、日常という「死」へ向かう最大にして最後の物語に対峙することを求めながらも、それを恐れている人間こそが、それが手に入らないことに傷ついては「自分は非日常的なロマンティシズムがないと満たされない特別な人間だ」と（根拠もなく）思い込むことでプライドを保とうとする。だが、彼らに必要なのは決して「非日常的なロマンティシズム」でもなければ「超越」でもない。肥大した自己評価を捨て、素直に自分の欲望と向き合う謙虚さでしかないのだ。そしてそれは、決して不幸なことではなく、むしろ私たちに与えられた最大の可能性のひとつなのだ。

そして、ドラマの最終回、修二はまた次の舞台へと去っていく。

木皿泉の描く共同体は決して永遠のものではない。キャラクターへの承認ではなく、関係性とその積み重ねへの信頼で成立する新しい共同体は、誤配と終わりを受け入れることで成り立っている。誤配と終わりこそが、入れ替え不可能性を担保するからだ。

原作とは違い、父親の仕事の都合で転校した修二は、新しいゲームの舞台＝学校を前に「どこへ行っても生きていける」という確信を語る。それは決して彼がどんなゲームにも勝利し得る最強のメタ・プレイヤーになったことを意味するのではない。修二はゲームの限界を理解することで、その外側に存在する価値を獲得することを学んだのだ。それが、「どこへ行っても生きていける」方法である。

この結末に、原作者の白岩玄は自分が「〜できない」という形でしか語れなかったことを、木皿泉は「〜できる」という方法で語った、として最大限の賛辞を贈った。決断主義的バトルロワイヤルの克服という、ジャンルを問わず多くの作家たちが挑戦する課題を正面から引き受け、非常に魅力的なモデルを提示した『野ブタ。をプロデュース』は、『木更津キャッツアイ』とならびゼロ年代で最も重要な作品に位置づけられるだろう。

6. そして、弱い私たちのために――『セクシーボイスアンドロボ』

『野ブタ。』で木皿の提示した決断主義の克服は、修二のように（メタ）決断主義者として、ゲームに積極的にコミットできる人間の離脱モデルである。これは、「引きこもり／セカイ系」の否定ではなく前提として受け入れることが、その前提化による克服としての「決断主義／サヴァイヴ系」を生んだように、決断主義の徹底（メタ化）によって決断主義の克服を志向するという極めて正攻法に近いモデルだと言える。

だが、それは言ってみれば夜神月（自覚的なプレイヤー）のための処方箋であり、キラ信者（無自覚なプレイヤー）のための処方箋ではない、とも考えられる。『野ブタ。』の修二のような、決断主義を徹底することでその限界（外部）を自覚するというモデルは、最終的にはプレイヤーの謙虚で開かれた知性を前提にしないと機能しない。

たとえば、同じ『野ブタ。』の蒼井かすみは、その強力な決断主義者としての能力を、自分の保身とルサンチマンの発散のためにしか使わなかった結果、惨めに自滅していくしかなかった。プレイヤーの自発性を求めすぎるのが、ドラマ版『野ブタ。』で示された決断主義克服モデルの弱点だろう。

そして『セクシーボイスアンドロボ』（二〇〇七）はこの「残された課題」に木皿泉が挑んだ作品だと位置づけることができる。同作は、修二のような才覚をもたない凡庸な決断主義的動員ゲームのプレイヤー・少女ニコを主人公に据えた物語だ。

物語の冒頭、中学生の少女らしく、教室のバトルロワイヤルに疲れ、自己と世界との距離感を掴みかねている少女・ニコは、その受け皿を求めて街をさまよい、ふと路地を見渡す。右手には新興宗教の施設、左手にはテレクラが目に入る。ここまで本書を読み進めた読者ならばこのふたつが何を象徴しているかは容易に察しがつくだろう。

オウム真理教を想起させる前者は自己像＝キャラクターへの承認という回路、セカイ系から決断主義へ続く回路の象徴であり、後者はコミュニケーション、関係性の構築を志向する回路の象徴である。かつて早川基子が海外へのチケットではなく夕食のメモを選んだように、ニコもまた後者を選ぶ。その結果、彼女はオタク青年のロボや、謎の組織「地蔵堂」の面々と出会い、なりゆきで組織のスパイとして活躍することで教室（バトルロワイヤル）の外側の世界に踏み出してゆく。いや、「外側」という表現は不適当かもしれない。ニコが遭遇する冒険とトラブルの数々は、あくまで等身大の日常と人間関係の中で展開する、「小さな冒険」なのだから。いくら「外側」を目指しても、日常から物語を引き出すことはできない。むしろその内部に深くもぐることで、物語は立ち上がるのだ。

物語開始の時点で強力な決断主義者であり、その力を生かしたゲームへのコミットの中で、ゲームの外側から自分を支える強力な共同体を手にいれた修二とは違い、凡庸な決断主義者として生きるしかないニコの歩みは、圧倒的に遅く、愚鈍ですらある。その誤った選択はときに彼女にとって大事な人間を死に至らしめることとすらある。だがニコはその愚かさと罪を引き受けて生きていく。凡庸な決断主義者でしかない私たちは、決断主義の孕む暴力の罪とその責任に傷つくことを引き受けながら、少しずつそこから零れ落ちるものを拾い集めるように、ゲームに回収されない関係性へ向かっていくしかない。このモデルは『野ブタ。』ほど強力なものではないが、その分、（たとえば蒼井かすみのような）弱い人間にも受け入れやすいものに仕上がっていると言えるだろう。

そして当然、物語の結末はニコとロボたちの別離が描かれる。それが永遠のものでないからこそ、入れ替え不可能な価値を帯びるという木皿泉の確信に満ちた美学が、ここには結実している。それはいわば、可能性としての別離であり、希望としての断絶である。「〜である」という自己像＝キャラクターの承認を求める限り、私たちはその共同体＝物語に永遠を求める。キャラクターへの承認は解除された途端に消滅するからだ。そのため私たちは有限の共同性を永遠のものにするために、決断主義という名の暴力を選択する。しかし、「〜した」という関係性への信頼はその共同性が消滅しても残り続ける。

ニコとロボの別離は決して大仰に飾り立てられたドラマチックなものではない。地蔵堂でのスパイ活動が終了し、なんとなく会う用事がなくなったふたりはだんだんと会わなくなっていき、やがて交流が途絶える。

ニコとロボはお互いにとって他愛もない存在だったのだろうか。むしろ逆である。ふたりは強固な関係性への信頼があったからこそ、「なんとなく会わなくなった」のだ。

なぜか――ニコとロボは、お互いのキャラクターを承認しあう状態（共依存）とは違う、もっと別のつながりを築いてきたからだ。毎日会って、互いのキャラクターへの承認を確認しあう、相手を「所有」しあう必要など、ふたりにはまったく存在しないのだ。

たしかに二人は「なんでもない」関係だ。恋愛関係が発生するには歳が離れすぎているし、擬似的な父娘関係として成立するには近すぎる。兄妹として機能するには生活を共にした時間が足りない。そんなふたりのあいまいな、グレーゾーンの関係を木皿は劇中で「友達」と表現する。このあいまいな「関係」は、「～である／～ではない」という自己像＝キャラクター設定の承認では決して得られない。「～する／～した」というコミュニケーションの連続の結果、そのふたりにとって適切な状態として定着してゆくのだ。

グレーゾーンのあいまいな、でもとてつもなく素敵な関係としての「友達」――こうして考えてみたとき、どうだろう、これはたぶん、最高の結末ではないだろうか。

（1）　佐藤友哉『灰色のダイエットコカコーラ』（二〇〇七）にはこんな記述がある。「あと六時間で今日が終わり、代わり映えのしない明日が絶対にやってくる」と。そう思えるのだとしたらそれは、世界が物語を与えてくれるのだという甘えた思い込みの産物であり、その回路が破壊された現実を認知できない感度の低さの産物である。だから私はこう返そうと思う。「ユヤタン、似たような一日だけど、全然違う一日だよ」と。

第九章

解体者としてのよしながふみ——
二十四年組から遠く離れて

1．決断主義は共同性の暴力を生む／暴力に抗うために

決断主義の時代は通常、再帰的に選択される中心的な価値によって小さな物語＝共同体が形成される。そこでは「自分は〜の人間だから…を肯定（否定）する」という思考形式が正当化され、排他性が正当化される。

たとえば、九〇年代前半のスノッブ系サブ・カルチャーの雰囲気を保持することを目的とした下北沢の再開発反対運動や、二〇〇七年六月に行われ、批判勢力への組織的制裁問題が議論を呼んだ「秋葉原解放デモ」の暴走は典型的な決断主義の時代の産物と言えるだろう。「ノスタルジィの権利」という新語を生み出し、雑多な文化圏の人間が住むひとつの街を特定の文化的トライブの住人にとって最適化することを「権利」と言ってはばからない下北沢の文化左翼たち、あるいは自分たちの逆差別的なナルシシズムに賛同しない人間には実力行使も辞さない解放デモの一部勢力たちはいずれも、「自分は〜の人間だから…を肯定（否定）する」という再帰的な共同体に対する強い依存が見られ、そしてそのために絶望的な視

野狭窄に陥り、排除の論理を支持している。

「新しい歴史教科書をつくる会」しかり、前述の「運動」しかり、無自覚な決断主義者である彼らは、左右のイデオロギーを問わず自分たちこそ虐げられた存在であり、それゆえに自分たちのコミュニティを守るために排除の論理を（自由の論理として）正当化し得る、と主張する点で共通している。これが、私が批判的に検証するゼロ年代の決断主義的動員ゲーム＝バトルロワイヤル状況なのだ。

誰もが自分たちこそ被害者であり、カウンターカルチャーであり、それゆえに正当性を帯びうると考えている。保守もリベラルも、オタクもスノッブも関係なく、そのメンタリティは夜神月を支持したキラ信者や小泉純一郎の動員に無自覚に賛同した新保守層と変わらない。私のこの指摘に「自分たちだけは違う」と憤りを覚えたあなたは、特にそうだ。その「自分たちだけは違う」という思い込みこそが、データベースから出力される決断主義の産物なのだから。

フィクションの世界でも、決断主義はまだ強い支持を集めていると言える。たとえば二〇〇七年放映のテレビアニメ『天元突破グレンラガン』は、『新世紀エヴァンゲリオン』以降の「引きこもり／セカイ系」への潮流の超克を主題とし、七〇年代から現代までのアニメ（の主題設定）の歴史を追いかけながら総括するという野心的な脚本で大きな話題を呼んだ。だが、その試みは極めて不十分だったと言わざるを得ない。同作の展開は、七〇年代から八〇年代の相対主義の浸透を追いかけ、やがて九〇年代の心理主義的な厭世観（引きこもり）を経て、ゼロ年代前半の決断主義的再帰の必然性にたどり着く。だが、ここには脱・九〇年代的な問題意識はあっても、現代に対する批評的な問題意識は発生していないのだ。

そのため、再帰的に共同性を選び取った登場人物たちは、物語の終盤「やりたいようにやるだけだ」と自発的に、共同体の人柱としてその生命を捧げていく。さらに、彼らがその際に振るう暴力の相手はアンチ・スパイラルという超越的な存在として設定され、「決断（選択）することによって誰かを傷つける」という、ゼロ年代のサヴァイヴ系が一貫してその主題としてきた決断主義の不可避の暴力性と可傷性が忘却されている。端的に言えば、同作は九〇年代の克服としての決断主義に着地して満足するあまり、現代の課題に向き合う想像力を失ってしまっているのだ。

だが、ゼロ年代前半、既に宮藤官九郎や木皿泉は決断主義的な共同性を克服する、さらに新しい共同体モデルを模索していた。それは、ゼロ年代の必然的選択といえる再帰的共同体から、決断主義の暴力性を排除することだった。再帰的な共同体は、それを永遠のものにしようとした瞬間、「戦わなければ、生き残れない」とその暴力性を正当化してしまう宿命を抱えている。しかし、たとえば『池袋ウエストゲートパーク』の終盤における主人公・マコトの態度は、その暴力性を徹底的に否定するものだった。そして、『木更津キャッツアイ』の五人組がぶっさんの死とともに解散したように、桐谷修二の「プロデュース」チームがわずか数ヶ月の存在だったように、これらの作家たちは、希望としての別離と断絶、そして究極的には「死」を織り込むことで、決断主義が抱える暴力性を回避する、流動的な共同体モデルを提示したのだ。

そこで、私は今回、決断主義の超克の優れた模索者として、一見、この問題系とはズレたところに存在する作家・よしながふみを紹介しようと思う。よしなが作品は萩尾望都、山岸凉子といった、いわゆる「二十四年組」作家の影響下にあり、その問題意識を継承した作家として捉えられている。そして、コミュニケーションのもつ「暴力」というテーマを、戦後サブ・カルチャー史においてもっともラディカルに追求した作家群のひとつが、彼女たち「二十四年組」であり、その継承者であるよしなが作品は、結果的に、そして必然的に決断主義の問題系に接続することができるのだ。

ここではまず「二十四年組」作家の代表として山岸凉子を挙げ、その継承者として「ポスト二十四年組」作家を代表する吉田秋生を経て、よしながふみにつなげる。この問題系は少女漫画の膨大に広がる世界のごくごく一部の、一側面にすぎない。だが、一連の議論について非常に有効な補助線を提供できるだろう。

2. 山岸凉子と厩戸皇子の呪縛

山岸凉子『日出処の天子』（一九八〇～八四）は作者中期の代表作であると同時に、おそらくは「二十四年組」作家の作品において、いやおそらくは戦後サブ・カルチャーにおいて最も長大な射程をもつ傑作のひとつである。山岸をこの一作で語ってしまうのは非常に危うい行為でもあるのだが、それを承知で取り上げざるを得ないほど、本作のもつ、ある種の呪縛は深い。定番の名作ではあるのだが、あらすじの紹介からはじめよう。

本作は飛鳥時代の日本を舞台とし、聖徳太子の名で知られる当時の有力皇族・厩戸王の半生を描いている。厩戸は推古天皇の摂政として改革に着手し、辣腕を振るった聡明な政治家として知られているが、本作はそんな教科書的な厩戸像を一変させる。

本作における厩戸は、天才的な頭脳と強大な霊力を持つ超人として描かれる。厩戸はその圧倒的な力を駆使して政敵を滅ぼし、権力を手にしてゆくのだが、その心は常に満たされない。なぜか？　それは厩戸が超人であり、何もかも手に入れることができるゆえに孤独な存在だからだ。

そう、この物語は、優れた歴史ロマンであると同時に優れた現代社会の寓話でもある。厩戸は超越的な力を持ち、自由であるがゆえに孤独な存在だ。まるで、「モノはあっても物語のない」現代社会に生きる私たちがそうであるように、すべてのものに自由にアクセスできる厩戸は、それゆえに、ニヒリズムに陥っている。

つまり厩戸は、その天才ゆえに六世紀にして既に「何に価値があるのかわからない世の中」に生きているのだ。そして、彼はそんな世の中に耐えられず、出口を見出そうとする。それが、同盟者の一族・蘇我毛人（蝦夷）の存在だ。同性愛者として描かれる本作の厩戸は、「この人にさえ理解されていれば」と毛人の愛を得ることのみに超越性を見出し、毛人だけを希望に生きていくことになる。そう、まるで「セカイ系」の主人公やヒロインが、相手を「所有」し共依存的な関係を築くことによって、超越性を獲得しようとしたように、厩戸は毛人の「所有」を望む。そして、毛人の愛を得るために、厩戸は周囲の数多くの人間を傷つけ、ときに殺害していく。「セカイ系」が事実上、その成立のために要求される排他的な暴力の罪と責任をすべてヒロインに預け、彼女に無条件で必要とされることで、その結果だけを享受する「もっとも無自覚な決断主義」であると定義できることを考えれば、本作におけるる厩戸は「セカイ系から（必然的に）決断主義へ」という表裏一体の構造を体現していると言えるだろう。

だが、本作を傑作たらしめているのは、そんな厩戸の「セカイ系＝決断主義」が決定的に挫折する点にある。物語の結末、厩戸の本心を知った毛人は厩戸を拒絶し、こう諭す。

「（厩戸）王子のおっしゃっている愛とは、相手の総てをのみ込み、相手を自分と寸分たがわぬ何かにすることを指しているのです。（中略）あなたさまは、わたしを愛しているといいながら、その実それはあなた自身を愛しているのです。その思いから抜け出さない限り、人は孤独から逃れられぬのです」

ここには、「あなたにだけ、わかってもらえれば」という二者関係の共依存的なロマンティシズム、「セカイ系＝決断主義」のロマンティシズムが本質的に孕む暴力の問題が抉り出されている。そして、毛人の言葉通り、厩戸は今まで以上に深いニヒリズムに浸り、白痴の少女を妻として（所有して）孤独な生を歩むことになる。まるで、東浩紀が擁護する「セカイ系」美少女ゲームのヒロインが、往々にして「白痴」的な人物として描かれるように……！

権力は既に厩戸の手中にあり、すべてを彼は手に入れている。だが、本当に欲しいものは何一つ彼の手の中にはないのだ。この結末については、評論家・山形浩生の解説が白眉だろう。

これ以降、日本史の教科書に登場する出来事は、すべてがつけたしでしかない。法隆寺も、奈良や平安の世界も、そしてこの平成の御世の現代日本ですら。王子が最後に落ち込む深いニヒリズムと孤独は、そのまま今の日本を色濃く染め上げている病でもある（そんなものは知らないと言い切れるあなたは、たぶんうらやましいくらいに幸せな人なのだと思う。皮肉抜きで）。（中略）厩戸王子が最後に白痴の少女（！）とともに歩む「黄泉にも似た道」は、そのままわれわれの足元へと続く道なのだ。

――山形浩生「ニヒリズムと孤独ともう一つの道」(『新教養主義宣言』一九九九／晶文社)

そう、山形がこれ以上なく的確に示すように、『日出処の天子』は共依存的ロマンティシズムという、ポストモダン状況下でもっとも選ばれやすい(セカイ系＝決断主義的な)可能性について徹底的に追求し、一九八〇年代にして、その限界を露呈させた傑作だと言える。(1)

そして、この「厩戸皇子の呪縛」は、後進の作家たちに脈々と受け継がれ、一部の少女マンガの世界を現代に至るまで縛り続けているのだ。

3. 継承者としての吉田秋生

次に挙げる吉田秋生は、八〇年代、九〇年代を通して、もっとも色濃くこの「厩戸皇子の呪縛」という主題を受け継いだ作家である。『BANANA FISH』(一九八五〜九四)以前の吉田の作品世界は常に、厩戸にとっての毛人、つまり共依存関係になり得る「対の存在」が失われ、その喪失を受け入れることによる成熟が描かれる。つまり、吉田が描くのは「毛人の所有を諦めることで成熟する厩戸」の物語なのだ。

そのため最初の長篇である『カリフォルニア物語』（一九七八〜八二）では、主人公ヒースに同性愛感情を抱くルームメートのイーヴが物語後半で殺害され、続く『吉祥天女』（一九八三〜八四）にいたっては、厩戸的「傷つけられた天才」少女・小夜子が唯一、自身と同質のものを認めていた少年・涼を結果的に自らの手で殺害し、その罪を引き受けることで浄化がもたらされる。

前期・吉田秋生の作品世界を端的に表すものとして、『吉祥天女』と同時期に連載された中篇『河よりも長くゆるやかに』（一九八三〜八五）にこんなシーンがある。主人公・季邦とその親友・深雪が河べりで語り合う。今、自分たちの目の前を流れている河は、上流ではもっと川幅が狭く急な流れをもち、その水は澄んでいる。しかし逆に河口に近づけば近づくほど、その水は淀んでいくが川幅は広くなり、流れがゆるやかになる。「どちらがいい？」と深雪は季邦に尋ねる。季邦は答えないが、『河よりも長くゆるやかに』というタイトルから考えても、その答えは明白だろう。断念を織り込むことで人は成熟する、そしてそれは決して不幸なことではない――。この時期の吉田秋生作品はそんな確信に溢れている。だが、その確信はやがて吉田自身によって裏切られていくことになる。

『BANANA FISH』は一九八五年から九五年にかけて長期連載され、吉田秋生の名を不動のものにした代表作である。ニューヨークのストリートギャングのリーダーにして、あの厩戸にも匹敵しうる天才少年アッシュ・リンクスが、謎の麻薬「バナナフィッシュ」をめぐるマフィアと米政府を巻き込んだ巨大な陰謀に立ち向かうという大河ストーリーは、多くの読者の心を摑んだ。

だがその一方で、本作で吉田秋生はひとつの「転向」を遂げているのだ。それは一言で言えば、本作を経ることで、吉田は（少なくとも以前のような意味では）「河よりも長くゆるやかに」あることを美しいとは思わなくなってしまった、ということに尽きる。解説しよう。本作の主人公アッシュ・リンクスは紛れもなく「澄んだ上流」に属する存在だ。ヒース、小夜子、そして季邦——吉田の描く主人公はいずれも早熟な天才肌であり、それゆえに傷つけられている「厩戸の子供たち」であり、かつては「澄んだ上流」に属していた存在だと言える。しかし彼らはやがて「淀み（悪、諦念）」を受け入れ、深くゆるやかな下流に達することで成熟する。だが、アッシュ・リンクスは下流に達することはなかったのだ。

『BANANA FISH』における「厩戸」アッシュにとっての「毛人」は、奥村英二という日本人少年である。アッシュは偶然抗争に巻き込まれた英二を庇護するうちに、彼を唯一無二の理解者として必要とするようになり、物語後半では無敵の天才がもつ唯一の弱点として、敵勢力に狙われる存在になり、アッシュは全力で英二を守ろうとする。つまり本作は、ある種の少年漫画的な構造を取り入れて、アッシュによる英二の「所有」構造が強化されるように設計されているのだ。そして前期吉田の作品ならば、アッシュは英二を失うことで、厩戸の呪縛から解放され、成熟を手にするはずだった。だが、吉田はそうはしなかった。吉田がアッシュと英二の物語に与えた結末は、アッシュの死だったのだ。

アッシュ・リンクスの死が意味するものは何か。それはアッシュによる英二の「所有」の完成である。吉田がアッシュという主体を滅却することで、対象を所有する際に必然的に孕む暴力を回避し、その関係を永遠のものにしたのだ。なぜならば、死んだ人間の時間はそこで止まり、それ以上の変化は起こらないのだから。そしてこれは同時に、吉田が下流の「広く淀んだ流れ」から上流の「狭く澄んだ流れ」へ転向したことを意味する。

吉田はなぜ転向したのだろうか。そしてアッシュの死（自己滅却）という方法は果たして厩戸の呪縛を解除できたのだろうか。吉田が転向した理由はたぶん、本人にもわからないだろう。私個人の推測では、たぶん吉田は「長くゆるやかな流れ」が引き受ける「淀み」が、究極的には『吉祥天女』の小夜子が示したような暴力性を孕むことに耐えられなかったのではないか、と思う。私の言葉で言えば、決断主義を徹底することでしかその克服に到達できないことに、耐えられなかったのではないだろうか。

だが、確実に言えることは、むしろ「所有」を完成させてしまうことを選んだ吉田は、つまり厩戸を拒絶した毛人ではなく、アッシュを拒絶しない英二という存在を設定してしまった吉田は、ここである種の思考停止を迎えてしまったということだろう。

その証拠に、以降の吉田作品は『YASHA―夜叉―』（一九九六〜二〇〇二）、『イヴの眠り』（二〇〇三〜〇五）と、立て続けに遺伝子操作で生まれた天才（であるがゆえに傷つけられた存在）を主人公に描いていくことになる。この遺伝子操作という設定が象徴するように、これら後期吉田作品における主人公は最初から完成されており、物語の進行や他の登場人物とのコミュニケーションは彼らの内面に眠る才能を発揮させるトリガーとしてしか描かれない。後期吉田作品には基本的に「成熟」が存在せず、すべてはあらかじめプログラミングされた因子によって価値が決定するという、空疎で平板な世界観に突入してしまっているのだ。

アッシュ・リンクスが自己滅却的にその若い命を落とし、英二との同一化（究極の共依存関係）を完成された悲劇として永遠のものにしたその瞬間に、吉田の世界観は「成熟」を失ってしまった。生来のプログラムと幼児期のトラウマがすべてを決定するセカイを舞台にするドラマは、生にも死にもアプローチすることができず、表面を滑走するだけである。

4．解体者としてのよしながふみ

厩戸皇子の呪縛は、あまりにも強力に現代を生きる私たちを縛り付けている。人間は弱く、歴史から切断され、不透明な世の中に生きるからこそ（セカイ系＝決断主義的に）誰かを所有し、同一化することで絶対的なもの、超越したものを手にしようとする。だが、皮肉なことにこの誰かを所有しようとする欲望こそが、無限の暴力の連鎖と底なしのニヒリズムを生み、あるいはその時間をとめて一歩も前に進めない、身動き不可能な状態に人を追い込んでしまうのだ。

この呪縛を解く方法は何か、と考えたとき、もっとも「解呪」に成功している作家が、よしながふみだと言えるだろう。それは、よしながが厩戸皇子の呪縛を引き継ぎながらも、「所有」による解決を明確に選ばなかった決定的な作家だからである。そう、よしながふみが描くのは、毛人の「所有」によるニヒリズムの克服を選ばなかった厩戸の物語なのだ。

『西洋骨董洋菓子店』は一九九九年から二〇〇二年まで連載され、テレビドラマ／アニメ化もされたよしながの代表作である。物語の舞台は小さな洋菓子店だ。そこで店主の橘、パティシエの小野、従業員のエイジと千影を加えた四人の男性の日常のドラマが淡々としたタッチで描かれる。ここにあるのは、非常に曖昧で、ゆるやかな関係の網状連鎖である。

たとえば、主役格の橘は厩戸やアッシュがそうであったように、何もかも手にしているがゆえに何も手に入らない不自由な生を生きている。法曹志望の学生から、一流商社マン、そしてケーキ屋の男主人と定まらない人生を歩む彼は、過去に誘拐事件に巻き込まれた精神的外傷に悩まされている。

同じように、パティシエの小野はゲイであり、高校時代に橘にこっぴどく振られた経験があり、カミングアウトした後は実家と疎遠になっている。エイジも孤児として育った過去と網膜剥離によるボクサーとしての挫折を抱えている。

だが、本作の最大のポイントは、そんな傷を抱え、不透明な世界を生きる彼らがいずれも、ひとりの人間に全肯定されることに出口を見出そうとはしないことにある。いや、そもそも彼らは「傷」を「癒す」ことで解決しようとはしない、答えを見つけようとしないのだ。たとえば、偶然橘と再会し、その店で働くことになった小野には既に橘への未練はなく、むしろゲイとしてのアイデンティティを確立する契機になったことを感謝している。

彼ら四人とその周辺をふくむ登場人物のつながりは非常にゆるやかで、いかなる言葉でも形容しがたい。友人というわけでもないし、単なる仕事仲間とも違う。その空間においては、相手を「所有」する恋愛関係はむしろ回避される。過去のトラウマを涙を流しながら告白する、なんてシーンは当然存在しないが、彼らはこのゆるやかなつながりによって確実に支えられ、豊かな日常を築いてゆき、やがて物語は彼らがいずれゆっくりと散開していくことを暗示して静かに終わりを告げていく。

この物語は明確な「主役」が存在しない群像劇の体裁が取られている。あるときは橘が、あるときは小野が、またあるときは別の登場人物がそのエピソードの主体的自己として機能する。これによって本作は「私」と「世界」が対峙し、そのひずみを埋めるために「誰か」を所有するという回路を徹底的に回避してゆくのだ。

吉田秋生がひとりの人間にすべてを負わせることで、やがてその重みに耐え切れなくなって放棄した「長くゆるやかな流れ」を、よしながは複数の人間が少しずつつながりながら断

片的に負っていくという構造を導入することによって保持し続けることに成功していると言えるだろう。(2)

　よしながふみが決定的だったのは、吉田秋生ほか、多くの作家たちがどうしても捨て切れなかった「所有」の正当化を放棄し、まったく別の成熟モデルを模索しているからだ。「あなたにさえわかってもらえれば、それでいい」とこの複雑な世界の中から単純な答えを導き出そうとしたその瞬間、人は「厩戸皇子の呪縛」に囚われてしまう。だがその呪縛はゼロ年代の今、ゆっくりと、だが確実に群像劇へと「分解」されることでようやく解かれはじめているのだ。


　そして、二〇〇六年に完結した『フラワー・オブ・ライフ』は、『西洋骨董洋菓子店』で「厩戸皇子の呪縛」の解体に成功したよしながふみが、その先にあるものを見据えた作品だと位置づけることができる。

　本作もまた、群像劇の手法が取られているが、『西洋骨董洋菓子店』に比べれば主役格の花園春太郎がクローズアップされているところが特徴的だ。高校一年生の春太郎は白血病患者であり、姉から骨髄移植を受けて学校に復帰する。そこで春太郎は、持ち前の明るさと魅力でクラスの仲間たちに溶け込んでゆき、彼の所属する一年B組は春太郎に引っ張られるように、楽しく、マイノリティにも寛容な「理想的なクラス」になっていく。部活動、文化祭、クリスマスパーティー、そして進路問題。過去の「学園もの」で扱われてきたあらゆるエピソードが、『西洋骨董洋菓子店』を経た網状のゆるやかな「つながり」のモデルで解釈された共同体を舞台に、新しく、そして魅力的に語りなおされていく過程には脱帽するほかない。その新しさとは、長く――少なくとも九〇年代を通してキャラクターの承認をめぐる動員ゲームの場として描かれてきた「学園」が、「二十四年組」的な問題意識の「解体」によってそれぞれの関係性を獲得するコミュニケーションの試行錯誤の場として捉えなおされている点だ。

一見、理想の学園生活をシミュレートしているかのように見える本作は、実はセカイ系が怯えて引きこもり、決断主義が自暴自棄に突撃した消費社会的なニヒリズム、ポストモダン的な厭世観をほぼ克服した社会（教室）像の構築を目指したラディカルな作品でもあるのだ。

しかし、よしながは当然のように、このささやかな「つながり」を魅力的に描きながらも、決して安易な超越には結び付けない。そこには思春期特有の等身大の悩みがあり、トラブルがあり、教師を巻き込んだ三角関係があり、そしてゆっくりと（だが確実に）破綻と終局を迎えていく。

特に圧巻なのは終盤だろう。家族とのいさかいから、春太郎は自分の白血病が完治していないことを知らされる。だが春太郎はそのことを、結局友人たちには告白しないことを選択する。

こうして
俺ははじめて
友達に言えない秘密を
ひとつ持つことになった

高校二年生の春

彼は「つながり」を得るためにむしろ、誰かに自分の傷を共有させよう、という発想自体を、ここで断念しているのだ。象徴的なのは最終話のラストシーンである。ここで、前頁では親友・三国を伴って歩いていた春太郎はひとりで歩いてゆく。その横顔の、すべてを受け入れた笑みはまさに、かつて『吉祥天女』で小夜子がその罪を受け入れることで達した浄化に近い。

本作は物語構成がやや図式的な作品ではあるのだが、既戸的な（セカイ系的な）「所有」モデルのオルタナティブとして、『西洋骨董洋菓子店』でよしながが切り拓いた新しい成熟モデル、群像型の成熟モデルを意欲的に示した作品だと位置づけることができるだろう。『西洋骨董洋菓子店』的なゆるやかなつながりを得るためにこそ、人はある局面ではひとりで歩かなければならない。そう考えたとき、この物語に与えられた題名の意味は、極めて重い。

フラワーオブライフ――花の命は、短いのだ。

かつて山岸涼子によって完成され、そして山岸自身の手によってその限界が指摘された「傷ついた天才が、無垢なる存在を所有することで癒される」という回路は、言い換えれば「流動性の上昇が止まらない社会に、ひとりの人間を（暴力的に）所有することで特異点を見出す」という回路によって耐えていこうとする発想である。

だがゼロ年代に入って、よしながふみに代表される後進の作家たちは、この不透明で流動性の高い社会に特異点を見出して思考停止するという逃避に、ついに決別を告げることに成功したのだ。

彼女たちの示した網状の、ゆるやかなつながりの無限連鎖というモデルは、春太郎がそうであったようにこれまでとは違った意味での強さと寛容が必要とされる短く細い道だ。だが、それでも、ひとりで歩くことを受け入れながら、誰かに手を伸ばしてゆくという春太郎の態度は、ゼロ年代の想像力の中でももっとも魅力的なモデルのひとつである。

（1）そういった意味では、共依存的ロマンティシズムの安易な肯定によって成立する一連の「セカイ系」作品や、滝本竜彦作品、あるいは『Ｋａｎｏｎ』『ＡＩＲ』などに代表される援助交際的な「白痴」的ヒロインの所有（自己滅却による同一化もバリエーションにすぎない）によって超越性が担保されるタイプの美少女ゲーム作品は、かつて大塚英志が肯定的に語った八〇年代における「二十四年組」の問題意識の枠内に完全に収まっており、まったく進歩していない。最も自覚的な作品であった『ＡＩＲ』ですら、『BANANA FISH』的な自己滅却が父娘相姦的なマチズモの温存のために変奏されているにすぎないのだ。

（2）近年の吉田は、『ラヴァーズ・キス』（一九九五）、『海街diary』（二〇〇七）といった中篇で、よしながふみ的な群像劇の導入により、かつて自らが放棄した「長くゆるやかな流れ」の回復を試みている。

第十章

肥大する母性のディストピア――空転するマチズモと高橋留美子の「重力」

1. なぜ、セクシュアリティの問題を扱うか

前章は「二十四年組」、特に山岸凉子の問題意識の継承を通じて決断主義問題を論じた。そこで取り上げたよしながふみは山岸以降の主題（厩戸皇子の呪縛）を正当に受け継いだ作家であると同時に、結果的にゼロ年代の決断主義的状況に優れたアンチ・テーゼを打ち出した作家であると位置づけることができる。これが意味することは何か。

それは「ポストモダン状況下で、あえて中心的価値観を選択する」決断主義という問題は、実は近代的成熟社会が完成に近づけば近づくほど顕在化していく、基本的な性格に他ならないということだ。国内におけるゼロ年代とは、かつては山岸のような一種の「天才」作家しか洞察できなかった成熟社会のクリティカル・ポイントが、たとえば『DEATH NOTE』のような形で、徹底したマーケティングリサーチのもとに、国民レベルで共有された時代だと言えるだろう。つまりゼロ年代とは「決断主義という成熟社会の本質的な問題が露呈した時代」なのだ。

かつては、敏感であるがゆえにニヒリズムに陥った若者たちの文学が扱っていた、「価値観の不透明な世の中に耐えるため、あなたひとりだけ（特定の共同体だけ）には完全に承認されたい（所有したい）」という欲望の問題は、最近十年に至って引きこもり／セカイ系（必然的に決断主義化する）＝決断主義／サヴァイヴ系（セカイ系的な前提を必要とする）的な問題意識として、社会を広く覆いつくしていると言っていい。九〇年代とゼロ年代の対比で浮かび上がる「決断主義」という問題系は、実は五年、十年という短いスパンの問題ではなく、もっと長期的に私たちの生きる世界を呪縛する問題系なのだ。

ここで重要になってくるのが、山岸からよしながまでの系譜がこの決断主義的「所有」の問題を、一種のセクシュアリティの問題として描いている点だ。

これらの作家が男性間の同性愛的な感情をベースに「所有」の問題を描いた背景には、無論中心読者である女性たちの性的な嗜好の問題が存在する。だが、少なくともそれと同等には、（特に国内において）社会的自己実現が、ある種のマチズモ、家父長制と結託して浸透してきたことに対する批判意識が存在している。だからこそ、これらの作家は「誰かを所有することで過剰流動性下の特異点を確保する」際に発生する暴力の問題に敏感にならざるを得なかったのだ。

2. 自己反省が再強化するマッチョイズム

そしてこのモデルは、何も少女漫画に限って採用された話ではなく、戦後サブ・カルチャーの数多くのジャンルに共有される傾向である。広義には八〇年代後半から現代まで続く恋愛至上主義――トレンディー・ドラマから、繰り返し取り上げるように片山恭一『世界の中心で、愛をさけぶ』に代表される純愛ブームへの流れも当てはまるだろうし、後期渡辺淳一のヒットも当てはまる。だが、近年でもっともこの傾向が強く打ち出されたのは、東浩紀やササキバラ・ゴウといった論者たちがゼロ年代前半に展開した美少女（ポルノ）ゲーム論だろう。

東浩紀による一連のセカイ系、美少女ゲーム論では、前章で論じた吉田秋生、よしながふみ等が挑んだコミュニケーションにおける「所有」の構造に対して極めて素朴なレベルでの擁護論陣が張られ、それが読者にある種の免罪符として消費されることで無批判に受け入れられている。

東の一連の美少女（ポルノ）ゲーム擁護論は、「所有」の自己反省が作品に批評的な視点を与え、強度を生むという主張で一貫している。この着眼点自体は、むしろ東浩紀が極めて正確に、戦後サブ・カルチャーのクリティカル・ポイントを把握していた証拠として捉えることができるだろう。

しかし、その一方で東の美少女（ポルノ）ゲーム擁護論は、非常に危ういものを含んでいる。それは端的に言えば、東が取り上げた『Ｋａｎｏｎ』『ＡＩＲ』という美少女ゲーム群に見られる自己反省のロジックは、果たして東が指摘するように、マチズモ批判として機能し得たのだろうか、という疑問である。結論から言えば、まったく逆である、というのが私の主張である。

まずは『ＡＩＲ』の内容について簡単に紹介しよう。同作は三部構成のノベルゲームの体裁を取っている。第一部では、旅を続ける青年・国崎往人と、彼がとある海辺の田舎町で知り合った少女・観鈴との交流が描かれる。病弱な上に白痴的な言動が多く、孤独な存在である観鈴は実の父親に捨てられ、母親がわりの叔母のみを頼りに生きている。そこに現れた主人公・往人は観鈴の孤独を埋める存在として全面的に承認され、ふたりは結ばれる。だが、その直後に往人は消滅してしまう。続く第二部では往人と観鈴を結ぶ前世（平安時代）での因縁が描かれ、最終章となる第三部では、烏に転生した往人が（プレイヤーと無力感を共有しながら）観鈴の死を看取るまでが描かれる。

この物語を東浩紀は、家父長制的なマチズモに満ちた欲望とそれを嫌悪する自己反省が同居する作品と評し、その分裂を抱え込む態度が物語に強度を与え、これらの作品が「文学的」な若者たちの受け皿となった、と評価した。

『ＡＩＲ』のゲームプレイにおいて、私たちは二度挫折を経験する。一度目に挫折するのは、「父になりたい」、すなわち、観鈴を救いたい、彼女とコミュニケーションをとりたいという、キャラクター・レベルでの素朴な欲望である（第一部）。二度目に挫折するのは、「父にはなれないが、自由にしたい」、すなわち（中略）永遠の少女として所有したいという、プレイヤー・レベルでの否定神学的な欲望である（第三部）。第一部の物語は、「零落したマッチョイズム」（家父長制補完的な想像力）を脱臼するが、第三部のシステムは、「ダメ」な自己欺瞞（反家父長制的な想像力に隠れて超家父長制的な想像力を密輸入する構造）を解体する。

――東浩紀『ゲーム的リアリズムの誕生』より「萌えの手前、不能性に止まること――『ＡＩＲ』について」

だが、本当にそうだろうか。

東の指摘するマチズモとその自己反省の同居、という状態はなぜ成立したのか、なぜ一見、相反するふたつの要素はひとつの作品に同居できるのか。それはこれらの作品に内在する自己反省が、実は「反省」としては機能せず、むしろマチズモを強化温存する「安全に痛い自己反省パフォーマンス」にすぎないからだ。

『ＡＩＲ』に即して説明しよう。同作の第一部は、自分より弱い白痴の難病少女を所有し、セックスするという家父長制的な欲望に忠実に設計されている。この第一部に対して第三部は、主人公の消滅（自己滅却）という回路を用いて、少女の死を傍観するしかない無力感が描かれる。

だが、この回路は私が前章で指摘した、吉田秋生が『BANANA FISH』の結末でアッシュ・リンクスを死なせることで、「所有」の暴力性を免罪した構造に等しい。自己滅却という回路は、むしろ完成された悲劇として所有を永遠のものに強化温存するのだ。なぜならば、「所有の達成と同時に消滅する」ことによって、「所有」の欲望自体は否定されないまま、（ユーザーに対しては）その暴力性を隠蔽することができるのだから。

だが、本当に自己反省が内包されているのならば、そもそも第一部のような物語は成立するわけがない。この「自己反省」のポイントは、「少女が主人公の男性を絶対的に必要とする」という、「所有」構造の根底をなす部分は反省の対象にならない点にある。「本当に痛い」、機能しうる自己反省が内包されるには、往人は観鈴に絶対に拒絶されなければならない。九〇年代後半的な厭世観を埋めるために（あらかじめ埋められるべき欠落を持たされた）孤独な難病少女を所有する、という態度自体が「拒絶」されなければならないのだ。

だが第三部の作用はむしろ、第一部の物語からこの拒絶という「本当に痛い」自己反省の機会を永遠に奪うためのものでしかない。第三部のシステムがもたらすものはむしろ、第一部の物語の脱臼ではなく再強化である。そこにはマチズモの強化温存回路しか存在しないのだ。

意地悪なたとえをしてみよう。援助交際で女子高生とセックスしたあとに、その後ろめたさを解消するために少女に優しく「こんなことをしていちゃいけないよ」と諭す男性は「繊細で文学的」だと言えるだろうか。彼らが「こんなことをしていちゃいけないよ」と説教するのは、むしろ心理的な抵抗を排除し、安心して少女性を所有するためである。なぜならば彼らは援助交際（＝萌え）という所有回路を放棄することは決して選ばないのだから。[1]

そもそも、肥大したマッチョイズムを抱えた人間以外、別に「父親になれない」くらいで絶望したりはしない。なぜならば世界には他にいくらでも自己実現の回路は存在するからだ。現在、「人生の目標＝父になること」で、「それができない＝即、絶望」という短絡を辿るこれらの想像力は、実のところ戦後サブ・カルチャーでもっとも無自覚に肥大し、強化温存されたマッチョイズムに他ならないのだ。

この「安全に痛い」自己反省パフォーマンスは、『ＮＨＫにようこそ！』『GUNSLINGER GIRL』など九〇年代後半の厭世観を受け継ぐゼロ年代のオタク系文化の作品群（「セカイ系」的な作品群）に広く共有されている。東の両義的な評価をご都合主義的に解釈することで、ゼロ年代前半のサブ・カルチャー批評の世界は、もっともマッチョでありながら、そのことに無自覚な鈍感な想像力が「文学的」「内省的」であると評された時代を迎えた。だがそんな不毛な時代はもう終わりにしなければならない。結論ありきの自己反省パフォーマンスは、むしろ文学の可能性を剝ぎ取り、より単純化された思考停止に人々を導いていくのだから。[2]

3.「母性」の暴力が規定する世界

だが、話はここで終わらない。東浩紀がこのとき擁護した美少女（ポルノ）ゲーム群、セカイ系作品群は、一種のレイプ・ファンタジーへの居直りであり、到底繊細さを帯びているとは言いがたい代物である。無論、先の引用部から明らかなように東自身はその両義性にある程度自覚的だったわけだが、ここには大きく抜け落ちているものが存在する。

たとえば東は、少年時代に耽溺した「萌え」文化の源流とも言うべき高橋留美子のエポックメイキング『うる星やつら』について、特にアニメ版の監督・押井守がメタフィクションを用いてその作品世界を批評的に描き出した映画『うる星やつら2　ビューティフル・ドリーマー』（一九八四）についての拘泥をたびたび語っている。

そこで東は本作を論じるときに、押井守が現実回帰志向と、その不可能性を両義的に描いていることに着目する。東のこの指摘は、サブ・カルチャーの中にこそ国内におけるポストモダン状況の進行を発見できるという一連の主張の傍証として説得力のあるものである。

だが、その一方で東が不自然なほどまったく問題にしない点がある。それは本作における原作者・高橋留美子と監督・押井守の決定的な対立である。

『うる星やつら』とは一九八〇年代初頭に爆発的な人気を博した高橋留美子の出世作である。

主人公の高校生・諸星あたるの元に宇宙人の美少女・ラムが押しかけ女房的に現れて同居生活を行う、という現代にも引き継がれ続けるファンタジー・ラブコメディーの定型を整備した作品でもある。あたるの周囲にはラム以外にもタイプ別に描き分けられた美少女が多数配置され、物語はどれだけ正月やクリスマスを迎えてもキャラクターたちが年を取らない無限ループを繰り返しながら、ひたすら楽しい「楽園」を描く。

この形式は、後のオタク系作品のラブコメにおいて、いわば独身男性向けのハーレクイン・ロマンスのように消費されるフォーマットとして定着していくのだが、テレビ及び劇場アニメ版の監督・押井守は、この世界観を劇場版第二作『ビューティフル・ドリーマー』で批評的に描き出したのだ。

『ビューティフル・ドリーマー』の舞台はラムやあたるたちが通う高校の文化祭の前日。夢邪鬼という妖怪の力で、登場人物たちの意識はいつの間にか、一晩寝るたびにリセットされて永遠に「文化祭の前日」を繰り返している。無論、この「永遠に繰り返す文化祭の前日」とは『うる星やつら』という作品自体の隠喩である。主人公のあたるはやがてその欺瞞に気づき、「文化祭の前日」からの脱出を試みる……というのが大まかなストーリーだ。

本作において、夢邪鬼はヒロイン・ラムの「いつまでもこのメンバーと楽しい学園生活を送りたい」という願望をかなえるために、彼女の恋敵や、現実への回帰を志向する登場人物を次々と排除していく。彼らは石像に変えられ、夢邪鬼が作り出した夢の世界を支える人柱にされてしまうのだ。

　ここで押井が告発しているものは、言ってみれば「肥大した母性」の暴力である。一見、欠落のない「楽園」として描かれる高橋留美子の世界だが、そこには父性の抑圧こそ存在しない代わりに母性による「内」と「外」を隔てる暴力が存在するのだ。「敵」を排除して人柱とし、「味方」を自分の胎内に取り込んで逃がさない共同性の暴力は、むしろ高橋的「母性」の重力の産物に他ならない。

　押井守が告発したのは、何も高橋留美子的な世界観に耽溺する若いファンたちの現実逃避的な態度ではない。むろん、そこにも批判的な視点は存在しただろうが、それ以上に押井の矛先は高橋留美子という名の母性の暴力にこそ、向けられているのだ[3]。

　東浩紀はたびたび、思春期の自分を決定づけた重要な作品として『ビューティフル・ドリーマー』に言及しているが、この押井守による母性の暴力の告発についてはまったく触れていない。だが、間違いなくこの映画の主題は、高橋的な「楽園」に潜む暴力にあるのだ。この押井守によって批判的に描き出された母性の暴力が生む排他的な共同性は、データベースの海からキャラクターが読み込まれることによって発生する、棲み分けられた排他的な共同性と完全に符合する。

　夢邪鬼が多くの人柱を用いて成立させた世界はラムというキャラクターへの承認のために、誤配とノイズを排除し、棲み分けられた世界である。同様に、データベースの海から読み込まれたキャラクターへの所有欲でつながり、醸成される空間は、やはりそのキャラクターへの承認のために誤配とノイズを排除する共同性である。

たとえば、ある「A」というキャラクターの消費者たちが動画共有サイトで形成した共同体では、「A」の「退屈な日常に飽きて、宇宙人や超能力者の存在を信じている」というキャラクター設定は、どんなに過激なパロディとして改変されても、いやされればされるほど強い承認を受けることになる。二次創作における改変作業とは、一次著作で設定されたキャラクターへの承認を再強化するのだから。

しかしその「A」に対して感情移入をもたない消費者による「イタい不思議ちゃん」という解釈は、「A」というキャラクター承認への障害として徹底的に排除される。そう、まるで夢邪鬼がラムにとって不都合な人間を次々に排除していったように！

4．高橋留美子の「重力」を超えて

東浩紀は、この「母性の暴力」に対してあまりにも無頓着である。

たとえば東が高く評価する『新世紀エヴァンゲリオン』においても、この「すべてを飲み込む肥大した母性」は、「人類補完計画」としてかなり直接的にテーマとして扱われている。また同様に『ＡＩＲ』についても、それが肯定的に描かれているか否定的に描かれているかは別として、やはり成年男性自体がほとんど存在しない異様な田舎町で、ヒロインとその義母の関係が至高のものとして扱われる。つまりある種異様な母性のディストピア（ユートピア）が描かれているのだが、この点も東の関心の埒外にあるようだ。さらに言ってしまえば、前述の『エヴァンゲリオン』の「母性のディストピア」という主題の原型となった富野由悠季の諸作品について、東浩紀はほぼ完全に無視している。(4)

あれほど父性の抑圧には敏感で、説得力あるモデルで先行世代のマッチョイズムを批判し、若い世代の支持を集めた東浩紀が、なぜか母性の抑圧にはそれが抑圧とも感じていないかのように受け入れてしまっている。これはもはや「良い／悪い」という次元の問題ではない。むしろこの時代に登場し、決定的な影響力を持った批評家が、父性の抑圧を語りながらも母性の抑圧には無防備だったという事実から、新たな分析を始めるべきだろう。

批評の世界における東浩紀の出現とその劣化コピーの大量発生は、弱めの肉食恐竜たちが（実際には肉食以外に興味がないにもかかわらず）矮小なパフォーマンスで「僕らは草食恐竜です」と宣伝しながら、自分よりさらに弱い少女たち（白痴、病弱、強化人間など）の死肉を貪っているような奇妙な言論空間をサブ・カルチャー批評の世界に醸成した。この「弱めの肉食恐竜」たちの援助交際正当化を可能にしているものは、比喩的に言えばこの肥大した母性の圧倒的な力ではないだろうか。

そして現代、この母性のディストピアというテーマにもっとも肉薄している作家は、他ならぬ高橋留美子自身である。

高橋作品の根底に流れるのは、凶暴なまでに肥大した母性である。まるで「私の胎内から出て行かないで」とでも言うように、ヒロインがその母性を拡大させて欲望の対象となる男性を、ふたりの物語を盛り上げる共同体ごと飲み込んでしまう、という構造があらゆる作品で徹底されているのだ。

たとえば一見、青年の成長を描いているかのように見える『めぞん一刻』（一九八〇～八七）も例外ではない。本作の基本線は貧乏下宿・一刻館でモラトリアムを過ごす学生・五代裕作と、その管理人を務めるヒロイン・音無響子との純愛物語である。当初浪人生として登場した五代青年は大学に進学し、就職して響子に相応しい男になるべく努力する。ここで着目すべきは、本作における五代青年の成長とはあくまで「響子を幸せにする」ことに自己実現の回路を限定していく過程として描かれることだ。物語の結末、結ばれた五代と響子は、子供が生まれてもなお、一刻館に住み続けることになる。大塚英志はこの結末をオタク系文化の成熟忌避的な傾向と結び付けて論じているが、しかし、それだけでは不十分だろう。(5)

当初はモラトリアムの象徴として登場したはずのアパート（一刻館）に「成熟」を経ても半永久的に住み続けるという結末は、男性の自己実現の回路が女性のテリトリー（胎内）から一歩もはみ出ない範囲で完結することを意味する。この物語は笑いと人情に溢れたハートフルな純愛物語であると同時に、肥大した母性のエゴイズムがすべてを飲み込んで、完全勝利してしまう物語でもあるのだ。

この構造は続く長期連載、『らんま½』（一九八七〜九六）でもやはり再生産されている。本作は『うる星やつら』のリファイン作品として位置づけられることが多いが、物語開始当初は一見、口当たりの良いラブコメ展開の中に、姉の恋人に横恋慕するヒロイン・天道あかねの〝高橋ヒロイン〟に特有の情念が影をのぞかせる作品だった。

しかし物語序盤でこの三角関係は解消され、あかねが長かった髪を切ること（事実上のキャラクター変更）によってこのモチーフはほぼ消滅し、同作は母性の暴力性をほぼ完璧に隠蔽した「楽園」として、『うる星やつら』を越える長期連載となった。

だが、その一方で、この時期の高橋は《人魚シリーズ》と呼ばれる短篇連作を断続的に発表し、自己言及的な物語を展開している。

《人魚シリーズ》は、人魚の肉を食べることによって死なない身体を手に入れた青年・湧太が元の「死に行く身体」を求めて数百年にわたって旅を続けるという物語で、無論、この「不死者」とは自身の別作品の登場人物たちの隠喩に他ならない。つまり母性のディストピアに取り込まれ、その時間を止められて成熟の回路を奪われた人々——それは高橋作品の登場人物たちであり、その作品世界に耽溺するファンたちでもある——はいかにしてその重力から解放されるべきなのか、という極めて自己言及的な物語がそこでは展開されているのだ。

片方では『らんま½』で完成された楽園を描き、もう片方では《人魚シリーズ》でその脱却（の困難さ）を描いていたこの時期の高橋は、まさにその偉大なる母性で、テーマパークを提供し続けることへの強い確信の中に、その強力な副作用に無自覚ではいられないモラルが見え隠れする作家だったと言えるだろう。

そして『犬夜叉』（一九九六～二〇〇八）は、高橋作品の中でももっとも長大な作品であると同時に、高橋留美子という作家にとって決定的な一作として位置づけられる。それは本作が、高橋留美子自身がおそらくははじめて、自身の肥大した母性の重力からの解放を主題に据えている作品だからである。

本作の膨大な内容の中から、かいつまんで要点だけを取り出してみよう。本作の根底をなす構造は、ヒロインであるかごめと、主人公の犬夜叉、そしてそのかつての恋人である桔梗の三角関係にある。

桔梗は従来の〝高橋ヒロイン〟の系譜に位置し、一度死にながらも妖術で復活を遂げ、年を取らない身体を手に入れている（つまり「不死者」である）。対するかごめは、現代（平成時代）から物語の舞台である戦国時代にタイムスリップしてきた少女である。前者は言ってみれば従来の高橋的テーマパーク＝るーみっくわーるどの住人であり、母性のディストピアの中で年を取らない存在だ。後者は、そんなテーマパークに遊びに来る高橋作品の消費者のような存在だ。実際、かごめは劇中たびたび平成時代に帰還し、両親や学校の人々に怪しまれない程度に日常生活をやりすごしている。あたかも、高橋作品に耽溺する不器用なファンたちが日常生活をやりすごして虚構の世界に「帰ってくる」かのように。そう、『犬夜叉』は従来のどの高橋作品よりも自己言及的な構造を持つ作品なのだ。

物語の後半、桔梗は敵の手によって再度命を落とし、三角関係は決着を見る。つまり少なくとも現在の高橋留美子は、その肥大する母性の命ずるままに少年を少年のままテーマパークに閉じ込めることを無批判に選択できなくなったのだ。

そして結末、冒険を終えたかごめは現代に帰還するのか(テーマパークを捨て、現実に帰還するのか)、それとも戦国時代に残るのか(あえてテーマパークに留まるのか、そうやって選択されたその場所はそれでもテーマパークであり得るのか)という選択を迫られる。

この結末のエピソードは、実に入り組んだ構成をもっている。かごめはその力の源泉である「四魂の玉《しこんのたま》」に閉じ込められる。四魂の玉とは妖怪の怨念の塊であり、かごめはその四魂の玉の意思に、元の世界に帰還するのかどうか問いかけられる。だがこれは、奈落が生前に仕掛けた最後の罠であり、かごめが「元の世界に帰りたい」と願えば逆にかごめは四魂の玉の中に閉じ込められ、永遠に妖怪たちと戦い続けることになってしまう。

この奈落が最後に仕掛けた罠とは、「帰るべき現実」を手放しで肯定はできない高橋の最後の抵抗のように思える。だが、少なくとも現時点の高橋は、「成長しない(老いない)身体」を獲得すること＝母性のディストピア(テーマパーク)に他者を閉じ込めてしまうことの暴力性に無自覚ではいられない。「帰るべき現実」も「テーマパーク」も手放しでは肯定できない――その結果、かごめは四魂の玉にこう願うことになる。「四魂の玉よ、消えなさい」と。

そして四魂の玉は消滅し、かごめは現代に帰還する。その三年後、高校を卒業したかごめはその間も想い続けていた犬夜叉の元に、つまりテーマパークに「嫁ぎ」、戦国時代で生きていくことを選択する。そしてエピローグで描かれる戦国時代は、もはや四魂の玉の妖力＝肥大する母性が産み出した無限ループするユートピア（ディストピア）としての「るーみっくわーるど」ではない。そこではかごめとかつての仲間たちが生活のために働き、子をなし、育てていく姿が描かれている。再選択されたテーマパークは、むしろやがて老いて死んでいく場として描きなおされているのだ。

ここで、高橋留美子の選択した結末は、確かに危うい。玉虫色の決着であるという批判は十二分に成立するし、私も異論はない。だが、テーマパークの中で現実を生きるという奇妙で、ある意味グロテスクな、しかし確実に新しい一歩を踏み出しているのだ。

これは近年の高橋が、青年誌に断続的に発表する連作短篇（『高橋留美子劇場』）にて、自身が半ば封印してきた「老い」というテーマを積極的に展開していることから考えても、ある種の転向に近い変化を指摘することができるだろう。たとえば、以前の高橋作品において老人は常にマスコット的に描かれ、「老い」を描くことは周到に回避されていた。だが、今の高橋にマスコット化という回路で「老い」から目をそらすことはできないのだ。

だが、こういった高橋の自己言及的な展開が批評の対象になることはほとんどない。現在、かつての高橋留美子が構築した世界観は、「萌え」文化という形で既に独り歩きしている。にもかかわらず、当事者である男性論客たちからまったく声があがらないことは、高橋的な母性の重力が戦後サブ・カルチャー自体を飲み込んでしまっていた証拠のように思える。同族嫌悪的にマッチョイズムを批判しつつ少女を「所有」し続けてきたこの国の少年たちを縛り付けていたものは、おそらく父親ではなく、むしろ母親なのではないだろうか。本当に語られるべき本質的な問題は、この十年語られてこなかった場所にあるのではないだろうか。

5. 「母性」のサブ・カルチャー史が必要

また、このセクシュアリティと抑圧という主題に対する肉薄においては、富野由悠季とその継承者としての庵野秀明の存在も見逃せない。押井守が告発した肥大する母性の重力という問題を、たとえば富野は『機動戦士ガンダム　逆襲のシャア』（一九八八）、『機動戦士Vガンダム』（一九九三）で全面に展開している。八〇年代後半から九〇年代にかけて、富野は少年に成熟を強要する父親的存在の後退と、相対的に強力になる母性の肥大という主題を執拗に描いてきた。庵野秀明は『新世紀エヴァンゲリオン』（一九九五）でこの富野の問題意識を全面的に受け継ぎ、主人公・碇シンジの周囲に「成熟（ロボットに乗ること）」を強要する父親」と、そのロボットに憑依した母親の霊魂、つまり「成熟を阻み、胎内に取り込もうとする母親」を配置し、後者が前者をやがて圧倒していく過程を「人類補完計画」として描き出した。

そして、『ＡＩＲ』が描いているのは、言ってみればこの人類補完計画が成功した世界＝

父性が母性に完全敗北した世界である。だからこそ、劇中にはほぼ成年男性が登場しないのだ。そしてそんな世界＝母性のゆりかごの中でこそ、ユーザーは「安全に痛い」自己反省パフォーマンスを経由することでより強化温存されたマッチョイズムを満喫することができる。『AIR』の見え透いたマチズモ温存回路が機能するのは、その世界観が圧倒的な母性によって守られているからだ。なにせ、批評家を自称する人々ですら、この構造に気づかなかったのだから。

だが批評とは本来、ユーザーの欲望を周到に満たすための装置を追認するためではなく、その背後に存在する強大な母性の重力のようなメタレベルでの構造を暴き出すところに、その魅力が存在するのではないだろうか。

これまで見てきたように、父性の抑圧は母性の重力とセットで考えられなければ重大な見落としを孕んでしまうことになる。実際、この時期に展開されたサブ・カルチャー批評、特に美少女（ポルノ）ゲームや男性向けアニメ、ライトノベルなどについての批評は、近年の更科修一郎によるセクシュアリティ批評を除けば、ことごとくこの陥穽に陥っており、おしなべて父性の抑圧に対する（事実上、自己反省パフォーマンスによる強化温存しかもたらさない）底の浅い批判と、その欺瞞を圧倒的な力で包み込む母性の重力への決定的な鈍感さが指摘できる。(6)

現代において、私たちを縛り付けるのはもはや去勢する父親ではない。そんなものは大きな物語の失効と同時に、とっくに退場している。今、私たちを縛り付けているのはむしろその胎内にすべてを取り込む母親なのだ。(7)

そういった意味では、この十年、サブ・カルチャー批評の世界で「マッチョイズム批判」はあまりにも安易に用いられてきたように思える。現在に至るも、東浩紀の言説を劣化コピーし続けることで、自分は「女々しい」文化の味方だ、繊細で文学的なキャラクターなのだとアピールする人々は後を絶たない。

だが、彼らはおそらく国内でもっともマッチョな感性の持ち主たちであるだろう。なぜならば、彼らは、この世界の複雑さ（複雑であるがゆえの豊かさ）を楽しめず、「父になる」という暴力的な自己実現以外は視界に入らず、「安全に痛い」空疎なパフォーマンスを経由することで、そのオヤジ的な欲望をより完全に満たそうとする人々なのだから。

だが、語られるべきはむしろ、こうしたある種のレイプ・ファンタジー礼賛とも取れる言説が流行した背景に存在する、母性の重力の問題なのだ。(8)

（1）松浦理英子『犬身』（二〇〇七）は、『ＡＩＲ』同様の主題とモチーフを採用しながら、『ＡＩＲ』が回避した本質的な問題にアプローチした怪作である。

同作では「犬」になった主人公が、その愛の対象となる女性の「飼い犬」となりその生活を見守るのだが、そこで主人公は飼い主とその実兄との近親姦を何度も目撃することになる。果たして東的な図式のもと『ＡＩＲ』に耽溺する消費者たちは、他の男とセックスする観鈴を烏になって見守ることに耐えられるだろうか。『犬身』は、現代を生きる私たちが直面し、時に目をそらす愛の孕む原理的な暴力性に肉薄する果敢な想像力の生んだ傑作である。

（2）『君が望む永遠』（二〇〇一）、『School Days』（二〇〇五）などの作品は、多情な主人公が複数の女性からひとりを選ぶことで発生する美少女キャラクターたちの可傷性を正面から扱っているが、ここにおいても主人公が「拒絶」されるという「本当に痛い自己反省」は回避されており、やはり「安全に痛い自己反省パフォーマンス」によるマッチョイズムの強化温存以上のものは存在しない。『School Days』の伊藤誠が少女たちに刺されるのは、彼女らに拒絶されているからではなく（ご都合主義的に）求められているからである。この種の自己反省論は現在の「乙女男子」ブームも含めて、基本的に矮小なパフォーマンスの域を出ていない。

これらの広義のポルノメディアに対する批評の需要は、概ねそのマッチョイズムを隠蔽しつつ再強化するイデオロギーに集中しており、そのためにこのような矛盾に満ちた議論が批判を加えられず閉塞した市場の中で温存されてきたのだ。

（3）その後の押井守が『ＧＨＯＳＴ ＩＮ ＴＨＥ ＳＨＥＬＬ 攻殻機動隊』（一九九五）の草薙素子的な「男性の肉体と能力と思考様式をもった女性」へのフェティッシュに傾倒していくのは、高橋的な母性への反発から出発した作家のいびつな帰結として、非常に興味深い。

（4）『機動戦士ガンダム』（一九七九）などの初期作品から、特に「ガンダム」シリーズにおいて一貫して富野はこの肥大する母性のディストピアを主題のひとつに選択している。『機動戦士ガンダム逆襲のシャア』は、ララアという「母親」の胎内から脱出できずに死んでいくシャアとアムロの物語であり、『機動戦士Vガンダム』は、主人公の少年・ウッソの社会的自己実現（として周囲の大人たちが期待すること）＝モビルスーツに乗って戦うことを嫌悪して「自分のテリトリーから外に出ないで」と彼を取り込もうとする幼馴染の少女・シャクティと、ウッソの「憧れのお姉さん」でありながら彼に敵対する少女・カテジナの対比で物語が展開していく。シャクティは母性の象徴であり、カテジナは女性でありながら母性を纏わず「男の子のロマンスに、どうして私が付き合わなければいけないの」とウッソを拒絶する「究極の他者」である。

（5）評論家・編集者の大塚英志は八〇年代の〈週刊少年サンデー〉を代表する作家としてあだち充と高橋留美子を挙げた。そして同様にラブコメという様式で消費社会におけるモラトリアムを描いたふたりの作家を比較し、あだちを通過儀礼を通して成熟を志向する作家として位置づけ、高橋を永遠にモラトリアム的な空間に留まり続ける成熟忌避的な作家として位置づけた。

（6）批評家の更科修一郎は、男性向けのオタク系コンテンツに散見されるジェンダーの混乱を「零落したマッチョイズム」と表現した。これは同様の傾向を、「他者を傷つけないための倫理的な態度」であると評価する大塚英志、ササキバラ・ゴウ、そして東浩紀の議論を踏襲しつつも、そこに美少女キャラクターたちの可傷性に無自覚になることで免罪符を得つつ、家父長制的な所有欲の充足を獲得するという回路の欺瞞を指摘した点で一線を画している。更科の指摘するように、それはマッチョイズム嫌悪ではなく、零落したマッチョイズム——いじけた形でのマッチョイズムの強化温存なのだ。

（7）　たとえば、映画監督・青山真治は決して鋭敏な作家ではない。中上健次への拘泥や、蓮實重彦的な文脈への安易な接近に象徴されるように、時代錯誤としか言いようのない意匠を用いて多くの若い消費者を遠ざけている面は否定できないし、逆に党派的に過大評価されているきらいもある。

しかし、その歩みは遅いが、それゆえに青山は最後には時代を追い抜く想像力を手にすることができる作家であることは、明記しておくべきだ。

カンヌ国際映画祭国際批評家連盟賞を受賞し、青山の出世作となった『EUREKA』（二〇〇〇）は九〇年代の総括として位置づけられる物語だ。バスジャック事件に巻き込まれた運転手と十代の兄妹が、事件の精神的外傷によりそれぞれ社会から引きこもるようになる。そして肩を寄せ合うように擬似家族的な共同体を形成した三人は旅に出る。その過程で運転手は病を得、この擬似家族的共同体の近い将来の喪失が暗示されるなか、兄はその回復の過程で躓き殺人を犯し、失語症に陥っていた妹は旅の終着点で言葉を回復する——。

九〇年代の「引きこもり／心理主義」とその帰結としての決断主義的攻撃性、そして「終わり」の明示された擬似家族的共同性による回復——二〇〇〇年に発表された同作は、遅れてきた九〇年代の映画であり、それゆえに極めて的確にその構造を内包し、超克しているのだ。

だが、繰り返すが青山真治は決して鋭敏な作家ではない。その後の青山はこの「遅れてきた九〇年代」に留まり続け、長く停滞している。つまり、ゼロ年代における九〇年代ノスタルジア＝無自覚な決断主義としての「セカイ系」に陥ってしまう。

典型的なのが『エリ・エリ・レマ・サバクタニ』（二〇〇五）だろう。九〇年代的な厭世観の比喩としての「自殺病」に疾患した少女を、主人公のノイズ音楽の超越性が救う同作において、本当に救われているのはむしろ浅野忠信演じる主人公のミュージシャンである。ここでは男性のマチズモを満たすため＝このポストモダン状況下において簡易に意味を備給するため「傷ついている少女」を消費するという、セカイ系作品に頻出するある種のレイプ・ファンタジーが採用されている。

だが、青山という作家の凄みは、その歩みこそ遅いものの最終的にはその主題を極めて正確に把握し、徹底的に肉薄していくことにこそある。

そんな青山の真価が発揮されたのが『EUREKA』の続篇として、満を持して登場した『サッド・ヴァケイション』（二〇〇七）だ。

同作は脱社会的な人々の受け皿として機能する小さな運送会社を舞台に繰り広げられる群像劇だ。そこでは、その擬似家族的共同体の中心に存在する「母」と、その重力から逃れられない男たちの姿が描かれる。

この物語において母はすべてを許す代わりに、決して自分の胎内から外に出ることを許さない。男たちはその絶大な重力に引きずられ、ある者は身を任せて思考停止し、ある者は重力を振り払うために共同体を内部から食い破ろうとする。しかし、そんな内破の運動をも、母は許し、閉じ込める――。物語は、現代における母性の強靭さと、そのグロテスクさを両義的に、徹底して描き出し消費者に突きつける。

そう、九〇年代から脱却できず『エリ・エリ・レマ・サバクタニ』でセカイ系に陥った青山真治は、その根底にあるものが母性の重力であることを極めて正確に把握し、男性性の軟着陸の不可能性を母性のディストピアとして描いたのだ。

（8）詳しくは〈ユリイカ〉二〇〇七年九月号掲載の拙文「レイプ・ファンタジーの成立条件　少女幻想としての安彦良和論」を参照のこと。

第十一章

「成熟」をめぐって――新教養主義の可能性と限界

1．「大人になれ」派と「子供でいいじゃん」派

今回は「成熟」について考えてみたい。前章で、私は高橋留美子を起源とするラブコメディーからセカイ系までの流れが、成熟忌避的な母性のディストピアとも言うべき思考停止に陥っている点を指摘した。

ここでのポイントは「成熟」というものが、常に社会というあやふやなもの、政治的、経済的、あるいは文化的に生み出される状況にすぎないものへの対峙として捉えられている点である。つまり、社会像が安定している時代には成熟像も安定することになるし、社会像の変動期には成熟像は結ばれにくくなる。そして再び別の新しい社会像が支配的になれば、新しい成熟像も出現することになる。

本書では第五章で、平成不況期から小泉改革期にかけて起こった社会像の変化を、〈少年ジャンプ〉になぞらえて「トーナメントバトル型」から「カードゲーム型」への変化であると説明した。平成不況期≒九〇年代後半的な想像力（引きこもり、心理主義、セカイ系）は

前者から後者への変動期に社会像が「捉えづらくなった」ことによって発生した「〈社会〉の後景化」であり、小泉改革期以降のゼロ年代的な想像力（決断主義、サヴァイヴ系）は、社会を島宇宙間の動員ゲームとして捉える新しい社会像への対応である。

ここ十年の批評家たちは「カードゲーム型」の新しい社会像の発生を黙殺することで、もはや「社会」は成立しなくなったと主張する。「社会」像が結べなくなった以上、成熟忌避の九〇年代後半的な（セカイ系の）想像力こそが現代の世界像に敏感な想像力なのだ、と。

しかし、成立しなくなったのはあくまで前期近代的、トーナメントバトル的、ツリー的な社会像の全体性にすぎず、カードゲーム的な島宇宙間の動員ゲームとしての「社会」像はゼロ年代を通してほぼ定着しつつあると言っていい。だとしたらここでひとつの問いが生まれる。それでは、この島宇宙間の動員ゲーム的な社会像における「成熟」とは何か、という問いだ。

時間をさかのぼって考えてみよう。国内の批評がこの現代社会下における「成熟」問題をもっとも盛んに扱ったのは、やはり一九九五年以後の数年間である。直接の原因は同年のオウム真理教による地下鉄サリン事件とアニメ『新世紀エヴァンゲリオン』のヒットである。

オウム真理教は、八〇年代の相対主義の反動として、その裏側で台頭したオカルトブームの鬼子ともいうべき存在だった。何が正しいのかわからない世の中＝ポストモダン状況で生きる意味を見失った若者たちは、麻原彰晃という「父親」をあえて選択し、最終的にはテロリストとなった。『新世紀エヴァンゲリオン』は、同じく生きる意味を見失った若者たちが、全能感を保持するべく「母親」の胎内に閉じこもり続けようとする願望を批評的に描いた。

どちらも、根底にあるのは社会や歴史（父親や母親）が、自分たちを導いてくれないという絶望である。不安定な社会像に悩む若者たちは、その不安から逃れるために性急に間違った父親にすがりつくか、肥大する母親のエゴに身を任せて思考停止するか――そんな不毛な二択が当時の気分として広く共有されていたのだ。従来の社会像の失効は「父親」の機能不全を引き起こし、「母親」の肥大化を招いた。これが従来の「成熟」モデル崩壊のメカニズムである。

では、当時の批評家たちはこの問題にどう答えたのだろうか。当時の批評はこの問いに二通りの答えを用意していた。

まずは、従来のトーナメントバトル型の社会像における「成熟」をマイナーチェンジして適応しようとする立場であり、評論家の浅羽通明や民俗学者の大月隆寛がこれに当たる。

もうひとつは社会像が変化した以上、人間が成熟できないのは仕方がないとする立場である。これには社会学者の宮台真司（前期）を代表させることができる。

たとえば前者を代表する浅羽通明は、自分の生業に対する「プロ意識」を持つことを成熟の指標にすることを主張した。肉屋には肉屋の、ホテルマンにはホテルマンの、評論家には評論家の社会的分業上の「役割」があり、それに誇りを持ってしっかり果たすことが、不透明になった社会像を再構成する契機であり、成熟である、と浅羽は考えたわけだ。「マルクス主義革命のために」「皇国日本のために」、あるいは「もっと物質的にいい生活をするために」という大きな（わかりやすい）物語が機能しない以上、個人の職業意識という等身大の物語に可能性を見出したのだ。

これに対して後者を代表する宮台真司は、従来の社会像が崩壊し、生きる意味や価値観を社会や歴史が提供できない以上、成熟できないのは仕方がない、とした。そこで宮台は具体的な処方箋として、流動的なコミュニケーションで「意味」のない毎日をやりすごす「まったり革命」というモデルを提案した（第四章参照）。

このふたつの立場をかんたんに検証してみよう。

前者の浅羽通明的「大人になれ」論は、やはり社会の流動性の上昇を甘く見積もっていたように思える。たとえば「自分の生業にプロ意識を持て」という処方箋は、浅羽の豊かな議論の中のあくまでひとつにすぎないが、やはり終身雇用に代表される成長時代の社会構造を前提に考えられたものである。

社会の流動性が上昇し、非正規雇用が「普通」のことになった現在、生業とは基本的に「入れ替え可能」なものであり、社会的分業に誇りを見出し、生きる意味とすることができる人間は基本的にごく少数に限られる。そういった意味で、浅羽の処方箋は当時からやや時代遅れの感が否めなかった。

では後者の宮台真司はどうか。かつて成熟とはまず歴史や国家、あるいは社会が基準となる価値観を提供し、順応するにせよ反抗するにせよ、その距離感を掴むことだった。しかし歴史も国家も社会も、基準となる価値観を提供してくれなくなった今、（旧来のような意味での）成熟は原理的に存在できない――この当時の宮台が立っていた認識は、基本的には間違っていない。そして実際に、当時つまり九〇年代後半の思想を体現していたのは後者である。

たとえば、精神科医であり批評家でもある斎藤環が『心理学化する社会』（二〇〇三）で指摘するように、九〇年代後半にフィクションの世界で支配的だった俗流心理学的な人間観は、すべてを「幼児期のトラウマ」に回収する。これは「社会（親）が間違っているので成熟できません」という当時の責任転嫁的な甘えの気分を端的に表現していると言える。当時流行していたアメリカン・サイコサスペンス、後期村上龍などの「幻冬舎文学」、野島伸司、そして『新世紀エヴァンゲリオン』など例を挙げればきりがない。

だが問題は、再三指摘しているように世の中が価値観や生きる意味、あるいは成熟モデルを示してくれないからといって、そういったものなしで人間は生きていけない。それは当の宮台自身のゼロ年代における転向が全てを物語っている。

まとめると、当時「大人になれ」派と呼ばれた前者は社会の流動性上昇を甘く見た結果、旧来のモデルのマイナーチェンジが適応できると踏んで失敗し、「子供でいいじゃん」派と呼ばれた後者は従来の成熟モデルの失効を宣言しただけで満足し、オルタナティブの提供が欠落して自然崩壊した。前者は時代に対して鈍感なまま成熟へ性急な背伸びをし、後者は「社会（親）が導いてくれないので何もできません」という幼児的な甘えに居直っているのだ。無論、どちらも機能するモデルではない。

こうしている間に九〇年代は終わり、時代は九・一一以降の決断主義的動員ゲーム＝バトルロワイヤルの時代を迎え、それを決定的に推し進める小泉純一郎による構造改革の嵐が吹き荒れた、というわけだ。この時代になって「世の中がぐちゃぐちゃでわからないから何もしない／成熟できない」などと言っていたら生き残れない。そう、ここは「成熟」とは生きるためのものであるという基本に立ち返って考えてみようと思う。


これまで見てきたように、フィクションの世界でもこの「オウム＝エヴァ」問題、父親不在の時代における「成熟」問題は頻繁に主題に選ばれた。無論、これまで論じてきた「引きこもり（セカイ系）から決断主義（サヴァイヴ系）へ」の流れもこれに当てはまるが、今回はより直接的に「成熟」問題に焦点を絞った諸作品を取り上げよう。

たとえば二〇〇五年放映の『仮面ライダー響鬼』では、主人公・ヒビキが「大人の完成形」として登場し、進路に悩む少年・明日夢を導くという物語が展開された。同作では前期近代的、成長時代的な父親の強引な再生が試みられ、「正義」を相対的なものとして扱うことが多かった平成版「仮面ライダー」シリーズに批判的な中高年特撮ファンの支持を集めた。

しかしその一方で、本来の視聴者である男児からの支持は大きく失われ、制作現場の混乱もあり、番組中盤で制作会社と脚本家の交代、事実上の路線変更が行われ、インターネット上で大きな論争を引き起こした。これは、時代の変化を無視して、旧来の成熟モデルを現代を生きる子供たちに押し付けようとした結果の破綻と捉えることができる。

またアニメ『交響詩篇エウレカセブン』（二〇〇四）もまた、『仮面ライダー響鬼』同様に、「成熟」の再構成を志向し、そしてその方法を誤ったがために迷走した作品と言える。

本作は、空賊の一員として反政府活動に参加した少年が、政府軍との対決を経て世界の真実にたどり着くという物語である。本作の基調となっているのは「反抗するものがない、という絶望」を歌った九〇年代ロック的なカウンターカルチャー観であるが、その欠落を埋めるのは、主人公のレントン少年が歴史的英雄を父と姉にもち、世界創生の鍵を握る少女に無条件で必要とされるというセカイ系的な全能感である。「世界」の側が無条件で主人公を特別な存在としてくれる、というご都合主義的な回路を導入している点で、本作はやはり『仮面ライダー響鬼』同様に「歴史（社会）＝父親が生きる意味を与えてくれる」世界観への回帰を志向しており、そのために大きく説得力を失っている。

付け加えるならば、両作品とも「こんな時代にあえて成長物語を志向すること」への自己陶酔的なモードに共感する熱心な中高年ファンを生んだ。両作品は表面上「子供のための成長物語」を謳いながらも、事実上「自信のない中高年の自己慰撫」として消費されたのだ。

ゼロ年代中盤に出現したこれらの作品は、九〇年代後半的な「引きこもり」が時代遅れになり、ゼロ年代前半的な「決断主義」が跋扈する状況へのアンチ・テーゼを志向していたが、やはり時代の変化を無視した旧来のモデルへの回帰を志向していたために破綻していると言える。

新しい成熟モデル（成長物語）は、やはり新しい社会像に即したまったく別のものでなければならない。ここはやはり前期近代的な「父」はもはや成立しない、という前提で考えなければならないだろう。昔からこんな言葉がある、「親はなくとも子は育つ」と。古い成熟モデルを「親があって子が育つ」だとするのならば、新しい成熟モデルは「親はなくとも子は育つ」という発想で考えられなければならない。そして、このような発想に基づいた新しい成熟モデル、成長物語はすでに出現しはじめているのだ。

2. 家族から擬似家族へ──『どろろ』の系譜

「親はなくとも子は育つ」──そんな新しい成長物語の源流を私たちは「とりあえず」九〇年代後半におけるアンチ・エヴァンゲリオンの文脈にまで遡ることができる。『新世紀エヴァンゲリオン』の「（父）親が導いてくれないので何もできません」という「引きこもり」的な感覚に対して、鈍感な想像力は前述のように「自分こそが善導し得る父親である」と名乗りを上げることでアンチ・テーゼとした。だが敏感な想像力は「親はなくとも子は育つ」という新しい世界観に基づいてアンチ・テーゼとしたのだ。

「生きているだけで丸儲け」「頼まれなくたって生きてやる」──こんなコピーが、九〇年代後半に躍っていたことを、いったいどれだけの人が覚えているだろうか？　前者は一九九六年、大地丙太郎監督でアニメ化された小花美穂の少女マンガ『こどものおもちゃ』の劇中に頻出するフレーズであり、後者は一九九八年、『機動戦士ガンダム』シリーズで知られる富野由悠季監督のテレビアニメ『ブレンパワード』のメインコピーである。前者は当時のチャイドル・ブームを反映した女児子役の成長物語であり、後者はオウム的な狂信者たちと国連軍との抗争の中で宇宙意思から人類へのメッセージが浮かび上がるSFロボットアニメである。

おそらくは『エヴァ』ブームへのオルタナティブとして提示されたであろうこれらの作品の主人公は、碇シンジと同じように事実上「親に捨てられた」子供たちである。だが、倉田紗南、伊佐未勇といったこれらの作品の主人公たちは、「親に捨てられた」＝「歴史や社会が生きる意味を与えてくれない」からといってシンジのようにいじけて引きこもったりはしない。紗南は養母の下、幼い頃から舞台の上に立って足場を築き、勇は自分を道具としてしか扱わない両親の元を離れ、戦いの中に身を投ずる。そして二人とも、そこで血はつながらないが高い密度をもつ新しい共同体＝「擬似家族」を手に入れることで回復していく。同じように親に捨てられながらも、碇シンジと同じ道を歩むことを拒否した子供たちは、九〇年代後半すでに、このシビアな現実を強くサヴァイヴしていたのだ。

この「家族から擬似家族へ」というモチーフを、一連の議論の発端になったオウム真理教をテーマに全面展開したのが塩田明彦監督の映画『カナリア』（二〇〇五）である。主人公の少年・光一は、新興宗教・ニルヴァーナ（明らかにオウム真理教がモデル）の幹部を母に持ち、教団が毒ガステロ事件を起こし壊滅してからは、家族と引き離され、政府の施設で暮らしている。だが光一は施設を脱走し、母親と妹と再び一緒に暮らすため旅に出る。つまりこの映画は、オウム真理教問題を「親に捨てられた」子供たちの成長物語として扱った、極めて批評的に正確な物語だと言える。そして物語の終盤、光一との再会を待たず母親は自決し、光一は一度絶望する。だが、最後は旅の途中で知り合った少女・由希に象徴される新しい仲間との擬似家族的な共同体を選択し、生きていくことになる。

塩田明彦は『黄泉がえり』（二〇〇三）、『この胸いっぱいの愛を』（二〇〇五）といったウェルメイドな「泣かせ」作品で知られているが、実はこの成熟モデルの再構成という問題にもっとも敏感な作家のひとりである。『カナリア』は地下鉄サリン事件から十年経って、オウム真理教問題（成熟モデルの再構成問題）に、ひとつの回答を与えた作品だと位置づけることができる。そしてその塩田の問題意識は、最新作『どろろ』（二〇〇七）にも遺憾なく発揮されている。『どろろ』は手塚治虫の有名原作漫画の実写映画化であり、表面上は人気原作に妻夫木聡、柴咲コウという人気俳優を当てた話題優先の作品であり、事実その側面も否めないが、内容的には『カナリア』と同じことを大舞台で再現しようとした作品であるとも考えられる。

『どろろ』は原作と映画の間に設定の変化があるが、その内容は概ね一致している。群雄割拠の時代、乱世を生きる武将の子として生まれた主人公・百鬼丸は、父親の妖怪との取引のための生贄とされ、体中のあらゆる部位を失ってしまう。四肢を失った百鬼丸はそのまま捨てられるが養父に拾われ、不思議な技術で義肢を与えられて成長する。そして自分の四肢を奪った妖怪を倒し、本来の身体を取り戻すために旅に出る――。もうお気づきだろうがこのプロットは『カナリア』に酷似している。これは無論、偶然ではない。塩田明彦は最初から、オウム＝エヴァ的な成熟忌避を超える新しい成熟物語として、七〇年代の時点で「親はなくとも子は育つ」というラディカルな成熟観に挑戦した手塚の『どろろ』を再利用することを考えていたのだろう。

原作の『どろろ』は百鬼丸が旅の途中で実の家族と再会し、再び訣別した時点で終わりを迎え、百鬼丸の旅の終着点は描かれなかった。『カナリア』は手塚原作版『どろろ』に擬似家族という現代的な着地点（結末）を書き加えた物語なのだ。そして、塩田による実写映画版『どろろ』は、手塚原作よりもむしろ『カナリア』に近い。塩田の描く百鬼丸は原作同様、旅の途中で再会した実の家族と訣別する。手塚原作ではその後、孤独に去っていった百鬼丸だが、塩田版の百鬼丸の視線はむしろこれから得られる新しい（擬似）家族――相棒の盗賊少女・どろろへと向いている。塩田版『どろろ』は「家族から擬似家族へ」という、ひとつの希望を書き加えることによって成立した作品なのだ。

手塚治虫『どろろ』は早すぎた「家族」との訣別の物語だった。その「親に捨てられた子供の再生の旅」という普遍的なモチーフと、事実上未完であるがゆえの強度は国内サブ・カルチャーの歴史を現在に至るも呪縛し続けている。

たとえば批評家としても知られる大塚英志のマンガ原作者としての出世作である『魍魎戦記MADARA』（一九八七〜九〇）もまた、大塚自身が語るように現代版『どろろ』として描かれた作品である。

大塚は国内ではもっとも早い段階から、社会の流動性の上昇（ポストモダン状況の進行）が従来の成熟モデルを機能不全に追い込み、新しいモデルの構築が必要になることに敏感だった批評家でもある。その大塚が八〇年代後半から現代にいたるまで『MADARA』シリーズを継続し、現代版『どろろ』の構築を目指していることは当然の帰結とも言える。『どろろ』とは、天才・手塚が結果的に従来の成長モデルの失効を予見し、来るべき新しいモデルの必要性を促した作品として機能し、多くの作家たちに参照され続けているのだ。そして、現代における『どろろ』の子供たちの中で、もっとも注目され、大きな支持を集めているものは、荒川弘による少年漫画『鋼の錬金術師』（二〇〇一〜）だろう。

『鋼の錬金術師』の主人公は天才的な錬金術の技術を持つエルリック兄弟だ。幼少期に父親に棄てられたふたりはその能力を過信し、若死にした母親を蘇らせるために禁忌である人体練成（つまり死んだ母親の蘇生）に挑戦して失敗、兄は右手と左足、弟は身体全てを失ってしまう。そして失われた身体を機械で補った兄弟は、元の身体を取り戻すために旅に出る——。もはや解説するまでもないが、本作もまた現代版『どろろ』として設計された作品である。母親の回復の断念からはじまる本作では「家族との訣別」「家族から擬似家族へ」という態度はすでに前提として処理されている。当然、失踪した父親との再会も目的ではない。

兄弟はあくまで自分たちの力で、自分たちの身体を取り戻すために旅をするのだ。義手と義足を用いる兄は「背が低い」こと（成長しないこと）を最大のコンプレックスとし、身体全体を失い特殊な技術で魂を鎧に定着させることで存在している弟は常に消失の不安に怯えている。彼らの取り戻すべき身体は「成長する身体」なのだ。

終盤に向かう物語は、（以前のように生きる意味や正しい価値の基準にはならなくなった）「歴史」とどう向き合うか、あるいは機能しなくなった「父」とどう接するか、など核心に迫るテーマに肉薄しながら進行中である。物語の行く先を個人的な願望交じりに予測するなら、おそらく結末で私たちの目の前に現れるのは、「背が伸びた」（成長した）兄弟の姿だろう。「歴史」や「父親」が機能しない世界で、彼らが自分の足で立つ成長をどう獲得することになるのか、非常に楽しみだ。

3．新教養主義という可能性

本書の読者には、すでに子供を持つ人も多いだろう。「親はなくとも子は育つ」という態度こそが、新しい時代の成長物語であると私は述べたが、人の子の親ならば「では親にできることはないのか」という疑問を口にしたくなるかもしれない。

ではこれら「新しい成長物語」における「親」の、大人の役割とは、一体何なのだろうか。

あるいはこう問うことができるかもしれない。子供たちが自ら選んだ「擬似家族」的共同体を得ることが新しい成熟のひとつだとするのならば、そのために必要な条件とは何か、と。

それは大人が子供たちの試行錯誤に必要な「環境」を整備することだ――そう答えるのは社会倫理学者の稲葉振一郎である。


僕は具体的に「こっちの方向で行くのがいい」というのはあまり言う気がなくて、「風通しをよくすること」と「底上げをすること」をやるだけです。（中略）ひたすらコンテンツを提供していく。そしてそのコンテンツも真に受けてもらう必要はなくて、それこそ昔、浅羽通明が言っていたように道具として好きなように使ってもらえればいい。それが環境を整備することになると思います。

――〈ＰＬＡＮＥＴＳ〉vol.２「稲葉振一郎インタビュー」（二〇〇六／第二次惑星開発委員会）

稲葉や評論家の山形浩生といった、かつての浅羽通明の影響下にある六〇年代生まれの論客たちは、一様にある種の「教養主義」の立場を取る。

この立場は特定の価値観を示し、従うにせよ、反抗するにせよ、ひとつの基準を示す役割を負っていた旧来の「父」ではない。彼らはその代わりに、子供たちのために環境を整備することに注力する新しい「父」の姿を志向するのだ。事実、批評家としての彼らの活動は宮台真司や大塚英志のように、特定の価値観、生き方を示す「動員型」ではない。海外の良書の翻訳や、基礎教養の平易で娯楽性に富んだ解説という、比較的地味な仕事を彼らは積極的に選んでいる。しかしその背景には、上記のような確固たる思想と戦略が窺えることを軽視してはならないだろう。

私はこの稲葉・山形的な立場を、山形の主著『新教養主義宣言』（一九九九／晶文社）から取って「新教養主義」と呼ぼうと思う[1]。そしてこの新教養主義的な態度——子供はオリジナルの家族に対する期待を断念し、自らの試行錯誤で擬似家族的共同体を獲得する。そして、大人は子供を導くのではなく、その試行錯誤のための環境を整備する——が基底をなす、良質なジュヴナイルの流れがすでに出現している。

たとえば二〇〇〇年放映のテレビドラマ『六番目の小夜子』がそうだ。原作小説は作家・恩田陸のデビュー作である。物語の舞台は地方都市の高校、そこには「小夜子伝説」という「学校の怪談」が語り継がれていて、数年に一度ひとりの生徒が「小夜子」に選ばれ、定められた儀式を行うという一種のゲームが密かに行われている。地方といういまだ流動性の低い世界を魅力的に描き出し、なかなか成立しなくなった青春小説を高い完成度で実現した小説版に対し、ドラマ版は「学校」という「環境」に注目、原作から大きく離れて独自の世界を築き上げた。

ドラマ版『六番目の小夜子』の舞台は原作とは違い中学校だ。そこには原作同様「小夜子伝説」が存在する。伝説そのものはある教師が黒幕となって仕掛けた簡単なゲームにすぎない。教師は、担当学年の中からひとりを選び、ゲームに必要なアイテムである旧校舎の戸棚の鍵を贈るだけだ。あとは一切干渉しない。しかし伝説は子供たちの心の中を一人歩きし、肥大し、書き換えられ、仕掛け人である教師の手を離れてさまざまな事件を連鎖的に起こしていく。そして、少年少女たちはそういった学校という自律的に展開していく「伝説」の場を通して成長してゆく。

この構造は、『六番目の小夜子』の脚本家・宮村優子が参加した磯光雄監督のテレビアニメ『電脳コイル』（二〇〇七〜〇八）にほぼそのままコピーされている。ここでもやはり、大人たちが整えた環境＝電脳メガネで覗く高度に発達したサイバースペース空間を舞台に、子供たちが子供たちの世界で冒険を繰り広げる。つまり『六番目の小夜子』における「学校伝説」が『電脳コイル』ではサイバースペースに当たるわけだ。同作は終盤、中高年男性消費者の欲望にあわせたような少女同士の擬似恋愛描写に傾いたことによって、ジュヴナイルとしてはいささか説得力が弱くなっているが、傑作『六番目の小夜子』の血を引く作品の隆盛を示すものとして重要な存在だろう。

他にも、流行作とは言えないがライトノベルの世界では、大西科学『ジョン平とぼくと』（二〇〇六）シリーズもまた、やはり同様の態度――自律的に増大する子供たちの世界への信頼と、その環境整備に注力する大人としての意思に貫かれている作品として挙げられる。また、第八章で取り上げた木皿泉によるドラマ版『野ブタ。をプロデュース』に登場する大人たちのスタンスもまた、新教養主義的な距離感として描かれている。
このように、大きな流れとは言えないが、新教養主義的なジュヴナイルの再構築は、ゼロ年代のフィクションの展開の中で見逃せない要素として息づいていると言えるだろう。

最後に、あずまきよひこの漫画『よつばと！』（二〇〇三〜）の名前も挙げておきたい。あずまは出世作『あずまんが大王』（一九九九〜二〇〇二）で、女子高生たちの平和で棘のない「最適化」された学園生活を四コマ漫画の体裁で描いた。これは高橋留美子的「母性のディストピア」を「空気系」と呼ばれる日常の無意味なコミュニケーションの連鎖という形で、より男性ユーザーの欲望に忠実な形に完成させた作品として位置づけられる。しかし同時にあずまは、その成熟忌避的な側面＝母性の重力にもっとも敏感な作家でもある。その証拠にあずまは当時大人気だった『あずまんが大王』を、登場人物たちに粛々と年を取らせること（卒業させること）で早々に終了させ、高橋的な非成熟による無限ループ構造を拒否した。

そしてはじまった新連載『よつばと！』は前作とはうって変わった広義の育児マンガにあたり、ファンを驚愕させた。同作は、孤児の女子幼児・よつばが翻訳家の青年に拾われ、その周囲の人々に囲まれながら（擬似家族！）少しずつ成長していく過程を、日常の他愛もないエピソードを連ねて語るハートフルな作品である。ややもすると、説教臭くなりがちなこの種の作品の中で『よつばと！』に具体的なメッセージはほぼ登場しない。かわりに存在するのは、子供の自律へ向かう力に対する圧倒的な信頼であり、その信頼しうる環境を維持するための注力である。よつばに自身の価値観をまったく伝えず、その代わりことあるごとにさまざまな環境下に連れ出す養父の立場こそ、まさしく新教養主義的である、と言えるだろう。

あずまの「空気系」から「新教養主義」へのシフトは、現代における「成熟」モデルの再構築という観点から考えれば、必然としか言いようがないのだ。

4 新教養主義の限界

この新教養主義的な発想は、おそらく過剰流動性下における新しい成熟モデルの模索としてはもっとも説得力のあるもののひとつである。決断主義的に価値を選び取るしかない時代に大人が子供にできることは、特定の価値を（それこそ決断主義的に）選択して吹き込むことではなく、彼ら（彼女ら）の決断がより謙虚で柔軟性を保ったものであるための環境を整え、早い段階から試行錯誤させるしかない。

だが、新教養主義にも限界は当然存在する。それは、新教養主義があくまで自ら決断の（孕む暴力と、その行為に自ら傷つくことの）責任を負わずにすむ子供たちの世界にしか通用しない態度だからである。たとえば、互いに傷つけあい、同時に責任を負う性愛について、新教養主義的な想像力は無力である。なぜならば、たとえサイバースペースの中であっても、性愛や死はときに試行錯誤を許さない、不可逆で、リセット不能で、決定的なものを人に与えるからだ。だからこそ、現代における成長物語は新教養主義的な試行錯誤による前準備を志向するのだ。

新教養主義は死と性愛を描けない。『電脳コイル』終盤の展開のように描いたとしても表面を滑走するだけで、その内実にアプローチすることはできない。良質なジュヴナイルとして機能し、成熟社会における教養小説を再構成しうる可能性と引き換えに、新教養主義は「そこから先」を語ることを放棄する立場なのだ。

たとえば長谷川裕一『機動戦士クロスボーン・ガンダム』（一九九四〜九七）は、ガンダムシリーズの外伝コミックでありながら原作者である富野由悠季への鋭い批評を孕む作品である。それは一言で言えば、『機動戦士Vガンダム』で高橋留美子的母性のディストピアの勝利を描いて、成熟を断念し、『ブレンパワード』で擬似家族的な共同体への信頼を回復する以前の富野に対する、長谷川の新教養主義的な立場からの批判とも取れる。[2]

だが、同作で長谷川は、富野由悠季作品の大きな魅力を占める、性愛や死といった決定的なものに支えられた部分にはアプローチすらできていない。たとえば、『機動戦士ガンダム逆襲のシャア』におけるシャアの絶望や、『機動戦士ガンダムF91』（一九九一）における鉄仮面カロッゾ・ロナの屈折を、新教養主義的な世界観は描くことができるだろうか。

小説版『電脳コイル』（作者は宮村優子）の子供たちが電脳メガネをかけていられる時間が有限（児童期のみ）であることが象徴するように、新教養主義とはまだ決定的なものにアプローチする前の世界、子供の世界にのみ成立する幸福な環境に支えられた態度なのだ。

それでも、この新教養主義という新しい時代の、新しい教養小説を可能にする態度は、ある種の前提として広く共有されうるポテンシャルを秘めているし、事実そうなりつつあると言える。家族から擬似家族へ、父親（母親）から環境整備のためのアーキテクトへ。私たちにできることは、誰かのために鍵を贈りメガネを与えることのみである。そして、その後に広がる膨大な世界（たとえばそれは性愛であり死である）には（私たちがそうであるように）自分の力で立ち向かっていくしかない。あとはただ、祈ることしかできない――そんな祈りの時代を、私たちは生きているのだ。

（1）　たとえば山形浩生は自身の挑む「啓蒙」のスタンスをこう説明している。
たぶんそこがぼくにもできるところなんだと思う。単発の話では、その分野の専門家がいてある程度きちんとした話をしてくれる。そういうのや、さらにはいろんな生活上・仕事上・あるいは単純な興味上でみんなが関心を持っている話題がブチブチとした形であちこちに散らばっている。それをうじゃうじゃつなげていくこと。
――山形浩生『新教養主義宣言』

山形の意図は特定の価値や倫理を称揚し、それを普及することで善導するのではない。あくまで人々の知的活動のための「環境」を整えるためのインフラづくりに注力されている。それはたとえば映画を鑑賞する際に「あったら便利」な背景知識の普及であり、マクロ経済と私たちの日常生活の目に見える形の関わりを教えることである。

（2）同作は、バイタリティに溢れた少年主人公・トビアが宇宙海賊の所有するロボット（ガンダム）のパイロットになり、先輩パイロット・キンケドゥの指導のもと、悪の帝国からヒロインを救出して自己実現を果たすという典型的な教養小説の体裁で幕を開け、やがてキンケドゥの戦線離脱からトビアの自立という経路をたどり新教養主義的な構図に変化していく。だがここでは、新教養主義的な子供たちへの信頼がむしろ幼児的な正義感、家父長制的なマッチョイズム（強い男の子が、弱い女の子を守る）の延命のための方便として機能している。同作は、ニュータイプの不可能性、つまり「裁く父」から「封じ込める母」へと象徴秩序が変化したことで行き場を失った男性性の絶望を描いた富野作品に対する、新教養主義を利用した家父長制的なマッチョイズムの復権を支持する立場からの批判として位置づけることができるだろう。だが、長谷川のこの立場は、富野作品の根底を成していた母性のディストピア問題を無視することで成り立っている。子供たちへの「信頼」で成り立っている新教養主義は、常に無批判な幼児的居直りを可能にしてしまう危険性と隣り合わせなのだ。

第十二章

仮面ライダーにとって「変身」とは何か――「正義」と「成熟」の問題系

1．現代における「成熟」とは何か

前章では、新教養主義という観点から現代における「成熟」について考えた。新教養主義はそれを、誰かに与えられるのではなく自ら選択し、決断し、その責任を負い、失敗して試行錯誤する能力を身につけることである、とした。あとは、子供たちが、そして私たちが自分で獲得するしかない。第一章の「政治と文学」の比喩で述べれば「政治」の問題として世の中が用意してくれるのはあくまで「環境」のみだ。

しかし、それだけでは不十分だ。新教養主義は、現代における啓蒙の不可能性を前提とした社会設計の思想としては概ね妥当なのだろう。だが、個人の成熟の条件として考えるのならば、動員ゲーム時代を生きるための前提となる動機付けを確保しているにすぎない。

新教養主義に基づいて、（比喩的に述べれば）家族から擬似家族への移行を推し進めるという選択はもはや必然であり前提である——問題は既に、こうした擬似家族的な共同性に対して、私たち個人が、「政治と文学」の比喩で述べれば「文学」の問題としてどう向き合い、運用するのかという段階にあるのだ。

現代における「成熟」とは何か――「政治」の問題としては新教養主義がこれにあたる。では「文学」の、個人の生き方の問題としては何が志向されるのか――。本章ではそれを考えてみたい。題材は、日本を代表する特撮ヒーロー番組「仮面ライダー」シリーズである。

国内少年漫画の草創期を支えた作家・石森（石ノ森）章太郎は、同時に七〇年代における特撮ヒーロー番組の企画・原作をほぼ一手に引き受けていた「ヒーローの父」でもある。特に一九七一年に放映開始された「仮面ライダー」シリーズは、後に社会現象ともいえる大ヒットを記録し、以降断続的にシリーズが継続している。

そして六〇年代以前生まれの読者には意外かもしれないが、実はこれまでの「仮面ライダー」シリーズのうち半数以上はゼロ年代に制作・放映された作品が占めている。二〇〇〇年放映の『仮面ライダークウガ』から現在に至るまで、毎週日曜日朝八時枠で足掛け九年、絶えることなく「仮面ライダー」は放映され続けている。そうゼロ年代とは、実は「仮面ライダー」と併走してきた時代だったのだ。

本書では、ゼロ年代に国内で見られたフィクションの想像力の変遷について考えるとき、最良のサンプルは〈週刊少年ジャンプ〉誌の変遷であるとした。そして同時に挙げることができるのが、この「平成仮面ライダーシリーズ」であると考えている。

それは、この両者がともに児童という物語コンテンツのもっとも若い消費者をメインターゲットとしながらも、大人や女性ユーザーなどにも支持を受けることを商業的にも内容的にも義務づけられた、つまり「複数の文化圏の島宇宙を同時攻略することを義務づけられた」作品群だからだ。そして、文化圏の島宇宙化が激しい現在、特定の文化圏＝島宇宙の欲望に忠実な作品を生むことは簡単で安易であるが、複数の島宇宙に支持されるものを生み出すのは難しい。このような状況を踏まえて考えたとき、現代に通用する物語とは必然的に、複数の島宇宙に通用する普遍性を持った作品ということになる。この条件を満たす作品群として私が評価するのが、〈少年ジャンプ〉と「平成仮面ライダーシリーズ」なのだ。

本書ではゼロ年代の想像力の変遷を、ポストモダン状況が進行すると必然的に台頭し、不可避の選択として私たちに付きまとう「決断主義」への態度という論点から追った。人間は、ポストモダン状況の生む価値観の宙吊りに原理的に耐えられない、いや、そもそも価値観の宙吊りという態度自体が論理的に成立しない。なので、最終的には無根拠を承知で何らかの立場を選択しなければならない――これが現代における決断主義だ。

そして「仮面ライダー」とは、特撮ヒーロー番組とは、その商業的要請から「正義」とその執行を要求される存在だ。しかし、現代において「正義」を描くことが、いかに安易で、そしていかに困難なことかは、これまで私が論じてきたことを踏まえれば明白だろう。

決断主義という不可避の回路に――動員ゲーム＝バトルロワイヤルの存在に――無自覚に

依存すれば、現代は「正義」を描くのがいまだかつてなく容易《たやす》い時代だ。信じたいものを信じ、データベースから欲望する情報のみを読み込めば、誤配を排除した空間＝小さな物語の内部でその正義は承認を得られることだろう。異なる物語の住人は、敵として排除すればよい。

しかし、この決断主義という回路に自覚的であれば——そこが不可避の終わりのない動員ゲーム＝バトルロワイヤルであることを自覚した途端、すべての「正義」が決断主義に回収される状況に私たちは対峙せざるを得ない。現代において、不可避に決断主義者として生きなければならない、正義なき時代に正義を執行せざるを得ない私たちは、誰もが仮面ライダーのようなものなのだ。

そんな世界において、私たちは、そして仮面ライダーたちは、「正義」の問題系——決断主義への態度と、そしてそんな困難を引き受けながらどう動員ゲームを生きていくのか、という「成熟」の問題系——に直面することになる。本章では、この決断主義の困難に対峙することを運命づけられた仮面ライダーたちの変遷を追うことで、現代における「正義」と「成熟」について考えてみたいと思う。

それではさっそくはじめよう。とりあえず私は「時代をゼロから」はじめることにする。

2．時代を「ゼロ」からはじめるために――『仮面ライダークウガ』

平成仮面ライダーシリーズ第一作『仮面ライダークウガ』（二〇〇〇）は原作者・石森章太郎没後に制作された初のテレビシリーズである。

特撮ヒーロー番組は隣接ジャンルであるアニメとは違い、六〇年代、七〇年代の草創期に広範な年齢層の視聴を意識した作品が頻出し、八〇年代以降はむしろ視聴者層を児童に限定した純然たる子供向け作品が大半を占め、特に東映系の作品は大人（一部のマニアを除く）の視聴者の鑑賞に耐えうる作品が圧倒的に少なかった。しかし九〇年代後半から、いわゆる非東映系の「怪獣もの」「巨大もの」のジャンルでは、『機動戦士ガンダム』的組織戦のリアリティを導入することで高年齢視聴者の開拓を狙った諸作品（『平成ガメラシリーズ』『ウルトラマンティガ』など）が発表され、高い評価を受けるようになる。『クウガ』はこの「平成特撮ルネサンス」ともいうべき流れに遅れること数年、同様のバージョンアップを「仮面ライダー」に対して行った作品だと言える。

具体的には『クウガ』はある種の刑事ドラマとして進行する。物語は「未確認生命体」と呼ばれる謎の怪物（怪人）による虐殺が社会問題化している現代を舞台に進行し、警察が主人公（クウガ）と協力して「未確認生命体」に対抗していく様が群像劇として描かれていく。ここでは『X-ファイル』『踊る大捜査線』など、九〇年代後半にヒットしたリアル志向の刑事ドラマの手法がほぼそのまま取り入れられている。主人公（クウガ）は古代遺跡の力で超能力（クウガへの変身能力）を身に着けた青年で、劇中には「仮面ライダー」という言葉は一度も登場しない。

こういった斬新な「リアル志向」とは裏腹に、『クウガ』は非常に古い価値観と想像力によって生み出された作品でもあった。前述のように、ヒーロー番組とは商業的制約上、何らかの形で「正義」（正しい価値への決断）と「成熟」（子どもに示す大人像）を描かされてしまう番組である。では、『クウガ』で描かれた「正義」と「成熟」とは何だったのだろうか。

結論から言えば、それはどちらも非常に古い、七〇年代的な（高度）成長時代のモデルである。

物語の敵役として登場する「未確認生命体」は、古代から長く眠りについていた人類以前に発生した知的生命体である。そしてある者は現代の地球上の覇権を人類から取り戻すために、またある者は仲間内でのゲームとして、無差別大量殺人を行う。つまり、ここではほとんど絶対的な「悪」が描かれており、それを排除するクウガと警察はごくごく単純な、疑問を挟む余地のない「正義」として描かれている。

では「成熟」はどうか。主人公の五代雄介は、終始平和のために自己犠牲を厭《いと》わない英雄として描かれ、争いのむなしさにも自覚的な「完成された超人」として描かれる。物語には五代を敬い、慕う年少者も多数登場し、大人たちもまた、そんな五代にあるべき姿を重ねる。

だがここでのポイントは、五代が戦士としてはともかく人間としては物語の冒頭からほぼ完成形として登場していることだろう。つまり『クウガ』は「正義」と「成熟」を当たり前のこととして描いた。だが、現代がそんな正義と悪の二項対立で把握できるような能天気な時代でないことはこれまで散々説明してきた通りである。

『クウガ』は「正義」「成熟」の問題を「当たり前のこと」として描いた。しかしそれは、無自覚な決断主義への依存である。涙を流しながら未確認生命体を殺戮する五代は、たしかに決断主義が原理的に孕む排他的暴力性にはある程度自覚的だろう。しかし、五代の涙は「安全に痛い」涙ではなかっただろうか。その涙は、暴力を引き受ける自分への涙であり、決して「自分たちと異なるものを排除する」論理を否定するものではない。

ゼロ年代における仮面ライダーたちの戦いは、決断主義への無自覚な加担で幕を開けたのだ。

3．九〇年代からゼロ年代へ――『仮面ライダーアギト』『仮面ライダー龍騎』

突然だが、中高生のころを思い出してもらいたい。クラスにひとりかふたり、あまり人好きのしないタイプの暗い生徒に自称「超能力者」とか「霊能者」がいなかっただろうか。戦後日本のサブ・カルチャーにおける「超能力」や「異能」とは、要は彼ら（彼女ら）の「能力」＝疎外感のもたらす逆差別的なナルシシズムのようなものだと考えればいい。

『サイボーグ009』に代表される石森章太郎の諸作品、平井和正『幻魔大戦』、日渡早紀『ぼくの地球を守って』……戦後サブ・カルチャーにおいて異能とは、冷戦期における最終戦争というモチーフとともに、本来あるべき可能性を剝奪されたことによって発生する一種の「聖痕」として描かれ、消費された。社会的自己実現の可能性を信じられない若者たちは、最終戦争という「世界の終わり」を夢想し、その疎外感を「異形の力」を行使するキャラクターへの同一化によって解消しようとしたのだ。考えてみれば、石森章太郎が描いた原作版の初代仮面ライダー・本郷猛は、改造手術の傷を隠すために「仮面」を被って変身するヒーローだった。そう、仮面ライダーの「変身」とは、そもそも疎外感（によって逆説的に肥大したナルシシズム）の暗喩に他ならなかったのだ。欠けているからこそ、力を持つ。傷ついているからこそ、美しい。——七〇年代、八〇年代を生きた不器用な若者たちは、疎外感の受け皿を、異能の力を操るヒーロー／ヒロインたちが活躍する物語に求めていったのだ。それが『幻魔大戦』であり『ぼくの地球を守って』であり、究極的には八〇年代オカルトブームの帰結としてのオウム真理教だったのだ。

ここで重要なのがこういった「社会的自己実現への諦念」が「〜が欠けている（傷ついている）自分は正しい（美しい）」といった人間観に結びつく、という点である。そして、戦後日本でもっとも社会的自己実現が低下したのは、これまで見てきたように九〇年代後半に他ならない。

第三章で論じたように、九〇年代後半は「引きこもり／心理主義」の時代だった。アメリカン・サイコサスペンスブームと、その影響下にある後期村上龍などの「幻冬舎文学」、そしてアニメ『新世紀エヴァンゲリオン』とそのフォロアーであるセカイ系作品群。これらの作品においては、「〜する／〜した」という行為や関係性ではなく、「〜である／〜ではない」というキャラクター設定への承認をめぐる物語が展開され、人間の内面とは幼児期のトラウマ、どれだけ「傷ついているか」で決定される。

これは、冷戦期の「異能者」が特殊能力という暗喩を経てはじめて可能にしていた疎外感のナルシシズムへの転化が、九〇年代においては社会全体に及ぶ社会的自己実現への信頼低下を背景に、そのような比喩すらも必要としない形でより記号的かつ簡易に可能となったものに他ならない。

前置きが長くなったが、二〇〇一年放映のシリーズ第二作『仮面ライダーアギト』は、こういった九〇年代（後半）的人間観への批評的な視座をもった特筆すべき作品として登場した。メインプロデューサーを『クウガ』の髙寺成紀から若手の白倉伸一郎へ、メインライターを『クウガ』サブライターの井上敏樹に交代してスタートした『アギト』では、まさに先述の「九〇年代的（アメリカン）サイコサスペンス」的な手法と人間観が大胆に取り入れられた。

物語の舞台は『クウガ』と同じように、正体不明の怪人（アンノウン）によって、動機不明の連続殺人が起こっている世界である。記憶喪失の青年・津上翔一（アギト）を主人公に、その過去に隠された秘密を毎回小出しにしながら物語は進むのだが、その登場人物は概ね二通りに分けられる。それは九〇年代的な世界観をもち、過去のトラウマに囚われその傷をアイデンティティとして生きる人々と、ゼロ年代的なサヴァイヴ感を共有し、生きる意味や正しい価値観は（歴史や社会に拠らず）自分で獲得しようとする意欲的な人々である。そして前者と後者には明確な描写の差がある。それは前者がほぼ超能力者として登場し、後者はほぼ非・超能力者として設定されているという点だ。これは前述した国内サブ・カルチャー史における異能者の系譜を考えれば、必然的な設定だと言えるだろう。

そして、主人公の津上翔一は「超能力者（アギト）でありながら、後者に属する」稀有な存在として描かれる。物語前半の翔一は記憶を失い、自分の本名すら知らない。でもそのことで悩んだりはせず、居候先での「主夫」生活を十二分に楽しんでいる。アギトへの変身能力についても、さほどこだわりがないらしく物語中盤で警察の尋問に対してあっさりと「実は僕、アギトなんですよ」と告白してしまう。そう、彼は精神的外傷という設定＝超能力をアイデンティティにしないのだ。

そんな翔一の態度は、物語終盤に記憶を取り戻してからもまったく変わらない。記憶を失う前も、喪失中も、取り戻したあとも、彼のアイデンティティはあくまで日常の中にあり、コックになるという等身大の夢（小さな成熟）が彼を支えている。つまり超能力者でありながらゼロ年代的なサヴァイヴ感を有する翔一は、いわば「九〇年代後半的な厭世観を克服した存在」として描かれているのだ。そして、物語に登場する超能力者たちの一部（ヒロインの風谷真魚や、もう一人のライダーである葦原涼など）は当初こそ九〇年代的人間として描かれるが、翔一の影響でその（九〇年代的）厭世観を克服していく。だがその一方で、あくまで九〇年代的厭世観に浸ったままの超能力者たち（「あかつき号」[1]のメンバーなど）は、次々と命を落としていく。そう、ここでは前者（九〇年代的人間）は死に、後者（ゼロ年代的人間）が生き残るという残酷な二分法が貫かれているのだ。

付け加えるなら、番組を通して前者には食事のシーンがほとんどなく、後者はことあるごとに何かを「食べて」いる（『アギト』はとにかく食事のシーンが多い作品だ）。そしてコック志望の青年である翔一は、とにかく料理を作ってばかりいる。これがいったい何の暗喩であるのかは、もはや説明するまでもないだろう。「生きるっていうのは、おいしいってことなんだ」という翔一の台詞が示すように、本作において「食べる」こととは、社会や歴史とは切断された日常の中から物語を引き出し、楽しんで生きるという態度の象徴に他ならない。『アギト』はアメリカン・サイコサスペンス的な（九〇年代後半的な、エヴァンゲリオン的な）手法と人間観を導入しながらも、その克服を主題とした「脱・九〇年代」的な作品なのだ。

では、本作『アギト』において「正義」と「成熟」という二大テーマはどう扱われていたのだろうか。『アギト』は、人類の進化を望まない超越者（神）が送り込んだ刺客＝アンノウンと、人類の進化形＝超能力者（アギト）という対立構図で描かれており、前作『クウガ』同様その戦いは「当然の正当防衛」として描かれ「正義」の問題には踏み込んでいない。だが終盤、超能力者＝アギトを国家権力が迫害するという展開がわずかに描かれており、このモチーフは第四作『仮面ライダー555《ファイズ》』で全面展開されることになる。

そして「成熟」に関しては、歴史から切断された日常に絶望することなく、その終わりを見据えながら物語を汲み出していくという、いわばよしながふみ的な態度が貫かれている。付記するなら「食」というモチーフの使い方といい、「日常」という着地点といい、『アギト』は非常によしながふみ作品に近い(2)。

だがここで注目したいのは、むしろ「変身」というモチーフの『クウガ』からの変化である。『クウガ』の五代雄介は世界で唯一「クウガ」に変身できる存在だった。ここでの「変身」とはアイデンティティの確認であり、エゴの拡張に他ならない。だが、『アギト』における「アギト」は翔一ひとりではない。「アギト」とは同作における超能力者の総称のようなものであり、実際、複数の「アギト」が劇中に登場する。だから「アギトであること」自体はアイデンティティになりようがなく、本作では無理にトラウマ＝超能力（アギトへの変身能力）にアイデンティティを見出そうとした登場人物はことごとく死んでいってしまっているのだ。この『アギト』における「変身」の意味の変化は後のシリーズに大きな影響を及ぼしていく。

そして第三作、二〇〇二年放映の『仮面ライダー龍騎』は、本書でたびたび紹介しているようにゼロ年代前半の決断主義的動員ゲーム＝バトルロワイヤルを代表する一作である。前作『アギト』が脱・九〇年代的物語だった以上、これは当然の帰結だろう。十三人の仮面ライダーが「生き残った者はどんな願いも叶えられる」というバトルロワイヤルに挑むこの物語は、二〇〇一年以降台頭した動員ゲーム＝バトルロワイヤル的な世界観の寓話に他ならない（第五章参照）。

ここでは「世の中が不透明で、何が正しいかわからない」という九〇年代的な感性、引きこもり／セカイ系的な社会像は前提として織り込み済みになり、「何が正しいか（価値がるか）は勝った人間が（暫定的に）決める」というゼロ年代的な世界観へのシフトが見られる。

そしてここに来て、「平成仮面ライダーシリーズ」はようやく「正義」と「成熟」という時代のテーマを完全に内包することになる。『アギト』において終盤わずかに描かれた「正義」の問題系が前面化するのだ。『龍騎』において「正義」とは完全に相対的なものだ。それだけではなく、各々が（決断主義的に）自分の信じる「正義」を掲げて、互いに殺しあうという世界観が導入されている。そう、「正義なんて相対的なものなんだから」と胸を張って主張していればいい時代は終わったのだ。そんなもの（相対主義）は前提でしかなく、私たちが生きていくためには究極的には無根拠であることを承知で何か（正義）を選択（決断）しなければならない――『龍騎』が描いているのはそんな「九・一一」以降の、小泉改革以降のグローバリズムの時代なのだ。

そして「成熟」の問題系については、『アギト』で見られた異能とアイデンティティの切断がより推し進められることになる。『龍騎』における「変身」とは、ミラーモンスターという人工生物との「契約」である。これは直接的には『ポケットモンスター』などのビデオゲームの影響として導入された設定なのだが、これによって異能＝変身能力は個人の本質からより一層切断されることになる。本作において主人公・城戸真司が仮面ライダー龍騎に変身できるのは、彼がドラグレッダーと呼ばれる竜タイプのモンスターとゲームのルールにのっとって契約したからにすぎず、彼の過去の精神的外傷や疎外感とは関連がない。『アギト』では物語を経ることで否定されていった精神的外傷としての異能＝アイデンティティという構図は、こうしてシリーズを追うごとに徐々に破壊されていくことになる。

4．「正義」の問題系の臨界点――『仮面ライダー555《ファイズ》』

二〇〇三年放映の第四作『仮面ライダー555《ファイズ》』によって、シリーズはひとつの臨界点を迎えることになる。若手の小林靖子がメインライターとして登板した『龍騎』の後を受けた『555』は、再び『アギト』の井上敏樹が登板、『アギト』の陰画ともいうべき物語を描いた。

『555』は、『アギト』の終盤にわずかに登場した「人間に迫害される超能力者」というモチーフを全面展開した作品である。『555』の世界では一種の超能力者〈オルフェノク〉が多国籍企業を装う秘密組織〈スマートブレイン〉を形成し、人類と密かに対立している。オルフェノクは吸血鬼のように人間を襲うことによって、人間をオルフェノクに覚醒させることができるが、その成功率は低くほとんどの人間は壊死してしまう。そのため人類は密かにオルフェノクの撲滅を計画し、オルフェノクは仲間を増やすために人間を襲うという対立構造が成立する。そして『555』で「怪人」として仮面ライダーに葬りさられるのはこのオルフェノクである。オルフェノクはアギト同様に、人類の進化形であり、異能をもつ以外は一般の人類と変わらない存在として描かれる。つまり本作ははじめて、「正義」が「殺人」として明示された作品なのだ。

本作で仮面ライダーに変身することができる（ファイズ、カイザ、デルタの三本のベルトを使用できる）のは、基本的にはオルフェノク（またはそれに準じる特殊な手術を受けたもの）のみであり、主人公の乾巧もまた中盤でオルフェノクであることが明かされる。つまり『555』は、人類との対決を是とする〈スマートブレイン〉のオルフェノクと、融和を望む少数派のオルフェノクが「殺しあう」物語なのだ。

ここで井上敏樹は、現代における「正義」の問題系のほとんど臨界点に挑んでいると言っていい。仮面ライダーによる怪人退治＝正義は、ここに来て完全に「殺人」以外の何ものでもないことが明示され、そして、この殺人は生きていくため（の決断主義）には必然的について回る避けられない痛みであることが、執拗に描かれていく。本書の文脈に即して言うなら、『５５５』は決断主義が原理的に孕む排他的暴力性を自覚しながらも、それを引き受けていかざるを得ない人々の苦悩を描いた作品である。

そして、『５５５』は終盤に多くの構成の混乱を抱えたまま、答えを視聴者に預けるような形で終幕を告げる。オルフェノクと人類の決着もつかなければ、「正義」をめぐるジレンマ（決断主義の原理的暴力性）にも答えは与えられないまま、主人公の死が暗示されて終わる。これはまさに臨界点に達すると同時に迎えた破綻だと言えるだろうし、同時に私たちは動員ゲームからは逃れられないという優れた現実認知として、「物語は終わっても、ゲームは終わらない」という選択が下されたとも言える。

無論、本作はその設定から明らかなように『アギト』の陰画である。同じ無職（フリーター）の青年で、迫害される超能力者でも、翔一と巧は対照的な存在である。翔一は無職だろうが記憶喪失だろうが超能力者だろうが、決して厭世的にはならず日常を自分の力で豊かなものに作り変えていく。周囲の人々を持ち前の明るさで和ませ、料理の腕を振るい、ゆるやかな関係を築いていく。コックになるという夢もある。

対して巧はオルフェノクであることに悩み、感情表現が下手で人間関係が築けない。その上、自分には「夢がない」ことにコンプレックスを抱いており、偶然手に入れたファイズへの変身能力を通して、辛うじてアイデンティティを確認していく。そう、『アギト』の法則に従えば巧は九〇年代的な「古い人間」であり、その死は半ば必然だったとも言えるのだ。

そして、恐るべきことに『アギト』の陰画である『555』において、「変身能力」とはほぼ完全に「入れ替え可能」なものである。本作にはファイズ、カイザ、デルタの三人の仮面ライダーが登場するが、これらに変身するベルトは基本的にオルフェノクであれば誰でも装着できるものである。「ファイズであること」にアイデンティティを見出していた巧は、実のところ特別な存在でもなんでもなく、偶然ファイズギア（変身ベルト）を手に入れただけのいちオルフェノクにすぎないのだ。

物語ではこの三本のベルトの争奪戦が描かれ、展開によってファイズ、カイザ、デルタの三大ライダーの「中身」はベルトの所有者に応じてどんどん入れ替わっていく。あるエピソードではファイズ＝巧だが、別のエピソードでは別の登場人物がファイズであり、巧はデルタのベルト所有者として変身する、といったことが本作の劇中では当たり前のように起こる。

これは、戦後サブ・カルチャーにおいて異能が疎外感（に基づいたアイデンティティ）の隠喩として描かれてきた歴史を考えれば、決定的な変化であることがわかる。精神的外傷に象徴される「〜である」こと＝キャラクターはもはやその人物のアイデンティティとはなり得ない――そんな領域に『555』は踏み込んでいっているのだ。そしてこの問題は八作目『電王』における「成熟」の問題系に引き継がれていく。

5. 臨界点後の迷走期へ――『剣』『響鬼』『カブト』

『555』にて「正義」の問題系についてはひとつの臨界点を迎えたシリーズは、その後三年にわたり、内容的にも迷走期を迎える。

第五作『仮面ライダー剣《ブレイド》』（二〇〇四）はプロデューサー、脚本陣ともに若手を迎え世代交代を図ったが、ストーリー的には『龍騎』的バトルロワイヤルと『クウガ』的勧善懲悪を折半したような最大公約数的な作品となり、全体的に低調に終わった。本作の主人公たちは政府の（非公式）機関の職員としてモンスター（アンデッド）に立ち向かう「職業ライダー」というコンセプトで描かれており、これは『踊る大捜査線』的、浅羽通明的な職業倫理をベースにした「成熟」モデルの再構成（第十一章参照）に近いスタンスで描かれていたが、構成の混乱等もあり充分に追求されないまま最終回を迎えていった。

そして第六作『仮面ライダー響鬼』（二〇〇五）である。同作は『クウガ』の高寺プロデューサーが再登板し、莫大な予算と実験的な演出（ミュージカル調の演出、山間部ロケ、CGの多用）を施した意欲作として登場した。そしてその主題は、残された「成熟」の問題系であることが、物語の冒頭から明示されていた。第十一章で述べたとおり、同作では再び

「敵」は妖怪という「別に殺しても倫理の問題にならない相手」に戻り「正義」の問題系は安易に回避された。代わりにヒビキという制作者の考える「完成された大人」の生き様を見ることで、彼に憧れる中学生の少年・明日夢が成長するという「成熟」の物語が選ばれたのだ。

この同作のスタンスは、一九九五年以降のオタク系文化、とりわけ『アギト』以降の白倉路線に反感を抱く中高年消費者から熱狂的な支持を受けた。しかし、その一方で幼児、児童層の人気は極めて低く、放映途中で高寺プロデューサーとメインライター陣は降板し、白倉・井上コンビが番組後半から再登板するという「事件」に発展した。

前期『響鬼』はなぜ失敗したのだろうか。物語面から考察するのならその答えは明白だ。それは「完成された大人に子供が倣う」という「成熟」モデルが、完全に古くなっているからだ。この家父長制的なイデオロギーに基づいた成熟モデルは、父親が背負っている「世間」の価値観が確固として存在した前期近代、日本で言えばギリギリ七〇年代〜八〇年代くらいまでにのみ成立するモデルである。父親が「俺について来い」と言って説得力があるのは、父親の正しさを世間が保証しているケースのみである。この場合は従うにせよ、反抗するにせよ、子供はひとつの秩序、基準に触れることで成熟する。だが当時は既に二〇〇五年である。相対主義が大前提になり、そんな世界に耐えられず麻原彰晃という絶対的な父親に逃げ込んだ若者たちがサリンを撒いて、そんな「父親不在の世界」はイヤだと母親の胎内に碇シンジが引きこもってからもう十年も経っていたはずだ。そしてそんな碇シンジすらも過去の存在となり、「親はなくとも子は育つ」と言わんばかりに裸足で子供たちが走りはじめていた二〇〇五年に、あろうことか「正しい父親」を蘇らせようとした前期『響鬼』の態度は、はっきり言ってしまえば時代錯誤も甚だしいものでしかなかったのだ。

そしてこの前期『響鬼』の問題点にもっとも自覚的だったのは、後期のメインライターとして急遽登板した井上敏樹である。物語の後半、ヒビキへの憧れを募らせた明日夢少年はついに彼の弟子となり、妖怪退治のための技術と変身能力を身に着けるための修行に入る。しかし、盲目的にヒビキを尊敬するあまり、自分で自分の人生を考えるのを忘れていたことに気づいた明日夢は自ら修行を放棄し、ヒビキの元を離れる。

そして最終回、井上が執筆した草稿にはその的確な問題意識が端的に表れている。一年後に明日夢と再会したヒビキは、明日夢が医者という自分の夢を見つけたことを知り、こう告げるのだ、「もう、俺のそばにいても大丈夫だな――」と。放映版では現場の反対で「これからも俺について来い」に変更されてしまったこの台詞に、井上の考える「成熟」観が凝縮されていると言っていいだろう。「強い父親」をほしがって、盲目的にすがりついていった子供たちがどんな大人になるのか、井上はちゃんとわかっていたのだ。

第七作『仮面ライダーカブト』（二〇〇六）は白倉プロデューサーが手がけることになったが、本作も『剣』と同じく、これまでの作品の最大公約数的な内容を若手スタッフが無難にこなす内容となった。「正義」の問題系としては、ワームという宇宙生物を仮面ライダーたちが「安全に痛い」自己反省を通過しながら退治するという『クウガ』的な回避が図られ、「成熟」の問題系は完璧な自信家（オレ様系）・天道総司を主人公にすえ、彼を戯画的に描くことで無難に回避されていった。

6. 「変身」の意味の変化――『仮面ライダー電王』

そして第八作、二〇〇七年放映の『仮面ライダー電王』に登板したのは『龍騎』のメインライター・小林靖子である。物語の骨子は時間犯罪をたくらむ未来からの侵略者・イマジン（モンスター）から、時間の流れを守るため、主人公の少年・野上良太郎が仮面ライダー電王に変身して戦う、というものだ。本作において「正義」の問題系はほぼ完全に放棄されており、敵のイマジンがどういう存在なのかも明かされず、良太郎の戦いが「殺人」なのかどうか、という問題には一切触れられない。

そのかわり焦点が絞られるのは、良太郎とその仲間たちとのコミュニケーションである。内気な少年である良太郎は、モンスターに憑依されやすい特異体質の持ち主であり、その体質を利用して本来敵であるはずのモンスターの能力を利用して仮面ライダー電王に変身する。そして変身中、良太郎の人格は完全にモンスター側に切り替わる。良太郎には四体のモンスターが憑依しているので、つまり彼は状況に応じて四つの人格を切り替えて困難に立ち向かうことになる。つまり野上良太郎はその内面に無理矢理「他者」をインストールされ、「この私」というアイデンティティを複数化されてしまった存在であり、なんとさらにはその状況を利用して戦う主人公なのだ。

仮面ライダーにとっての「変身」、すなわち戦後サブ・カルチャーにおける「異能」の発現が疎外感の裏返しとしてのナルシシズム、エゴの強化として描かれてきたことは再三指摘してきた通りである。そして「平成仮面ライダー」は、シリーズを追うごとにこの変身＝異能を「入れ替え不可能なもの」から、「入れ替え可能なもの」に変化させてきた。

そしてこの『電王』では、「変身」の意味は決定的な変化を遂げている。野上良太郎にとって「変身」とは、他者――具体的には仲間のイマジン（モンスター）を自分に憑依させること（他者をインストールすること）である。そう、『電王』にとって「変身」とは、コミュニケーションに他ならないのだ。エゴの強化からコミュニケーションへ――良太郎は計四体のイマジン＝四人の仲間を状況に応じて憑依させることで困難に立ち向かっていくのだ。良太郎は、まるでアプリケーションを取り替えるように、自分に憑依させる人格を交換する。彼にとって世界は「戦う相手」ではなく、「パートナーごとに切り替えて、合わせる」ものなのだ。

『電王』が描く「成熟」像とはコミュニケーションへの回収である。エゴを強化するのではなく、誰かと手をとりあうことこそが変身＝成長なのだ。大切なのは固有の能力を有することではない、自分とは違う存在と対話し、関係を築くことなのだ――そんな確信が『電王』には溢れている。

　十年前に碇シンジが直面していたものと、現在、野上良太郎が置かれている状況はまったく同じものである。それはポストモダン状況の進行に比例して、「この私」というアイデンティティが揺らいでいってしまうという状況である。ただ、その状況に向き合う態度が正反対だ。碇シンジは「本当の自分がわからない（大人や社会が教えてくれない）」といじけて引きこもるが、野上良太郎はむしろそれを世界の可能性として捉え、活用していく。かつて、碇シンジを怯えさせ、追い詰めた「入れ替え可能性」は、ここではむしろ世界の可能性として描かれているのだ。

　かつて、碇シンジがセカイと自分の関係に煩悶したとき、その内面は彼が孤独に佇む電車の車両として表現された。そして現在、同じように野上良太郎の内面は、異空間を走る電車「デンライナー」で隠喩的に表現されているが、その車両において彼は孤独ではあり得ない。そこには彼を異質なものに変化させる四人の他者――イマジンがいる。そしてあろうことか、そこにはさらにコーヒーを売るウェイトレスがいて、彼を仮面ライダーに任命した組織のスタッフたちまでもが住んでいる。つまり「社会」があるのだ。

　しかし、本作では「自分の中に他人がいる」ことも、そんな他人たちに人生を引っ掻き回されることも、そして「世界」に挑むたびに別人格に切り替わる（「私」が解体される）ことも――決してネガティブにとらえられてはいない。それどころかむしろ、ポジティブな可能性が――自分を変えるためのチャンスとして――示されているのだ。かつて「私」が壊れている状態（多重人格）として描かれたことが、今は正反対の視点からの希望として、ここでは描かれているのだ。[3]

ゼロ年代も終わりに近づいた現在、「成熟」とはコミュニケーション、他者と手を取り合う能力であるとする想像力が生まれている。自分とは異なる物語を生き、異なる超越性を信じる他者と関係を結ぶことこそが、現代における「変身」であり、「成熟」なのだ。

かつて「変身」とはエゴの強化だった。だが現在において「変身」とはコミュニケーション――自分とは違う、誰かに手を伸ばすことである。

（1）『仮面ライダーアギト』劇中に登場する瀬戸内海連絡フェリー。同作ではこの「あかつき号」が遭遇したとある怪事件がすべての発端として描かれる。同船に乗り合わせていた人々は、事件を通じて超能力に目覚め、そしてその力が原因で次々と命を落としていく。そして、同船の乗員たちはことごとく「過去の精神的外傷」に囚われた九〇年代的厭世観を抱いた人物として描写される。ちなみに、あかつき号の乗員で生存するのは主人公・翔一と、物語後半で自ら超能力を放棄した少年・真島浩二の二名のみである。

（2）　村上春樹作品が典型例だが、ポストモダン的なアイデンティティ不安、消費社会的シニシズムがナルシスティックに表現されるとき、それは往々にして「食」という行為の後退という形態を見せる。木皿泉やよしながふみ、そして井上敏樹が画期的だったのは、これらの不全観を織り込み済みで再び「食べる」行為を魅力的に描き出した点だ。それは、等身大の日常の中から物語は十二分に引き出すことができるという確信の表れに他ならない。

（3）　二〇〇八年現在放映中のシリーズ第九作『仮面ライダーキバ』では井上敏樹がシリーズ構成として登板、『電王』に近い形でのモンスターとの共闘による「変身」が描かれる一方で、吸血鬼の一族と人類のハーフを主人公に、『アギト』『555』で描かれた異形に対する排除の論理、つまり「正義」の問題系を主題のひとつに設定して物語を編んでいる。

第十三章

昭和ノスタルジアとレイプ・ファンタジー
——物語への態度をめぐって

1. なぜ、「昭和」に惹かれるのか

本章は一種の演習篇として、これまでの議論に基づいてゼロ年代の物語的想像力の分析に充ててみよう。

まずは、昭和ノスタルジーブームについて考えてみたい。

邦画界を考えてみれば一目瞭然だが、ゼロ年代の国内映画は昭和ノスタルジアに席巻された、と言っても過言ではない。『69』（二〇〇四）、『ALWAYS 三丁目の夕日』（二〇〇五）、『パッチギ!』（二〇〇五）、『フラガール』（二〇〇六）、またテレビドラマの世界での『白い巨塔』（二〇〇三）、『華麗なる一族』（二〇〇七）などの山崎豊子リバイバルなどに象徴される昭和ノスタルジーブームは、ゼロ年代を代表するフィクションの潮流でありながら論壇では取るに足らないものとして無視されている。どんな時代も中高年がその青春時代のノスタルジーに浸るのは当たり前の話で、「ゼロ年代の想像力」はそんなところにはあるわけがない、そう切り捨ててしまう人も多いかもしれない。

だが、私の考えでは逆である。これらの昭和ノスタルジー作品群は、言ってみればゼロ年代「だからこそ」流行したのだ。一連の昭和ノスタルジアはゼロ年代の物語回帰を象徴する現象だと言える。結論へ向けて、より徹底してこの時代を考えておくためにも、より精密にこの物語回帰について考察してみたい。

二〇〇五年に公開され、同年最大級の動員を記録した『ＡＬＷＡＹＳ　三丁目の夕日』で描かれるのは、言ってみれば一種のユートピアとしての昭和三十年代である。

この作品のもつメッセージは単純明快だ。それは昭和三十年代は「貧しくとも心豊かな時代だった」というものである。多くの人々がこのメッセージに感動したわけなのだが、ではこの「心豊かな時代」とは何なのだろうか。それは概ね以下の二点に集約されるだろう。

まず第一にそれは、「誰もが承認を得られた時代」である。同作における昭和三十年代の東京下町の共同体は、その構成員であれば誰もが認められて、個人の能力にかかわらず承認欲求を満たすことができる社会として描かれている。いわゆる「下町人情」の世界だ。

第二に挙げられるのは「生きる意味を世の中が保証してくれた時代」である。結末で薬師丸ひろ子演じる主婦が口にするように、同作の描く社会は高度成長を背景に、基本的には「がんばれば未来は良くなる」と信じられた時代であり、「豊かな生活のために努力する」という生きる意味を社会が保証してくれた時代として描かれているのだ。

勘のいい読者はもう気づいているかもしれない。私はゼロ年代を「郊外化」に象徴される

「モノはあっても物語のない世の中」と表現しているが、この『ALWAYS』に描かれた昭和三十年代は何もかもが、「ゼロ年代」と正反対の関係にある。つまり『ALWAYS』の昭和三十年代が「暖かくて不自由な社会」であるのに対し、ゼロ年代の現代は「冷たくて自由な社会」である。

『ALWAYS』の時代から数十年、ゼロ年代を生きる私たちは、その成員であれば必ず承認が得られるような強い共同体は失ってしまったが、その代わり自分の選んだ好きな相手とだけ、好きなだけつながることができるようになった。高度成長に象徴されるわかりやすく大きな物語を社会が与えてくれて、それに乗っかるにせよ背を向けるにせよ、そこに生きる意味が発生した時代は過ぎた。私たちは相対的に貧困からは大きく解放され、好きなことをして生きていけるようになったが、その代わり生きる意味を自分で見つけなければならなくなった。大雑把に言えば、私たちはトレード・オフのような形で自由を得た代わりに（社会の与える）承認と物語を失ったのだ。

このトレード・オフ関係を主題に据えたのが、桜庭一樹の代表作『赤朽葉家の伝説』（二〇〇六）である。

これは、とある地方の名家に生きる女性の三代にわたる年代記である。第一部は高度成長期にサンカ（山の民）からタタラで財を成した製鉄一族に嫁いだヒロインの物語が綴られる。近代（赤朽葉家）の中に飛び込んだ前近代（サンカの血を引くヒロイン・万葉）という特異点が繰り広げる物語はまさに昔話的、神話的な趣で小説を華麗に彩る。

続く第二部は八〇年代を舞台にその娘・毛毬がヒロインとなり、伝説のレディースから少女漫画家に転身、燃え尽きるように若死にするまでが描かれる。物語の語り手であるヒロインの早すぎる死を描いたこの第二部は、まさに「物語がない、という物語」「相対主義という名の絶対主義」が君臨し、辛うじてポストモダン状況の進行が徹底されなかった八〇年代を描いた寓話と言える。ロマンの喪失が起こる瞬間にロマンを見出すという展開で、この第二部もまた魅力的に完成されている。

そして問題は現代が舞台となる第三部だ。ヒロインは万葉の孫にして毛毬の娘であり、そしていわゆる「ニート」の瞳子である。偉大な祖母と母に比べて、凡庸な自分の人生に悩む瞳子は、自分探し的な動機から万葉の残した謎を追い求めていく。瞳子はまさに、共同体（承認）と物語（生きる意味）は自前で調達することが求められる現代社会に追い詰められた存在だと言える。この第三部は、そんな瞳子が、この「モノはあっても物語のない」郊外的な現代社会で、自分の物語を自分で獲得していくしかない、と覚悟を決めるまでの物語でもあるのだ。

2.『オトナ帝国の逆襲』と自己反省の問題

話を『ALWAYS』に戻そう。この瞳子の悩みこそが、昭和ノスタルジーブームの原動力に他ならない。つまり、承認と意味を自前で用意しなければならない「心の自由競争社会」である現代が辛いと思ったその瞬間、人々の心には「冷たくて自由な社会」よりも「暖かくて不自由な社会」のほうが魅力的に映るのだ。『ALWAYS』にせよ『フラガール』にせよ、こういった人々の欲望を正しくマーケティングした自覚的な作品だと言える。

たとえば、『ALWAYS』で描かれる昭和三十年代の下町商店街の共同体は、たしかにその負の側面を意図的に隠蔽することによって成立する薄ら寒いユートピアである。決定的な貧困や、家父長制的な抑圧に代表される共同性の暴力の問題は完全に存在しないことにされ、消費者はある種の思考停止のもとに「昔は良かった」と感動を享受することができる。

当然、製作者も消費者もそんなことは前提として処理してファンタジーを楽しんでいる。この「つくられた昭和」という欺瞞に対して、製作者たちがどれだけ自覚的かは、二〇〇七年公開の続篇における、小日向文世演じる会社社長の台詞と態度について考えれば一目瞭然だろう。前作でのなりゆきから、下町の貧乏作家に実子を預ける形になった彼は、私が今述べた『ALWAYS』世界の欺瞞を告発するような台詞を連発し、実子を再三引き取ろうとする。しかし、結局は下町の人々の「暖かさ（！）」の前に敗北し、姿を消していく。

このエピソードのもたらす効果はなんだろうか。スタッフの自覚的な態度は『ALWAYS』的世界が隠蔽する、日本的共同性の暴力の問題への自覚を促し、作品に倫理的な強化をもたらしているのだ——と、この映画のファンは主張したくなるかもしれない。だが、私はまったく逆だと考える。この会社社長のエピソードがもたらすのは、「自分たちは承知の上で、あえてファンタジーを享受しているのだ」という一種の免罪符であり、あらためて劇中では「暖かくて不自由な社会」の負の面は隠蔽されるという、より強固な思考停止に他ならない。

自分たちはその欺瞞（決断主義の孕む原理的な暴力）に自覚的であるというメッセージが物語中で語られ、メタ的にその決断を強化温存する。察しのいい読者は気づいているかもしれない。これは私が第十章で指摘した、セカイ系のレイプ・ファンタジー構造とまったく同一の回路である。女性差別的な所有欲を持つ男性消費者たちが、その後ろめたさを中和して安心して美少女（ポルノ）ゲーム的なレイプ・ファンタジーに浸るために、その所有欲に対する自己反省的な要素が作品に組み込まれる。だがその自己反省は、男性ユーザーの所有欲そのものの否定には決してつながらない「安全に痛い」パフォーマンスレベルにとどめられる。これによって、まるで予防接種が軽度の感染を意図的に引き起こすことによって免疫力を高めるように、弱めの肉食恐竜たちは「自分たちは草食恐竜です」とアピールしながら美少女キャラクターたちを安心して所有するのだ。

無論、『ＡＬＷＡＹＳ』は徹底したファンタジーとして描かれた作品であり、『ＡＩＲ』『GUNSLINGER GIRL』といったセカイ系レイプ・ファンタジーとは違い、批評家たちによって倫理や超越性を孕むものとして過大評価されることもない。

だが、私がわざわざ昭和ノスタルジーブームとセカイ系レイプ・ファンタジーを並べて見せたのには理由がある。それは東浩紀が二〇〇一年に『動物化するポストモダン』を発表し、それに反発する唐沢俊一、岡田斗司夫を中心とした年長オタク世代が論争を挑んだときに、それぞれ旗印としていた作品がセカイ系レイプ・ファンタジーと昭和ノスタルジー作品だったからである。

当時、唐沢らによって絶賛された劇場用アニメ映画『クレヨンしんちゃん　嵐を呼ぶモーレツ！オトナ帝国の逆襲』は、臼井儀人によるファミリー向けギャグ漫画を、原恵一監督によるオリジナル脚本によって劇場アニメ化した作品で、事実上の独立作品である。そして同作は『ＡＬＷＡＹＳ』が副次的に取り入れた自己反省ロジックを前面に押し出した、非常にアクロバティックな作品である。そして正確には二〇〇一年公開の本作は邦画界に昭和ノスタルジーブームの火種を落とした作品でもあり、ブームの端緒に位置づけられる非常に重要な作品である。『ＡＬＷＡＹＳ』は内容的にも、主題への自覚的なアプローチにおいても、『オトナ帝国』のソフトランディングだと言っていいくらいだ。

内容を解説しよう。物語は埼玉県で催された「20世紀博覧会」をめぐって進行する。この「20世紀博」は昭和の町並みや文化を（まさに『ＡＬＷＡＹＳ』的に）徹底して再現し、中高年を中心に絶大な支持を受ける。だが「20世紀博」とは実は秘密結社「イエスタディ・ワンスモア」によって仕掛けられた巨大なトラップであり、多くの中高年たちが「20世紀博」の「なつかしい匂い」に惹かれて、同組織に洗脳されてしまう。主人公の幼稚園児・しんのすけとその仲間たちは、両親たちを取り戻すべく「20世紀博」に乗り込み、「イエスタディ・ワンスモア」と対決する。しかもその首魁であるカップル「ケンとチャコ」はそのままATGの世界から抜け出してきたかのような風貌をしているのだからたまらない。

同作のハイライトは物語の終盤、しんのすけたちの活躍で自身を取り戻すその父・ヒロシの姿だろう。「なつかしい匂い（物語）」に洗脳されていたヒロシは、しんのすけを前にして現代の自分が生きている「家族」という物語のことを思い出し、自分を取り戻す。そしてヒロシは「なつかしくて頭がおかしくなりそうだぜ」と叫びながら、魅力的な「なつかしい匂い（社会に与えられた過去の物語）」を涙ながらに断念し、家族（自分で獲得した現代の物語）を取り戻すために奮闘する。

そして結末近く、しんのすけ一家に計画を阻止されたケンとチャコは自決を試みて高所から身を投げようとする。そんなふたりを踏みとどまらせるのが、しんのすけの「ズルいぞ！」という一言である。無論、幼稚園児のしんのすけはまったく別の文脈でこの台詞を発しているのだが、ここでケンもチャコも観客も「ドキリ」とする。何が、どう「ズルい」のか。それは「モノはあっても物語のない」この世の中で、自分たちの力で「物語」を獲得していくという生き方に、ケンとチャコが背を向けているからだ。この二人の厭世観の背景に存在する「何もかも誰かに（世の中に）与えられなければイヤだ」という考えはただの甘えではないのか――ここでは、そんなメッセージが効果的に視聴者に突き刺さる。

『オトナ帝国』は「イエスタディ・ワンスモア」的な誘惑（昭和ノスタルジー）で観客を魅

了しながらも、結末で涙ながらにその甘い罠を断ち切ってみせる、という周到な構造に支えられている。

だが本作がこの昭和ノスタルジーブームの終着点ではなく、むしろ端緒であったことの意味は重い。私は第四章で『新世紀エヴァンゲリオン』とその影響下に発生した『ＡＩＲ』『イリヤの空、ＵＦＯの夏』などの「セカイ系」作品群との関係を、「たとえ傷つけあっても他者と関わって生きる」という結末（少女に拒絶されるという結末）が、ユーザーの女性差別的な所有欲をより強化温存するものに書き換えられていったのだと説明した。世界の果てで少女に拒絶される物語（エヴァ）は、世界の果てで少女に承認される物語（セカイ系）に堕落したのだ。

同じことが『オトナ帝国』と『ＡＬＷＡＹＳ』ら後発の昭和ノスタルジー作品にも言えるだろう。いわば『オトナ帝国』は「もうひとつのエヴァ」である。作品単体で考えればそのアイロニーは機能しているが、それほど長い射程のある作品ではなかったと判断せざるを得ない。アスカの「キモチワルイ」がやがて脱臭され『ＡＩＲ』的な「安全に痛い」自己反省パフォーマンスに変化していったように、しんのすけの「ズルいぞ！」という告発も『ＡＬＷＡＹＳ』的な「安全な痛み」に回収されていったのが昭和ノスタルジーブームの展開なのだ。

3.「安全な痛み」とどう向き合うか

昭和ノスタルジーとセカイ系レイプ・ファンタジーは実はほとんど双子の関係にあると言っていい。昭和ノスタルジーの支持者は『オトナ帝国』的な自己反省が、セカイ系レイプ・ファンタジーの支持者は『ＡＩＲ』的な自己反省が、それぞれ作品に強度をもたらし、倫理を立ち上げるのだと主張する。しかし、決断主義的に選択された共同体内部での自己反省は私が第十章で指摘したとおり、むしろその決断（の暴力性）を強化温存するように働く空疎な「自己反省パフォーマンス」でしかない。その反省は決して、決断そのものに対しては向けられないのだ。

『オトナ帝国』では昭和三十年代的な共同性の息苦しさと暴力性は隠蔽され続け、『ＡＩＲ』では白痴の少女を所有して自己の優位を保ちたいというユーザーの恋愛至上主義的・女性差別的な欲望そのものは否定されない。「あの頃に戻れないことを自覚すること」（岡田斗司夫）、「父になれないことを自覚すること」（東浩紀）、といった「安全に痛い」レベルの自己反省（パフォーマンス）がよりその暴力性を強化温存する一方で、「自分は一度反省したのだから倫理的である」という免罪符を与え、より無自覚な依存へと人々を導くのだ。

この無自覚さこそが私の主張するゼロ年代的状況、決断主義的動員ゲーム＝バトルロワイヤルを醸成する。誰もが生きるために中心的な価値を（究極的には無根拠であることを前提に）選択（決断）する。その結果、異なる超越性（物語）を信じる共同体同士が乱立し、互いに衝突しあう。このとき各々の共同体（トライブ、島宇宙）ではそれぞれ、より求心力を高め、強くその（共同体内部でのみ通用する）超越性に依存するため、前述のような「安全に痛い」自己反省パフォーマンスが繰り返し再生産されていくのだ。かくして、他の共同体に対する想像力はどんどん欠如していくことになる。

この「自己反省ゲームの機能不全」は、かつての宮台真司が取ったアイロニー戦術の行き詰まりを考えてみるとわかりやすい。ゼロ年代前半、宮台は「あえて」天皇、亜細亜主義という中心的な価値を掲げた。この宮台の立場をその弟子にあたる社会学者の鈴木謙介は「何が正しいかわからない」ポストモダン状況下で「あえて」中心的な価値を選択する決断主義的な態度であると評した。さらに東浩紀や社会学者の北田暁大など七〇年代生まれの論客たちは宮台的「あえて」は機能せず、ベタに対象への埋没を誘引するものであると批判した。

私の言葉に置き換えれば、後期宮台真司の「あえて」は「安全に痛い自己反省」であり、「空転するアイロニー」でしかない。したがって、宮台真司のアイロニー戦術を批判する立場と、東浩紀的な『ＡＩＲ』評価は両立しない。なぜならば前者は自己反省が機能して強度を獲得できるという回路の失効を宣言するものであるにもかかわらず、後者は自己反省が機能しうることを前提とした主張だからだ。私の立場は明確である、宮台真司的なアイロニー戦術も、東浩紀的な（唐沢俊一的な）自己反省も機能しない。今、機能しうるのは、むしろこういった自己反省ゲームの失効であり、すべてが「安全な痛み」でしかないことへの自覚なのだ。本質ではなく手法に対する自覚のみが機能する時代を、私たちは生きているのだ。

この「安全に痛い昭和」というエッセンスは、ゼロ年代における昭和ノスタルジーブーム全般に広く当てはまる傾向だと言えるだろう。たとえば一九六〇年代の炭鉱町を描いた映画『フラガール』について、宮台真司はこの「安全な痛み」を描くことの欺瞞を批判している。〝戦後〟的なものに限らず近現代史の「安全に痛い」歴史化という観点を用いれば、福井晴敏の『終戦のローレライ』（二〇〇五）などにもほぼこの批判がストレートに当てはまるだろう。井筒和幸監督の映画『パッチギ！』シリーズや、こうの史代の漫画『夕凪の街　桜の国』（二〇〇四）などはそれぞれ外国人差別、被爆者差別問題といった昭和期を代表する深刻な社会問題を題材にしながらも、ウェルメイドな感動作としてヒットし、「安全な痛み」的な回路の有効性を裏付けているように思える。

だが、昭和が「安全に痛い」ものでしかないのは、はっきり言ってしまえば仕方のないことである。歴史という大きな物語が公共性と個人の生きる意味を備給していた時代が終わった以上、当事者性を欠いた「歴史」が「安全に痛い」ものになるのは当然の帰結である。これはコミュニケーションが原理的に暴力を孕むものである以上、暴力性への自己反省が「安全に痛い」ものになるのと一緒である。ゼロ年代の「安全に痛い」昭和ノスタルジーブームは、二一世紀になってようやく題材となる時代を「歴史」として（「安全に痛い」ものとして）扱えるようになったからこそ成立したものである。

しかし『ALWAYS』の（そして『AIR』の）問題点は、そんな「安全に痛い」自己反省を「ほんとうに痛い」ものとして僭称することでの自己正当化を図っている点にこそある。

そう、ここで大事なのは「安全な痛み」に回収されてしまう「自己反省」以外の回路を用いるか、それとも「安全な痛み」でしかあり得ないことを受け止め、試行錯誤しながら対象にアクセスしていくか、という態度の差なのだ。逆に、「ほんとうに痛い」ものが成立するとしたら、決して当事者にはなり得ない、共感の不可能性のようなものをどう織り込んでいくか、という点に焦点は絞られる。つまりは、丸山眞男「復初の説」に対する江藤淳の批判のような「当事者性の問題」への意識こそが、「安全に痛い」ものでしかあり得ないものへのアプローチを決定するのだ。

こうして考えてみたとき、先に挙げた「安全に痛い」昭和ノスタルジー作品を一定の評価軸のもとに並べ替えることができる。たとえば宮台真司が批判した『フラガール』には、ほぼ『ALWAYS』と同質の「安全に痛い」自己反省回路が認められる。

対して、井筒和幸監督の『パッチギ！』シリーズは、二〇〇五年公開の第一作では、在日朝鮮人の少女に恋する日本人高校生を主人公に、この当事者性の問題（「安全に痛い」問題）が主題として扱われているが、二〇〇七年公開の続篇ではこの視点は消滅し、端的に言ってしまえば差別の悲劇と反戦を訴える淡白な左翼映画になってしまっている（無論、この構造は「安全に痛い」自己反省によって再強化されている)。

やや特殊な位置にあるのが、こうの史代『夕凪の街　桜の国』だろう。同作は被爆二世という「非当事者のようでそうではない」存在(「安全に痛い」ようでそうではない存在)を通して、歴史が「安全に痛い」ものになっていく過程を両義的に描いた作品だと言える。どこまでが当事者で「ほんとうの痛み」か「安全な痛み」かわからない——そんな試行錯誤の中から倫理を立ち上げようと手を伸ばす態度は、類作にはない深みを作品にもたらしている。

私たちが「歴史」について考えるとき、それは究極的には「安全に痛い」ものでしかあり得ない。仮にその距離を埋めるためにイラクに飛び、歴史的な差別の現場に足を運ぶ行為を私は否定しないが、そこで得られるのはまったく別のリアリティであり、当事者としての「ほんとうの痛み」ではあり得ない。この回路に開き直ることができれば、私たちは「安全に痛い」昭和に思考停止し、安心して泣くことができるだろう。だがその「安全な痛み」から倫理を立ち上げようと考えたとき、私たちは終わりのない試行錯誤を要求されるのだ。

だが、そんな当事者性への自覚もまた、(必然的に「安全に痛い」ものに回収されうる)自己反省という回路のバリエーションにすぎない、とも考えられる。私たちはやはり、必然的に「安全に痛い」ものに転化する自己反省そのものが機能しないという現実を受け入れ、その上でどう対象への距離を測り、倫理を考えていくか、が重要なのだ。

4. もはや（「自己反省」の機能する）「戦後」ではない

評論家・編集者の大塚英志は国内においてこの問題にもっとも果敢に挑み、その困難を引き受けている存在のひとりだ。大塚の議論はシンプルで、それだけに強固でありまた弱点も明白だ。大塚は自らを民主主義者と規定し、「おたく」文化の擁護者だと規定する。なぜ現代において広く普及する「オタク」ではなく八〇年代に使用されることの多かった「おたく」という表記なのか。それは大塚が戦後民主主義、とりわけ憲法九条の精神とオタク系文化を、同じ回路で倫理と強度を獲得しているものだと理解しているからだ。

かつてGHQ総司令ダグラス・マッカーサーは戦後日本を「十二歳の少年」と評した。マッカーサーのこの発言はサンフランシスコ体制下における戦後日本の政治的・文化的空間の比喩として現在に至るも使用され続けている。それは未成熟な「十二歳の少年」が、戦後日本がアメリカの核の傘に入り、他国の戦争によって未曾有の成長と繁栄と平和を享受しながらも責任主体であることから逃れられている状態の比喩として適合したためである。

この「十二歳の少年」であることを捨てて「普通の国」に「成熟」すべきだと説けば再軍備を説く保守派の主張となり、この「十二歳の少年」に留まることこそが倫理的な態度なのだと説けば戦後民主主義者の主張になる。

だが、この両者は一見対立しているようで実はまったく同一の回路で成立している。前者は「あえて」偽悪を引き受けて成熟することこそが倫理と強度を生むという立場であり、後者は「あえて」偽善を引き受けて成熟を忌避することこそが倫理と強度を生む、とする立場である。実はどちらも「自己反省」を経た「倫理」と「強度」の獲得という回路によって成立している。

大塚英志がオタク系文化を「おたく」と（まだ「戦後」である）八〇年代風に表現するのは、それが後者、つまり戦後民主主義的なものだと考えるからだ。「あえて」成熟を忌避する戦後民主主義的回路こそが、おたく＝オタク系文化の倫理と強度を保証する――それが大塚の構図だ。大塚は成熟忌避を引き受ける態度こそが成熟であるというねじれた主張を展開し、伊藤剛などの批判を浴びているが、この点についてはむしろレトリック上の問題であり、その態度は非常に一貫している。大塚英志は「成熟忌避という成熟」という倫理を保持するために戦後民主主義を擁護し、「おたく」を擁護するのだ。この論理構成はシンプルで、極めて強固である。ただ一点、もはや「戦後」ではない、という決定的な現実との乖離を除けば。

そう、当然ながら二一世紀の現在は、「もはや戦後ではない」。どれだけ長く見積もっても、冷戦が終結した九〇年代以降は従来のサンフランシスコ体制がもたらす意味は決定的に変化していると言わざるを得ない。「あえて」偽善を引き受けて「十二歳の少年」に留まることも、「あえて」偽悪を引き受けて「十二歳の少年」から脱却することも、もはやどちらも成立しない。なぜならば「十二歳の少年」とはいたって政治的に醸成された空間であり、そんなものはこの半世紀で、特に冷戦終結によって決定的に破壊されて久しいからだ。そして、グローバリゼーションとはそんな国家を擬似人格とみなせるような「大きな物語」の機能を無意味化する現象のことに他ならない。

繰り返そう、もはや公共性が個人の生を意味づけることはあり得ない。したがって「成熟」を「大きな物語」が規定すること自体があり得ない。「十二歳の少年」という回路自体が、それを肯定するか否定するか以前に「消滅」してしまっているのだ。「自己反省」が機能するためには、近代的な――近年の国内においては戦後的な――「大きな物語」が自己反省の機能を保証しなければならない。しかし――あまりにも当たり前のことだが――もはや「戦後」ではないのだ。

こうして考えてみたときに、ゼロ年代における物語回帰の代表的なものとして、昭和ノスタルジアと、セカイ系的レイプ・ファンタジーが完全に同一の回路を通じて出現したことにはある種の必然がある。どちらも、近代的な――近視眼的には「戦後」的な――「自己反省」を通じた倫理と強度を獲得するという構造を孕んでおり、大きな物語の失効の、ある種のアレルギー反応としてこれらの回帰現象は噴出したのだ。

5.「安全に痛い」自己反省を超えて

では現代を生きる私たちは、「安全に痛い」自己反省による無自覚な決断主義の完成という回路をどう回避すればよいのだろうか。

ここでは映画監督・犬童一心と脚本家・渡辺あやのコンビを例に考えてみよう。ふたりのコンビによる第一作『ジョゼと虎と魚たち』(二〇〇三)は田辺聖子の同名原作の劇場映画版で、車椅子の少女・ジョゼと大学生・恒夫の同棲生活を描いたラブストーリーだ。ことこの映画版においては、ジョゼが被差別部落を出自にもつことが暗に示され、被差別者とその保護者の恋愛(まるでセカイ系ポルノゲームの設定である)という要素が強調されている。

物語は結局、恒夫が被差別者と生きる覚悟がつかずに彼女を捨て、ジョゼはひとりで生きていくという結末を迎える。さすがに自己反省パフォーマンスによる弱者少女の「所有」正当化という回路こそ採用されていないが、やはり本作も広い意味では『AIR』のバリエーションのひとつと言えるだろう。本作は田辺聖子の原作が持つ「ほんとうの痛み」を「安全な痛み」に脱臭してしまった作品と捉えることができる。もちろん、これを宮台真司の『フラガール』批判の文脈で批判することはたやすい。

ただ、結末でこれみよがしに泣き崩れる恒夫の一方で、淡々とひとり強く生きていくジョゼの姿を描いた本作は、やや変わった位置づけが可能だろう。差別者の自己反省パフォーマンスではなく、被差別者の強さ（寛容さ）に可能性を見出すという態度は、ある意味では非倫理的である。しかし、恒夫的（『ＡＩＲ』的）自己反省パフォーマンスに対するオルタナティブを提示するという方法で、同作はセカイ系的に閉じてしまいがちな題材を開いて終えることに成功しているのだ。ただ、被差別者に「許してもらう」ことでレイプ・ファンタジー的回路が再強化されている側面は確実に存在する。

そして犬童・渡辺コンビの第二作『メゾン・ド・ヒミコ』（二〇〇五）は、明確にこの『ジョゼと虎と魚たち』の延長線上に存在する作品である。物語の舞台はゲイのための老人ホーム『メゾン・ド・ヒミコ』。ヒロインの沙織はその経営者・卑弥呼の生き別れになった娘であり、死の床についた父との再会をきっかけにそこで暮らすゲイたちと触れ合うようになる。

本作では『ジョゼと虎と魚たち』以上に、最初から完全に差別者を受け入れる被差別者の強さ・寛容さが可能性として描かれている。この非倫理的な態度はショッキングに映るかもしれないが、本作が特異な位置にあるのは、同時に『ジョゼと虎と魚たち』的（セカイ系的）レイプ・ファンタジーが、私の言葉で言えばポスト決断主義的な共同体によって解除されている点である。

ヒロインの沙織はいわゆる現代的な疎外感の持ち主として描かれ、「モノはあっても物語のない」時代を死んだ魚のように生きている。そしてそんな彼女を回復させるのは、被差別者を「所有」するというセカイ系的なレイプ・ファンタジー……ではない。そういった「所有」的な恋愛とは対極にある、網状の、ゆるやかなつながりをもつ共同体なのだ。これは同作の設定を考えれば極めて自覚的に設けられた構造であることがすぐにわかる。かんたんな話だ、ゲイたちの老人ホームであるメゾン・ド・ヒミコに、若い女性である沙織は恋愛対象としてカウントされない。相手役といえる春彦はむしろ沙織の父・卑弥呼の愛人であり、沙織とのセックスに失敗するシーンまで用意されている。もしここで沙織が春彦とセックスしてしまったら、本作はまさにセカイ系的なレイプ・ファンタジー以外の何物でもないだろう。つまり、メゾン・ド・ヒミコにおいて沙織は絶対に「所有」できないし、されない存在であり、だからこそメゾン・ド・ヒミコの共同性は沙織を回復しうる、という構造になっているのだ。

物語はメゾン・ド・ヒミコが既に経済的に破綻しており、この共同体の運命が決して長くはないことが暗示されながら、静かに終わっていく。だが、宮藤官九郎や木皿泉の描く世界がそうであるように、この共同性はきちんと終わるからこそ、「終わりのある日常」だからこそ、セカイ系的なレイプ・ファンタジーに陥ることなく、人を支えうるのだ。

第十四章

「青春」はどこに存在するか——
「ブルーハーツ」から「パーランマウム」へ

1．なぜ「学園」を回顧するのか？

前章は昭和ノスタルジーブームを取り扱ったわけだが、今回はゼロ年代日本映画を代表するもうひとつの潮流、「学園青春」ブームについて考えてみたい。

周知の通り、このブームは二〇〇一年公開の矢口史靖監督『ウォーターボーイズ』のヒットに起因している。小規模の劇場公開でスタートした本作は、ロコミで徐々に人気が広まり、ドラマ版の制作等のメディアミックス展開を含めてゼロ年代の日本映画ブームの火付け役として機能した作品であり、そのために多くの類似企画を生み続けている。矢口自身による『スウィングガールズ』（二〇〇四）を筆頭に、『恋は五・七・五！』（二〇〇五）などがその代表例だろう。『フラガール』（二〇〇六）も部分的にだがそのエッセンスを引き継いでいると言える。

これらの映画はいずれも、（一）広義のクラブ活動を舞台とし、（二）成績など社会的な達成は重視されず、（三）むしろ過程での連帯感が達成感につながるというフォーマットが共通している。年に一度はこの「矢ロフォーマット」で製作された青春映画が公開されており、今年（二〇〇八）も『うた魂♪』『ブラブラバンバン』が公開されている。文芸評論家の小谷野敦など、この類似企画の頻発に難色を示す批評家も少なくないが、『スウィングガールズ』『フラガール』はいずれも公開年を代表するヒット作品であり根強い支持を受け続けている。そこで、ここではむしろこの矢ロフォーマットが根強い支持を集めるその理由について考えてみたい。

学園とはこの島宇宙化の時代に残された数少ない共通体験である。そのため、ゼロ年代においてはこの島宇宙ごとに形成されるローカルなナルシシズムと、その正当化のためにグローバルな次元で繰り広げられる他の島宇宙との闘争（決断主義的バトルロワイヤル）の舞台は、しばしば「学園」に設定された。学園とは、言ってみれば単一のアーキテクチャーの上で異なる価値観を有するコミュニティ同士が衝突する、決断主義的動員ゲーム＝バトルロワイヤル的な現代社会のモデルがコンパクトにまとめられた縮図なのだ。

では『ウォーターボーイズ』はこれまでの「学園青春もの」とどこが違うのだろうか。この映画の内容は、あえて紹介するまでもない。実在の男子校である埼玉県立川越高校の水泳部では、八〇年代半ばから「男子のみの」シンクロナイズドスイミングが文化祭の演目として存在し、同作はこの高校のエピソードに着想を得て製作された映画である。物語は主役の男子高校生たちが、さまざまな困難を乗り越えながらこのユニークな企画を実現するまでがコミカルに描かれている。

ここでのポイントは端的に言ってしまえば、そこに描かれる「青春の美しさ」が、「成功」や「社会的意義」といった「意味」に支えられていない点だ。矢口作品において重要視されるのは常に結果ではなく過程である。「全国大会で優勝すること」でもなければ、「(思春期ならではの特権的な)大恋愛をすること」でもない。むしろそういった特別な意味(社会に保証された「価値のあること」)がそぎ落とされたからこそ浮かび上がる、連帯することと自体の持つ楽しさ、演技や演奏そのもののもつ楽しさが強調されているのだ(昭和ノスタルジー系と、矢口フォーマットの融合である『フラガール』には、半分「町おこし」という社会的な意味が付与されている)。

ではなぜ、青春から「意味」はそぎ落とされなければならなかったのか? それが本章のテーマである。この「青春」というテーマが、とりわけこの矢口的「青春」観は、ゼロ年代の日本映画ブームに収まらない大きな射程をもつ問題に他ならないと考えるからだ。

2．滝本竜彦はなぜ「引きこもった」のか

これまでの復習からはじめよう。社会の流動性が高まると、「何が正しいのか・価値があるのか」わからなくなる。国内では、一九九五年前後の社会像の変化がこの流れを大きく後

押ししたために、九〇年代後半には「世の中がわかりにくいので、何もしない（引きこもる）」という社会的自己実現への信頼低下が支配的になった。その結果出現したのが、繰り返し述べるように九〇年代後半の幻冬舎文学的な想像力であり、その（アニメ『新世紀エヴァンゲリオン』を経由した）継承者としての滝本竜彦の小説や、いわゆる「セカイ系」の作品群である。

『ウォーターボーイズ』のブームの真っ最中である二〇〇二年に発表された滝本竜彦『NHKにようこそ！』は、前記の九〇年代後半的な厭世観を端的に表した格好のサンプルだと言える。主人公の佐藤青年は、まさに「何をやっていいのかわからなくなるので、何もしない（引きこもる）」という、九〇年代後半的な厭世観によって大学を中退した、引きこもり青年だ。そしてそんな彼の厭世観は、「自分より弱い」美少女（精神的外傷をもつ「岬ちゃん」）に無条件に必要とされることで埋められていく。同作は男性ユーザーに「確実に価値のあること」＝生きる意味をもたらすために、障害や精神的外傷をもつ女性を性的に所有する（無条件に必要とされる）というある種のレイプ・ファンタジー的な構造を持ち、そのために本作は「弱めの肉食恐竜」とも言うべき文化系マッチョイストたちの強い支持を受けた。

この歪んだ（セカイ系的）マッチョイズムの背景に存在するものは、ある種の責任転嫁的なナルシシズムである。滝本竜彦の描く主人公たちは世の中がロマンを与えてくれないことにいじけ、そのため自分より弱い少女を所有することに超越性を見出すことになる。無論、この超越性とは決断主義的に選択されたローカルなナルシシズムにすぎない。この（前提としての）セカイ系から（その出力としての）決断主義への回路が孕む暴力をどう解除するかが本書のテーマなのだが、その回答は、すでに第七章から十二章にかけて述べた。

　滝本竜彦の描く主人公たちが絶望するのは、ある種の「モノはあっても物語のない」郊外的な空間である。だが、この「郊外的な」空間はほんとうに絶望的なものなのだろうか？「郊外的な」現代社会は自由と引き換えに「おもしろさ」や「生きる意味」や「承認欲求」、つまりロマンや物語を自前で調達しなければならない。国家も歴史も社会も与えてはくれないからだ。だがこれは不幸な世の中を意味するだろうか。私はそうは思わない。確かに世界は「冷たく」なったかもしれないが、そのかわり「自由に」なっている。佐藤青年のような「与えられたロマンを全うする」古いタイプの人間には生きづらい世の中かもしれないが、逆に「自分で立ち上げる」新しいタイプの人間には非常に生きやすい世の中である。そういう意味では、世界は変化しているだけで、トータルでは良くも悪くもなっていないと考えることができるのだ（個人的には良くなっていると思うが）。

　そして現代とは、第七章で取り上げた『木更津キャッツアイ』や『下妻物語』といった優れた郊外小説が描くように、自分から手を伸ばせば、日常の中から未だかつてなく自由に物語を摑み取ることができる世の中なのだ。ロマンは、むしろ日常の中にこそ存在する──宮藤官九郎、木皿泉、よしながふみ──鈍感で視野の狭い自称「批評家」たちが取り上げないだけで、ゼロ年代の多くの想像力がすでにそのことを示している。

　矢口史靖作品はなぜ、青春映画の新しいスタンダードになり得たのか。そして、滝本竜彦作品の主人公たちはなぜ引きこもり、歪んだマッチョイズムにまみれたレイプ・ファンタジーを夢想するのか。答えはすでに明らかだろう。矢口作品は滝本作品には完全に抜け落ちている、この郊外的な空間で繰り広げられる日常の「中」からロマンを汲み取るという態度を前提として成立しているからだ。そのため、矢口的「青春」像には特別な「意味」が求められない。ただ、つながり、楽しむだけでいい——そんな端的な祝福が世界を彩るのだ。

だが、話はここで終わらない。たとえば十七歳の私がここまで読み進めたらきっと憤慨したことだろう。何を言っているのだ、そんな意味のないつながりなどで自分は満たされるものか、と。自分はそんな日常なんて回路に回収されるつまらない人間ではないのだ、と自らに言い聞かせることで年相応に勘違いで膨れ上がったプライドを満たそうとしたに違いないのだ。だが、あと八ヶ月で二十代を終えようとしている私は、残念ながらこの少年らしい鼻息をかわいらしいものとして愛することはできても、手放しで肯定することはできない。だから、十七歳の自分に逆にこう問いかけるようにしようと思う。君が求めているものは本当に、日常の外側にしかないものなのか、と。ロマンの在り処は、本当はどこなのか、と。

3．涼宮ハルヒの憂鬱——「セカイ系」の臨界点

谷川流のライトノベルシリーズ『涼宮ハルヒの憂鬱』は二〇〇三年にシリーズ第一巻が発

表され、ゼロ年代のライトノベルブームを代表するヒット作となった。また二〇〇六年には、テレビアニメ版がスマッシュヒット作品となり、続篇も企画されている。

そして本作は、このロマンの在り処と青春をめぐる問題を考える上で、おそらくはもっとも重要な作品である。なぜならば本作は、まさに「古い〈青春〉観」と「新しい〈青春〉観」の間の橋渡し的な内容をもつ作品に他ならないからだ。このことを説明するには本作の複雑な、そして過剰防衛的な設定を解説しなければならない。

物語の舞台はとある普通科高校である。そこで語り手の男子高校生・キョンは、孤独な少女・ハルヒと出会う。ハルヒはいわゆるオカルトかぶれの「不思議ちゃん」である。高校入学当日、初対面のクラスメートの前で、「ただの人間には興味がありません。この中に宇宙人、未来人、異世界人、超能力者がいたら、あたしのところへ来なさい。以上」と宣言してしまうような少女だ。そのためまったく友人ができないハルヒに興味を抱き、唯一話しかけたキョンは好意を抱かれ（！）、強引に彼女が創設したクラブ「SOS団（世界を大いに盛り上げるための涼宮ハルヒの団）」のメンバーに指名される。その後、ハルヒが同じように獲得してきた数名のメンバーを交え、キョンたちは宇宙人の召喚をはじめとするさまざまなオカルト活動を行うことになる。当然、実際に宇宙人や未来人とハルヒが遭遇することはなく、SOS団の活動は事実上、草野球や自主映画制作、離島での夏合宿などありふれた大学イベントサークルのようなものになっていく。

だが、ここで作者はもう一段巧妙な仕掛けを施している。キョン以外のメンバーは一介の高校生を装っているが、実のところそれぞれ宇宙人や未来人や超能力者であることが物語の序盤で判明する。さらにハルヒは、本人にその自覚はないが願望どおりに世界を作り変えるほとんど「神」に近い超越的な能力の持ち主であり、SOS団メンバーはそれぞれの組織の意思に従ってハルヒを監視しているのだ。だが当のハルヒは、自分が宇宙人たちに接していることにも自らの能力にもまったく気づかずに、青春を謳歌していく。

本作は狭義のセカイ系（レイプ・ファンタジー系）の一種の最終形態と言っていい。弱めの肉食恐竜たちのマチズモ＝「自分より弱い女の子への所有欲」を、彼らの肥大したプライドを傷つけないように満たすため極めて周到な構造が提供されているのだ。解説しよう。本作の最大のポイントは、「神」に等しい力を持つヒロイン・ハルヒが、世界のほとんどを「つまらない」ものと切り捨てているにもかかわらず、消費者視点の男性キャラクター＝キョンだけを無条件に必要とすること、それも少女じみた無自覚で他愛もない恋心として描かれている点だ。こうして、ハルヒのキョンへの恋心は超越性として消費される。むろん、この「超越性」の正体とは前述のマチズモに他ならない。だがこの暴力的な構造は極めて周到に隠蔽されている。たとえば『NHKにようこそ！』や『AIR』での「障害や精神的外傷をもつ女の子」＝「直接的に〈弱さ〉の記号にまみれた少女」は、ハルヒという「強がっているが実は孤独で寂しい不思議ちゃん」に変換されることで、表面上の隠蔽が図られている（が、本質的には違いはない）。また、本作においては、一見、「不思議ちゃん」のハルヒによって語り手（ユーザー視点のキャラクター）のキョンが振りまわされる、という構造を取っているが、よくよく考えてみればシリーズ第四作『涼宮ハルヒの消失』で語り手のキョン自身が自ら告白するように、「その不思議ちゃんの心の拠り所として必要とされている」ことで、マッチョな所有欲を満たすことなしには生きられないのはむしろキョン（読者）のほうに他ならない。つまり、本作は「セカイ系的な世界観に生きる少女を所有するセカイ系（メタセカイ系）」という形式を取ることにより、『NHKにようこそ！』や『AIR』では露骨に出現していたマチズモが迂回路を取って消費者に備給されているのだ。島宇宙化の時代、ローカルなナルシシズムは安全に痛い自己反省（ごっこ）を経ることで再強化される性質を持つことは前章で指摘したとおりだが、そういった意味で本作は何重にも迂回することで強化されつくしたセカイ系の臨界点だと言える。

4.「脱セカイ系」としてのハルヒ

ところが、『涼宮ハルヒの憂鬱』はこれだけで済ませられる作品ではない。おそらく「セカイ系の臨界点（メタセカイ系）」としてのハルヒ解釈は、その魅力の半分しか伝えていないだろう。ではその「残り半分」とはなんだろうか？

結論から言ってしまえば、本作がセカイ系の臨界点として九〇年代後半的な厭世観をもつ消費者のマッチョな所有欲を満たすサプリメントであると同時に、いや、それであるがゆえにそんなルサンチマンを中和し、矢口史靖的な等身大の自己実現の祝福へと接続していく想像力でもあるからだ。そう、本作の残り半分の魅力とは「脱セカイ系」としての可能性である。

突然だが、根本的な疑問として、ハルヒが求めているのは、本当に宇宙人や未来人や超能力者といった「非日常」なのだろうか。もちろん、答えは「否」である。本作でハルヒを満たしているものは、そして消費者たちの願望を擬似的に充足するものは、むしろ部活仲間との草野球や夏合宿などのありふれた青春であり、矢口史靖的な「日常の中のロマン」としての「青春」像である。

イソップ童話の「酸っぱい葡萄」を引用すればわかりやすいだろう。高所になる熟れた葡萄に憧れる狐が、自分の実力ではその実に手が届かないと悟った瞬間「あの葡萄は酸っぱいに決まっている」「だから自分は欲しくもなんともない」のだと主張をはじめる——。この寓話は『涼宮ハルヒの憂鬱』の本質をほぼ完璧に表している。

ハルヒが求めているのは実のところ、日常に内在するロマンである。草野球や夏合宿で気持ちよく汗をかくことであり、同級生への少女じみた関心である。にもかかわらず、ハルヒは（おそらくは肥大したプライドのために）それを認めることができず、自分の求めるものは日常の中にはないのだと自分に言い聞かせるように主張しているのだ。そして、この「酸っぱい葡萄」的な構造が、多くの消費者の共感を呼んだことは想像に難くない。日常の中のロマンを欲していながらも、それを素直に認められない――コミュニケーションスキルが低い十代、二十代が陥りがちな天邪鬼な態度である。本作は、言ってみれば『ハチミツとクローバー』のような等身大の学園青春が欲しいと素直に言えない人のための、自転車の補助輪のような優しい作品だ。前述のような迂回路を取らなければ、素直に「クラブのみんなと草野球」「学園祭のステージで熱唱」をすることへの憧れを受け入れられないヒロイン、そして僻みと劣等感が邪魔して素直になれない消費者たちのために、過剰防衛にすら見える言い訳を重ねてくれている作品なのだ。

実際問題、「日常の中にロマンなんかない」と言いたがる人たちは、ロマンティストでもなんでもない。いったいいつの間に、ロマンティストとは責任転嫁的ナルシストと同義になったのだろうか。

涼宮ハルヒの抱える「憂鬱」の正体とは何か。それは、未来人も宇宙人も超能力者も（つまりロマンが）存在しないこの「つまらない世の中（日常）」がもたらす憂鬱ではない。未来人も宇宙人も超能力者もいる（ロマンがたしかに存在する）この日常の豊かさに、肥大した自意識とプライドが邪魔して気づくことができないハルヒ自身の不器用さがもたらした「憂鬱」なのだ。つまらないのは、日常世界ではなく、その豊かさを引き出すことのできないハルヒ自身の肥大したプライドなのだ。だが、物語の中でハルヒは少しずつ気づきはじめている。草野球や夏合宿や文化祭のステージが、未来人や宇宙人や超能力者との出会いと同じくらい、いや、それ以上に自分にとって素晴らしいものであるということを。

たとえば、シリーズ第六作の短篇集に収録され、アニメ版第十二話で放映された「ライブアライブ」で、偶然、学園祭のステージで歌うことになったハルヒは、予想外の好評に戸惑いを覚えることになる。これまで、学園祭に象徴される等身大の日常の中にあるロマンを否定し、自分を満足させうるものは日常の中には存在しないと豪語して（自分に無理矢理言い聞かせて）いたハルヒにとって、その充実感は自らの「酸っぱい葡萄」的な憧れの自覚を促すものとして作用したのだ。

むろん、同シリーズはいまだ継続中のものであり、本作がこのように「酸っぱい葡萄」構造を自覚し、日常の中のロマンに気づいていくという経緯をたどるかどうかは不明である。だが、ここで私が主張したいのは、おそらくは消費者を気持ちよくさせるための周到な仕掛けだったであろう一連のメタセカイ系的、「酸っぱい葡萄」的な過剰防衛が、逆説的に日常の中のロマンという、ハルヒの（そして想定される消費者たちの）内なる真の欲望の存在を結果的に浮き彫りにしているということなのだ。

5．『ハルヒ』的ルサンチマンから『らき☆すた』的排除型社会へ

こうして考えてみたときに、『涼宮ハルヒの憂鬱』テレビアニメ版のスタッフが引き続き手がけ、二〇〇七年にスマッシュヒットした『らき☆すた』の消費傾向は大変興味深い。美水かがみの同名四コマ漫画を原作にもつ本作は、第十一章で紹介したあずまきよひこ『あずまんが大王』の流れを汲む作品であり、女子高生たちの他愛もない日常の馬鹿馬鹿しいやりとりがマニアックな小ネタをちりばめながら描かれる（インターネットでは「空気系」と呼ばれる作品群に位置する）。

これら「空気系」の作品においては、『ハルヒ』に比べて前述のルサンチマンをフックにした過剰防衛的な動員は施されていない。代わりにそこに存在する唯一の仕掛けは対象となる消費者の性癖にあわせてカスタマイズされた「萌えキャラ」という狭さである。

第二章で述べたように、これはキャラクターという回路、データベース消費という形態が生み出す排除型コミュニティの「狭さ」である。消費者の所有欲を喚起するために設定された「萌え」キャラクター以外が背景のように描かれる狭さ（暴力）は、『ハルヒ』では物語レベルで描かれるルサンチマンによって計られていた女性差別的な回路による全能感の確保が、『らき☆すた』では表現レベルでの最適化によって計られていることを示している。

だが、これは同時に『らき☆すた』が『ハルヒ』のような「酸っぱい葡萄」的な言い訳を相対的に必要としていないことを意味する。学園祭の華やかなステージに「ケッ」と酸っぱい葡萄反応をすることによって消費者の共感を確保するのが『ハルヒ』なら、素直に憧れ、より直接的な代償行為として消費されているのが『らき☆すた』である。比喩的に言えばセカイ系から空気系の流れは、オタク系文化が矢口史靖的「青春」観を、少しずつだが取り入れはじめていることを示しているのだ。(1)

『らき☆すた』の特徴は内容よりもその消費形態にある。二〇〇七年に決定的に普及した「ニコニコ動画」などの動画共有サイトには、ファンたちの手による(二次)創作動画の素材として、同作のキャラクターが普及しその人気の源泉となった。『らき☆すた』は作品レベルでも、消費レベルでも、(成熟忌避的なルサンチマンに裏付けられた)物語に「拠らない」回路を志向している作品なのだ。

ただ、「空気系」の作品群が描く世界は、現時点では男性ユーザーの「所有」欲が保証される範囲で祝福される日常性でしかない。第二章で論じたように、特定のキャラクターへの承認をメンバーシップの条件とした空間は「誤配」のない再帰的な共同性の中でローカルなナルシシズムが確保される空間であり、「萌え」サプリメントの効率的な摂取のための箱庭にすぎない。

『らき☆すた』が、脱物語化の可能性を切り開いたその一方で、(決断主義的に)完全に棲み分けられ、閉鎖された箱庭の中で、安心してレイプ・ファンタジーを消費できる空間の「完成」を志向していたことは、しっかりと付記しておきたい。決断主義的動員ゲーム＝バトルロワイヤルでは、各々の島宇宙をメタ視点から動員する強者(夜神やルルーシュ)のレベルでは動員ゲームとして表出し、彼らに動員される弱者(キラ信者や「つくる会」や「ニート論壇」の支持者）のレベルではセクショナリズムによって安定したローカルなナルシシズムの楽園として出現するのだ。

こういった決断主義の生む「誤配のない再帰的共同性」の閉塞（と暴力）を乗り越えることを志向する作品が、第七章から九章にかけて紹介した宮藤官九郎や木皿泉、あるいはよしながふみの挑戦であったことは、ここで改めて強調しておきたい(2)。

6. 「ブルーハーツ」から「パーランマウム」へ

矢口史靖と「空気系」に象徴されるゼロ年代の想像力が描いた「学園」と「青春」は、他人（社会、歴史）の与えるロマンから、日常の中に存在するロマンを自分で摑み取るというスタイルへの変化として現れている。同時に、この流れはある種の脱・物語化の流れを伴って、現在にいたるも進行中であると言える。

そして、一連の流れを象徴する作品として私が最後に挙げたいのが、山下敦弘監督による劇場映画『リンダ リンダ リンダ』（二〇〇五）である。

『リンダ リンダ リンダ』は当時日本映画界を早くも席巻しつつあった矢口史靖的なものへの、ある種の批評的な視点で構成された映画だと言える。内容は紹介するほどのことでもない。とある高校の学園祭を舞台に、なりゆきでブルーハーツのコピーバンド（ボーカルが韓国人留学生であることから、韓国語で「青い心」の意の「パーランマウム」と命名される）を急遽結成することになった四人の女子生徒の練習過程を淡々と描いただけの作品であり、ストーリーはほぼ存在しない。そう、そこには矢口史靖がサービス精神旺盛に盛り込む、ドラマチックな仕掛け（周囲の大人たちとの対立、組織上の困難、資金難など）すらまったく存在しない。パーランマウムを襲うトラブルはあくまで日常の範疇におさまるありふれたものばかりであり、ここに挙げられるようなものはまったくないのだ。

しかし、本作が起伏に乏しい冗長な作品かというとまったくそんなことはない。そこに描かれている他愛もないやりとりの数々は、学校という場に所属していたものなら誰もが目撃した類のものであり、それが特別なものでないからこそ、魅力的に映る。そう、本作は矢口史靖の方向性を、より徹底させることで昇華した作品なのだ。本当に日常の中にロマンが存在するのなら、矢口的なドラマチックな「物語」すらいらないはずだ――そんな確信が画面の随所に現れている。

たとえば、こんなシーンがある。パーランマウムのメンバーが所属する軽音楽部の顧問を務める教師が、生徒に励ましの言葉をかけようとする。教師は、自分が生徒だったころどんな思いを抱いていたか、そして今、教師として彼女たちの姿を見てどう思うか――そんな思いを口にしようとするが、モゴモゴとしているうちに「先生、もう行ってもいいですか？」と生徒に話を打ち切られてしまう。そう、余計な（矢口的な）説教（物語）なんていらない、青春はただそこにあるだけで美しいのだ――そんなスタッフの態度が伝わってくる名シーンだ。

そして何より本作の「青春」観を象徴するのは、ブルーハーツの楽曲に対するスタンスだろう。ある種のバブル（的な文化）への批判、ルサンチマンを原動力にして「すべてのクズどものために」唄ってきたブルーハーツというバンドは、バブル批判というモチーフが時代とともに廃れても、ある種のカウンターカルチャー幻想の拠り所として「マジョリティになじめない自分」「うまくやれない自分」だけど、だからこそ真正なものにたどり着けるのだ、という文脈で現在に至るまで愛されてきた。

だが、本作に登場するブルーハーツからはこういったカウンターカルチャー的な「意味」は徹底して剝奪されている。パーランマウムの四人がブルーハーツのナンバーを演奏するのは、別に「自分たちは世の中の流れに乗れないけれど、その分真実が見えている」といった逆差別的ナルシシズムを抱いているからではない。仮にそうなら、ペ・ドゥナ演じるボーカルの韓国人留学生・ソンには異国の地に暮らす疎外感を訴えるエピソードが配置されただろうし、他のメンバーにもそれぞれ疎外感やコンプレックスがブルーハーツを歌う「理由」として配置されたはずだ。しかし、この映画はそういったものを一切排除することで成立している。もはや「意味」をもたない「懐メロ」として、ブルーハーツを「端的に、気持ちのいいもの」として歌い上げるのだ。

九〇年代ロックの展開を考えるとわかりやすいが、先進国ではカウンターカルチャーという立場はどんどん成立しづらくなっている。かんたんに言えば、ポストモダン状況が進行すればするほど、カウンターする対象＝「確固たる世間一般の価値」というものが成立しづらくなり、メジャー不在の時代が訪れる。そうなると、マイナーな島宇宙同士が乱立する状況（決断主義的バトルロワイヤル）が生まれ、反抗したいのに反抗するものがなくなってしまう。つまりこの十数年で、『ブルーハーツ』的な「俺たちは世間の流れに乗れないけど、その分真実が見えている」というナルシシズムは、その仮想敵だった「世間」のあり方が「ひとつの大きな世間」から「小さな世間の乱立」に移行した結果、成立しなくなったのだ。もはや、ギターを片手に「世間に流されていないんだぞ、俺たちは」って息巻いても「それはお前たちの世間が他の世間を疎んでいるだけ」としか思われなくなってしまったのだ。

ブルーハーツはバンドブームの先駆けになった存在であり、彼らが出てきたバブル期は「大きな物語がない、という擬似的な大きな物語」が辛うじて機能していた時代だった（「消費社会シニシズムへのカウンター」という立場があり得た）。だが、再三述べてきたように、現在は「風穴を開けたくても、壁が存在しない」時代なのだ。その結果、この映画で歌われるのは端的な祝福としての（脱臭された）ブルーハーツなのだ。この「ブルーハーツからパーランマウムへ」の移行は、まさにゼロ年代の想像力の流れの一面を、端的に表現していると言えるだろう。そしてカウンターカルチャー的な回路を完全に採用しない＝『らき☆すた』に見られた決断主義的なローカルなナルシシズムすら採用しない、というこの徹底した態度は圧倒的にラディカルである。

皮肉な話だが、先述のハルヒが文化祭のステージで歌い、等身大の日常の中のロマンの存在に気づき、戸惑う『涼宮ハルヒの憂鬱』テレビアニメ版第十二話は、この『リンダ リンダ リンダ』へのオマージュとして制作されている。おそらくは、スタッフは意図していなかっただろうが、このエピソードはハルヒがまさに「ブルーハーツからパーランマウムへ」の長い道の途中に立っていることを示している。

同話のステージでハルヒが歌ったのは、「こんな世の中でも、あなたへの愛情だけに超越を見出して生きていくわ」といった内容（大意）の、言ってみれば「セカイ系ソング」である。だが、他人（社会、歴史）にロマンを与えられるのではなく、自分で掴み取る世の中を受け入れたそのとき、彼女が歌うのはもはや責任転嫁的なナルシシズムの正当化ではあり得ないだろう。それはもしかしたら、「端的に日常を祝福する」脱臭されたブルーハーツ＝パーランマウムとしての「リンダリンダ」かもしれない。

（1）　ここには実は大きな問題が孕まれている。それは前章で述べたオタク系文化の成熟忌避的な態度と、「戦後」という政治的に醸成された空間の関係の問題である。大塚英志など、オタク系文化の強度を保っているのは成熟忌避的なルサンチマンであるという立場を取る論者は旧世代を中心に多い。たとえば大塚であれば、かつて「十二歳の少年」と揶揄された戦後日本、憲法九条というアメリカの核の傘の下に隠れた「甘え」をもつ戦後民主主義的日本は、その偽善を引き受けることで（あえて「十二歳の少年」に留まることで）倫理を発生させることができるとし、同じことが「おたく」文化にも言えるという立場を取った。つまり、大塚の言う「おたく」文化の強度とは、あえて「成熟しない」「十二歳の少年に留まること」で発生した強度なのだ、と。しかし、冷戦終結から十五年以上経った現在、この回路は本当に機能しているのだろうか？　たとえばゼロ年代になってより顕著に表出した、物語から独立してキャラクターが消費されるという（東浩紀、伊藤剛が指摘する）回路に、成熟忌避的なルサンチマンは作用しているだろうか。そこに作用しているのは、もっと端的にマッチョな所有欲とその最適化である（第二章参照）。

（2）ともにゼロ年代にデビューしたミステリー作家の米澤穂信と辻村深月は、『ハルヒ』的なルサンチマン＝日常の中のロマンに対する「酸っぱい葡萄」的なアレルギー反応を、それぞれの方法で克服することを志向している。

米澤穂信はミステリー、特に探偵小説というジャンルの構造について極めて意識的な作家である。そもそも「殺人事件を解決する」という「確実に価値のあること」を執行する権利を有した＝真正な「物語」を特権的に手にした探偵主人公への同一化によってナルシシズムを備給するという従来の探偵小説という回路は、ポストモダン状況下における物語回帰と非常に親和性が高い。

米澤穂信の小説は、こういった探偵小説の構造に対して極めて自覚的かつ批評的な理解の下に書かれている。米澤作品の探偵たちの多くが挑むのは迷宮入りの殺人事件でもなければ、世間を震撼させる猟奇殺人でもない。それはたいてい、日々の暮らしの中での無くしものや、盗難事件という「日常の謎」だ。たとえば『春期限定いちごタルト事件』（二〇〇四）にはじまる「小市民シリーズ」では小鳩くんと小山内さんという少年と少女のコンビが、学園生活の中で遭遇する他愛もない小さな事件＝日常の謎に立ち向かう。この「小市民コンビ」は、共に優れた探偵的知性の持ち主でありながらその能力を行使して目立つこと＝ドラマチックに生きることを拒否して、あくまで目立たないように「小市民」生活を慎ましく行うことを自らに定めている。しかし、小鳩は度々自らの探偵的知性による物語の獲得＝無自覚な決断主義による物語回帰の誘惑に負けその能力を行使してしまい、そんな彼の弱さが物語を駆動していくことになる。

これは言ってみれば『ＡＩＲ』『GUNSLINGER GIRL』などのセカイ系レイプ・ファンタジー的構造の変奏である。小鳩の探偵的な超越への欲望は、『ＡＩＲ』におけるマッチョイズム＝難病少女への所有欲のようなものだと思えばよい。『ＡＩＲ』におけるマッチョイズムがそうであるように、同作における小鳩の欲望は「自己反省」＝「探偵的超越性の欺瞞を自覚した上で、あえて」という回路を経て出力されることで再強化される。

この小鳩の欲望は続篇であるシリーズ第二作『夏期限定トロピカルパフェ事件』（二〇〇六）にて相棒にして、読者の「所有」欲を喚起させる美少女キャラクター＝小山内によって利用され、小鳩の超越への欲望は「表面上」小山内によって挫折させられる。

無論、小山内という小鳩を上回る超越的知性の設定は、小鳩の抱える「探偵的超越性の欺瞞を自覚した上で、あえて」という回路を再強化する。小山内という上位の存在は、小鳩に「安全に痛い」自己反省を促し、そのナルシシズムをむしろ保全する。小山内は小鳩＝消費者に「所有」される美少女キャラクターであると同時に、そのナルシシズムを「安全に」叱ってくれる「母親」である。いや、より正確には美少女キャラクターである以上、小山内の「拒絶」ならざる「叱責」は母親的な「安全な叱責」の域を出ないのだ（同様の回路は『インシテミル』［二〇〇七］など他の多くの米澤作品にも指摘できる)。

米澤は現代におけるもっとも自由で魅力的な意味の備給回路が日常の中から物語をくみ出す回路であることを正確に把握しているという点では優れた作家だが、その追究方法は自己反省で再強化されるべタな物語回帰(第十三章参照)の変奏にすぎない。小鳩は、言ってみれば「もう少しだけがんばっているハルヒ」である。

また、辻村深月は『凍りのくじら』(二〇〇五)、『スロウハイツの神様』(二〇〇七)、『名前探しの放課後』(二〇〇七)と、セカイ系⇓決断主義的な厭世観をもつ少女が、「居場所」となる共同体や人間関係を獲得することで成長する過程を描いているが、それらがいずれも強力な父性をもつ男性の庇護の下に成立している共同体であることには注意が必要だ。これらの作品ではいずれも父親的な存在が少女の成熟のために(新教養主義的に)箱庭(トリック)を仕掛け、結末でその真相が読者に提示されるという練りこまれた構成が見られるが、それらは父娘相姦的な構造によって、少女の幸福なナルシシズムの軟着陸を試みる態度だとも言える。これは荒削りながらも、現代における「成熟」の成立条件に肉薄した果敢な、そして危うい挑戦だと言える。

第十五章

脱「キャラクター」論――
ケータイ小説と「物語」の逆襲

1．ケータイ小説という「怪物」

本章では現代における物語回帰を象徴する現象として、携帯小説（ケータイ小説）の出現とその流行、そして付随するいくつかの問題について考えてみたい。

ただ、本章についてはこれまでとは違い、ケータイ小説の物語内容ではなく、その形式に注目し、一連の議論の補助線を引いてみよう。

ケータイ小説とはYoshi『Deep Love』（二〇〇二）、美嘉『恋空』（二〇〇六）などに代表される小説群で、その名の通り携帯電話での閲覧を前提にした専用ウェブサイトに掲載され、これらのサイトの中心ユーザーである若者層、特に女性を中心に絶大な支持を広げていった。

ゼロ年代半ば以降の小説市場はこれらケータイ小説に席巻されたといってよく、特に二〇〇六年から〇七年にかけては書籍販売においてもベストセラーの多くがこれら「ケータイ小説」に占められた。

だが、この爆発的な市場の開拓は従来の小説読者からの大きな反発を呼んだ。

ケータイ小説の多くは、プロットと簡単な会話による簡易な文章表現によって成り立っている。これは流通する商品の多くが、一般読者がモバイルサイトに投稿した作品であるためだ。そのため、『恋空』などベストセラーになったケータイ小説に対しては、その文章表現や展開、設定の稚拙さが主にウェブ上で不特定多数のユーザーによって攻撃対象になった。『恋空』にいたっては批判サイトのコミュニティが発生し、通信販売サイトのカスタマーレビューや、各種投票イベントなどで批判者による組織票と思われる悪戯やネガティブな投稿が相次ぎ、ほとんど「いじめ」のような様相を呈している。

たしかに『恋空』の文章表現や設定には、作者が若年であることを考慮しても稚拙な部分が目立ちすぎるきらいはあるが、ここまでバッシングが加速した背景には、文化的トライブの問題がある。

ケータイ小説の中心読者は、主に十代から二十代の女性、それも普段はあまり小説作品を読まない、比較的アッパーで活動的なタイプであり、対してインターネット、特に大量の文章投稿に適したカスタマーレビューや批判サイトの運営に向いた個人パソコンでアクセスするアクティブユーザーは、十代から三十代のオタク系男性が目立つ。前者と後者の文化的トライブは大きく異なり、互いに軽蔑しあう関係にある。前者は後者のコミュニケーション・スキルの低さを軽蔑し、後者は前者に憧れと僻《ひが》みを織り交ぜながらその軽薄さを軽蔑する、といった不毛な光景は、八〇年代以降に思春期を過ごした者であるならばたとえば学校の教室などで誰もが経験したことがあるだろう。繰り返すが、決断主義的動員ゲーム＝バトルロワイヤルはこういった私たちの日常の風景に表出しているのだ。

ケータイ小説を考えるとき、その批判活動の背景にこのような文化的トライブの問題が存在することを忘れてはならない。つまり、批判者の多くはケータイ小説を「自分たちの敵」の文化だから批判しているという側面が少なからず存在するのだ。

同様の現象は、あらゆるメディアに攻守を入れ替えて存在している。

たとえば、二〇〇八年六月に発生した秋葉原無差別殺傷事件においては容疑者の青年がオタク系文化のライトユーザーであったことから、いくつかの大手マスコミがオタク系文化の内容が直接的に容疑者に犯行を促したという短絡的な「オタク批判」を展開し、ウェブ上では半ば先制防御的にオタク系文化の消費者たちによってマスコミ批判が過熱した。

たとえば、私は本書の元になった雑誌連載でもそれ以外の媒体でも度々テレビドラマ批評を行っているが、東浩紀以降すっかりオタク系の、それもごく一部の文化圏の擁護者として振舞うことを義務づけられた感のあるサブ・カルチャー批評の世界では、どれだけその内容が優れているので評価するのだと強調しても、彼らにとっては「敵」である「ジャニーズ事務所所属の人気男性俳優が主演のテレビドラマ」を擁護することが自分たちの文化圏への敵対行為であると解釈され、公私にわたりさまざまな反発と圧力を受けている。

これらの事象で人々を支配しているのは「敵」と「味方」を徹底して区分する思考である。「～は自分たちの文化なので味方」「～は自分たちの文化ではないので敵」――データベースの海から好ましい情報だけ引き出して、同じ神を信じる人間だけで容易に棲み分けることができる現代社会、そして棲み分けられた島宇宙同士が否応なしに同一のフィールドに並べられてしまう現代社会においては、異なる神を信じる島宇宙（トライブ）同士の動員ゲーム＝バトルロワイヤルが発生するのだ。

だがそんな「敵」と「味方」の区別にこだわるのは、端的に言ってしまえば矮小な自意識の問題でしかない。ここ十年の批評のくだらなさは、本来こういった矮小な自意識の問題を切り離して本質を論じるべき批評家たちが率先して無自覚な決断主義者として、特定の文化圏の擁護者として振舞っていたためにもたらされたものだ。

当然、本書ではこのようなケータイ小説批判に轡《くつわ》を並べる立場を採らない。この文化的トライブ間の差異と、表現レベルの差異を混同することは、大きく対象の本質を見失うことにつながるからだ。

2.「脱・キャラクター」としてのケータイ小説

では、こうした特定のトライブへの僻みや屈折した憧れを取り除いて考えた場合、ケータイ小説の「本質」とは何だろうか。

たとえば、ケータイ小説の多くにはEメールを模したような独特の「文体」がある。だがそれらは中心ユーザーである若年女性の共感を動員する以上の機能は果たしていない。妊娠や死が繰り返される過激なストーリーもしばしばケータイ小説の特長として挙げられているが、同様の内容を持つ桜井亜美や村山由佳の小説がケータイ小説の消費者たちから支持を得ているかというとそうではない。

ではいったい何が、ケータイ小説の「威力」を生んでいるのだろうか。無論、前記の理由も相応の「威力」を生んでいるだろう。ケータイ小説の読者の多くが、メール文体と等身大の世界で展開される過激なストーリーに相応のリアリティを感じ、そこに支持を与えていることは疑いようがない。だが、それだけではなぜ他のメディアではなく「ケータイ小説」なのか、という理由が不十分だ。

私はそれを「物語」の純化であると考えている。

ケータイ小説を一読すればわかるように、それは、プロット、つまり物語のあらすじが肥大した小説だ。ここで小説は基本的に物語を進行させるための説明と会話によって進行している。

文体、つまり文章「表現」の生む空間によって強度を生んでいる一部の純文学や、劇中に登場するキャラクターを消費者に所有させることで強度を獲得する小説＝ライトノベルとは違い、ケータイ小説は物語そのものが、余計なものを後景化することで純化されているのだ。

では、なぜ現代において「物語」の純化が支持されるのか。

第二章で論じたようにまずデータベース消費モデルで解釈される現代社会においては、

「文体」のような「大きな物語」に支えられた表現の空間は失効する。

たとえば国内文学の場合、明治政府が近代的な国民国家設計の一環として設定した「国語」というシステムがまず存在し、そこに乗りかかるかたちで近代文学が成立していった。「文体」とはこうして成立した回路を通じて、強度を獲得するシステムである。そんな近代的主体を解体する広義のポストモダン小説もまた、解体する対象として同様のシステムを必要としている。

だが、ポストモダンがもたらす「大きな物語」の失効は、「文体」を機能させる国民国家的な装置を弱体化させる。より正確に記せば国民国家は大きな物語の作用に拠った規律訓練型権力から、法システムや社会的インフラに拠った環境管理型権力に変貌する。つまり、「文体」という回路は大きな物語と同時に弱体化することになる。それを練りこむにせよ、解体するにせよ、「国語」をベースにした文体という回路を用いて強度を獲得することが難しくなってきているのだ。

ではライトノベルが依存する「キャラクター」という装置はどうか。

これも第二章で論じたように、特定のキャラクターへの承認で発生するコミュニティが生む棲み分けは、現代的な排除型コミュニティとしての性格を帯びる。デジタル信号のゼロと1、スイッチのオンとオフのように、特定のキャラクター設定＝「〜である／〜ではない」という自己像を承認するコミュニティは「味方」で1、承認しないコミュニティは「敵」でゼロ——そんな「敵／味方」を明確に線引きする想像力、あるいは実存のあり方は、現代においてある程度支配的になりつつあると言える。

そして再び純化された「物語」に依存するケータイ小説はどうか——。その登場人物は物語から独立したキャラクターとしては存在し得ない。あくまで「主人公の母親」「主人公の親友」「運動部の顧問の先生」といった劇中での役割、物語世界での相対的な位置がそのキャラクターを決定している。ケータイ小説の登場人物たちはあくまで劇中の「〜する／〜した」という行為によって、その位置＝アイデンティティを獲得しているのだ。

これは一体何を意味するのだろうか。少し回り道をして考えてみよう。一般に、オタク系文化の消費者には「空気が読めない」人が多いと言われる。たしかに結果的には、そのような傾向が見られるのかもしれない。それを私は否定しないが、問題の本質は彼ら「空気が読めない人」がオタク系文化の消費者であるか否か、という部分にはない。むしろ彼らが「空気を読む」ことができないのは、その実存のあり方、アイデンティティの持ち方がキャラクター的だからだ。

キャラクター的な実存の持ち主は「自分は〜な人間である」という自己像の「設定」をもち、その承認を得ることでアイデンティティを確保しようとする。だが、比喩的に述べれば現実のコミュニケーションはライトノベルではなくケータイ小説的に決定される。たとえ個人が自身にどのような自己像を抱いていようが、周囲からはあくまで彼／彼女が取ったコミュニケーションによって人物像が評価・決定される。しかし、キャラクター的実存の持ち主は、この現実を理解せずに自己像＝キャラクター設定を他者に押し付ける。その結果「空気が読めない」、ある意味暴力的なコミュニケーションが発生してしまうのだ。

対して、「文体」にも「キャラクター」にも依存しないケータイ小説的な空間、純化された物語の空間においては、「〜である／〜ではない」という物語上の位置＝キャラクターは、行為＝「〜する／〜した」によって書き換え可能である。

そこには、特定のキャラクターの承認を要求して誤配を拒否する「排除の論理」は作用しない。なぜならば、純化された物語の空間においてはメンバーシップの問題は存在せず、誰であっても「〜する／〜した」という行為とその評価によって位置を獲得できるからだ。

私は決して、『恋空』に代表されるベストセラーとなったケータイ小説の稚拙な文章表現、安易な設定やドラマツルギーを賛美しているわけではない[1]。

ただ、代表的なケータイ小説の稚拙さは一般消費者による投稿システムの問題にすぎず、その流行の本質は、むしろ社会の流動性の上昇が逆説的にもたらす物語回帰とも言うべき、奇妙な現象にあるということを主張しているのだ。

そして繰り返し述べる通り、私はこの物語回帰に両義的な評価を与える。

現代における物語回帰は、キャラクター的な実存と結びつくことで自己像＝キャラクター設定の承認を要求し、所属する共同体から誤配と他者を排撃する母権的な排除型社会を生む（第二章参照）。

しかし、この物語回帰を徹底することで――キャラクター的な実存から、コミュニケーションによって獲得される関係性が保証する実存へ移行することで――私たちはこの排除型コミュニティの暴力を、少なくとも撹乱することができる。

具体例を挙げて説明しよう。たとえば、あなたがある学校に通っていたとする。内気で人見知りの激しいあなたは転入初日から激しいいじめに遭う。これまでのどの学校でも、同じようないじめに遭っていたあなたは、絶望するかもしれない。「私」という人格は普遍のものであり、どんな学校（物語）にいっても必ずいじめられるのだ、と。

しかし、あなたが本気でそう考えているのだとしたら、それは無知と無自覚の産物である。あなたがそのコミュニティで低位に置かれるのは、あなたが「そんな人間」だから、ではない。あなたがそのコミュニティの人間関係において、相対的に不利な位置＝キャラクターを政治的に与えられているからだ。仮にあなたがクラスの人気者としてずっと生きてきたとしても、アイドル・グループの新メンバーとして配属された途端に一番立場の弱い「いじられ」役になる、なんてことは往々にして存在する。そして「大きな物語」に根拠づけられないコミュニティ、「小さな物語」の規定する小さなコミュニティの流動性は高く、脆弱であるる。だからこそその存続と誤配の排除のために暴力が働くのだが、これは同時にそれらの脆弱で小さな物語は書き換え可能であることを示している。あなたはコミュニケーション次第で、あなたの所属する小さな物語での位置を書き換えることができる。あなたが自身に抱く自己像は決して「ほんとうの自分」ではなく、願望にすぎない。そしてあなたがその共同体の中で与えられた位置は、その共同性＝小さな物語の中でしか通用しない（物語に隷属する）キャラクターにすぎない。あなたに与えられたキャラクターは、あなた自身のコミュニケーションによって書き換え可能なのだ(2)。

あなたが自分の思い浮かべる「こんな私」という自己像を誰かに承認してもらおうとしている限り、そしてそんな人間関係こそあるべき姿と考えている限り、おそらくあなたはどこへ行っても変わらない。

しかし、共同体における位置＝キャラクターが、特定の共同性＝小さな物語の中で与えられた位置のようなものにすぎないと正確に把握し、その書き換え可能性に挑めばその限りではない。

他者に対して、自身が抱く自己像の承認（押し付け）ではなく、共同性の中の相対的な位置の獲得で承認を得ようと考えたとき、つまり「空気」を読まず「こんな私」という自己像の承認を求めるキャラクター的実存から、それぞれの共同体ごとに合わせて位置を要求する「モバイル的実存」とも言うべきものに移行したときに、小さな物語は誤配のない書き換え不可能なものから、書き換え可能なものに転化されるのだ。

二〇〇八年現在、多くの代表的なケータイ小説の内容と表現はたしかに稚拙かもしれない。しかし、その隆盛の背景にある物語回帰、いや物語純化の流れ、「脱キャラクター化」の流れには、意外にもそんな可能性が秘められている。

3. コミュニケーションがすべてを決定する社会

しかし、私はこの「モバイル的実存」とも言うべき傾向について、やはり両義的な評価を与えざるを得ない。何度でも繰り返すが、ひとつの時代とその不可避の潮流に対峙したとき、人々は「こんな世の中は間違っている」とすべてを否定して背を向けるか、「流れに乗ればいい」と身をまかせてしまうかという両極端な反応を取りやすい。だが、それはともに愚かな選択だ。世界の「いい／悪い」を論じることにまったく意味はない。長所を生かし、短所を克服することで変化させていくしかないのだ。

キャラクター的実存を相対化し、純化された物語を生きることで私たちはコミュニケーションによる可能性を手にすることができる。自己像の承認を暴力的に要求するのではなく、コミュニケーションによってその共同体の中での相対的な位置を獲得することへ——大きな物語が失効し公共性が個人の生を意味づけない現在、私たちは個人的なコミュニケーションで意味を備給して生きるしかない。

だが、これは同時に私たちが生きるこの社会は、すべてがコミュニケーションによって決定されつつある、ということだ。

そして公共性が個人の生を意味づけない社会に生きる私たちは、コミュニケーションから逃れられない。たとえば、キャラクター的実存を捨てきれず、自己像への承認を求め続ける人々は社会から決定的に零れ落ち、暴力の連鎖を再生産し続けている。たとえば、ウェブ上ではさまざまなマイノリティ集団が被害者意識で接続されるコミュニティを形成し、現実世界のコミュニケーションを批判しているが、そこは往々にして現実社会以上の陰湿な「いじめ」の温床となっている。つまりコミュニケーションを忌避する人々が、より稚拙で暴力的なコミュニケーションを通じてそのキャラクターの承認を得ようとしているのだ。(3)

そう、私たちに存在する選択はコミュニケーションの是非ではなく、無自覚なコミュニケーション（キャラクター的実存）か、自覚的なコミュニケーション（モバイル的実存）である。

この不可避の条件下で私たちにできることは、「すべてがコミュニケーションに覆われるのはよくない」などとまったく批判力をもたない寝言のような主張を繰り返すことではない。ポストモダン状況の進行やグローバリゼーションがそうであるように、この汎コミュニケーション化とも言うべき状況の進行も不可避なのだ。

必要なのは、不可避の潮流に目をつぶり、背を向けて引きこもることではない。受け入れた上でその長所を生かし、短所を逆手にとって克服することだ。つまり、どのようなコミュニケーションこそがあり得る形なのか——それが現代を生きる私たちの課題として浮上してくる。

そしてそのあり方のひとつを、本書では既に紹介している。さかのぼって考えてみていただきたい。キャラクターの書き換えゲーム、つまり決断主義的動員ゲーム＝バトルロワイヤルで得られる相対的な位置ではなく、時間をかけた試行錯誤によって育まれた関係性への信頼――宮藤官九郎が、木皿泉が、あるいはよしながふみが志向する新しいコミュニケーションとコミュニティのあり方が、不可避の物語回帰を前提として受け入れながらも、その暴力と閉塞を解除するあり方を模索するものとして捉えられることは、これまで述べてきた通りである。

もちろん、彼らがそれぞれ示した方向はあくまで無数に存在する可能性のうちのいくつかでしかない。大事なのは、正しい道を発見するために血眼になることではない。変えられるものと、変えられないものとを峻別しながら、受け入れるべきものを受け入れ、変えるべきものを変える、自由で謙虚な態度なのだから。

（1）　たとえば『恋空』のドラマツルギーを吟味するなら、そこにはセカイ系＝決断主義の流れに合致する、排他的なイデオロギーが確認できる。劇中では凡庸な少女の生を意味づけるために、相手役の男性が周囲の人間を踏みにじってでもヒロインに奉仕することが賛美され、そしてより彼女の人生をドラマチックなものにするため男性は難病で死亡する。これは「セカイ系」ライトノベルの代表作・秋山瑞人『イリヤの空、UFOの夏』の物語を男女反転させたものと言える。

（2）　実はこの喩え話は、第八章で紹介したテレビドラマ版『野ブタ。をプロデュース』第一話から引いている。同話で転入生の信子は登校初日から激しいいじめを受ける。彼女に注目した主人公の修二は一種のゲームとして、このいじめられっ子の信子を「プロデュース」し、人気者の位置に押し上げようとする。

この第一話は、キャラクター的実存をもつ信子が、モバイル的実存をもつ修二によって、私たちが生きる小さな物語がコミュニケーションによって「書き換え可能」であること、キャラクターは物語に隷属することを示唆される、という構造を持っているのだ。

そして私が同作を極めて高く評価するのは、そんな小さな物語の書き換え可能性を前提にしながらも、そんな動員ゲーム＝バトルロワイヤルの問題点を抉り出し、その先にあるものを提示しようと試みているからである。（第八章参照）

（3） たとえば二〇〇六年前後にブログサービス「はてなダイアリー」上では、自身の恋愛コンプレックスを処理できず、僻《ひが》み感情を媒介につながる「非モテ」コミュニティが話題を集めた。そこでは内ゲバ的なものも含む「いじめ」が多発し、コミュニケーション・スキルで評価される一般社会を批判する人々のコミュニティが、より陰湿な「いじめ」空間を醸成するという光景が見られた。

第十六章

時代を祝福／葬送するために――「決断主義のゼロ年代」を超えて

1. 不可視／不可避のコミュニケーション

長大な本書も、終わりが近づいてきた。最終章となる本章では、これまでの議論を整理しながら、少しだけ個人的な想いのようなものも書き記してみようと思う。

私たちは今、打ち砕かれた「断片」のような世界を生きている。

世の中は不透明で、全体像を把握することなど到底不可能だ。何を信じてよいのか、何が価値のあることなのかは誰も教えてくれない。国家や歴史は個人の人生を、少なくとも昔のような形では意味づけてくれない。その結果、誰かに（世の中に）目的を与えられることに慣れていた人々はそれを見失い、不安の海に漂うようになる。

国内における九〇年代とは、そんな不透明な世界への変化に怯える想像力の時代だった。世の中が個人の生に意味を与えず、目的を与えず、価値を示してくれないことに絶望した人々は、「〜する／〜した」という行為を評価されることではなく「〜である／〜ではない」という自己像（キャラクター的実存）に承認を得ることで空白を埋めようとした。これが、東浩紀が「動物化」と呼ぶ他者回避である。コミュニケーションによる意味の備給を断念し、母親が子供に与えるような全面的な承認の確保を志向する。母は「～する／～した」という行為を評価するのではなく、あなたが自らの子供であるというただそれだけで、「～である／～ではない」というだけで無条件に承認を与えるのだ。

そして東はこの他者回避は、現代において不可避であるとした。大きな物語が後退した現代において、個々の存在はデータベースから自分の欲しい情報を勝手に読み込むだけである、と。そのため、徹底されれば情報を読み込む個々の間にはコミュニケーションは発生しない。人々は自己像＝キャラクターを承認してくれる小さな物語＝コミュニティを検索して接続し、摩擦のない全能感を享受し得る世界を手に入れることができる。私たちは、ソーシャルネットワーキング・システムや動画共有サイトで同じ価値観の人間とだけつながり、傷を舐め合うように承認を与え合って快適に生きていけばよいし、そうするしかない——。

だが、本当にそうだろうか。本書はそんな疑問から出発している。

たとえばウェブ・コミュニティは暴力の連鎖に満ちている。そこはたしかに検索によって見たいものだけを目にして、聴きたい声だけを耳にすることが可能な空間だ。しかし、それでも、いや、だからこそ人々は小さな断片のような共同体を形成し、互いに争う。政治的イデオロギー（左右）や、文化的トライブ（スノッブ／オタク）など、さまざまな理由を見つけては世界に線を引き、ここから内側は味方で外側は敵なのだとメンバーシップを決定し、異なるものを排除する。

ウェブに代表される私たちが生きる現代の世界は、コミュニケーションから降りようと思えば、いつでも降りられる空間のはずだ。そして、私たちが自分で線を引かなければ、敵と味方が峻別されない自由な空間のはずだ。それでも、いや、だからこそ人々は排除の論理を用いる。彼らは敵と味方を分かつことを、むしろ必要とするからだ。「〜である／〜ではない」という設定に承認を与えられることで成立するキャラクター的な実存は、デジタル信号の0と1、スイッチのオンとオフのように、敵と味方を峻別する。承認を与えてくれるものは味方で、与えないものは敵だ。人々が生きる小さな物語を通じて、そのキャラクター的な実存の受け皿として母親的承認を確保するためには、その共同性から徹底してノイズが排除されることが必要だ。だからこそ、小さな物語たちは世界に線を引き、終わりのない衝突を繰り返す。なぜならば、そうしなければ他の島宇宙に接触することで小さな物語にノイズが紛れ込んでしまうからだ。

キャラクター的な実存が志向する棲み分けは、現代的な排除型コミュニティとして表出する。原理主義の台頭とテロの連鎖、マスメディアを舞台に繰り広げられる動員ゲーム、そしてオンライン／オフラインを問わず繰り広げられる等身大の人間関係でのキャラクターをめぐる承認ゲーム――データベースの生む他者回避は、排除の論理と暴力というかたちで私たちの生きる世界を覆っているのだ。

あなたが目を閉じ耳をふさぎ、思考停止するのならば、罪の自覚なくこの暴力の快楽を享受できるだろう、世界はもはや打ち砕かれ、私たちはその断片を生きるしかないのだからと責任を転嫁しながら。

あなたはたとえば、難病や白痴の少女——自分より弱い異性——を人形愛的に所有することでマチズモを充足させる行為を、超越性すら孕む崇高な純愛だと錯覚しながら生きることができる。あるいは、在日中国人や韓国人を差別することで日本人である自分に自信を持つ行為を、歴史と伝統に敬意を示す慎重で冷静な知性だと錯覚して生きることができる。(1)

データベースの海に覆われた現代という時代は、人を罪と痛みに無自覚にさせる回路が完成されている。それが幸福なことなのか、不幸なことなのかは私にはわからない。だが、少なくとも私は無自覚でいることが倫理的だとは思わない。

そして、目を開き耳を澄ませれば、そんな小さな物語としての断片たちの相互関係がこれまでとは違った世界像を描きはじめていることに気づくはずだ。(2)

そう、私たちはたしかに打ち砕かれた断片のような世界を生きている。いくら断片を収集しても決して全体性は回復しない。だが、断片を生きる私たちの生は、実は不可視の領域で接続されているのだ。この断片たち——小さな物語の形成する島宇宙たちは、さまざまなコミュニケーションを内包している。その内部から誤配を排除するため、あるいはその共同性を規定する小さな物語の正当性を訴えて、他の断片に対して攻撃を加える。

私たちは主観的にはデータベースの海から欲望するものだけを読み込んで消費しているだけかもしれない。しかしその誤配のない世界は、私たちが生きる世界の断片＝小さな物語の共同性から外れた地点から眺めれば、その生存と継続のために徹底的に排除の論理と力を行使することで成立しているのだ。そう、コミュニケーションは消滅したのではない、不可視な存在に変貌したのだ。そして私たちが無自覚にその結果を享受する不可視なコミュニケーションは、小さな物語同士の動員ゲーム＝バトルロワイヤルとして——決断主義の生む暴力の連鎖として、この世界を埋め尽くしているのだ。

2. Open the door ——ドアを開けろ！

データベースとは、無自覚に暴力を行使してその結果のみを享受する回路としても機能する。そんな幸福な、そしておぞましい回路を手にした私たちは、往々にして自らの弱さに負ける。

人間は物語から逃れられない。たとえ世の中に根拠づけられた「大きな物語」でなくとも——つまり究極的には無根拠である「小さな物語」を、「究極的には無根拠であることを織り込み済みで、あえて」「信じたいから、信じる」のだ。人々は価値観の宙吊りに耐えられないからだ。小林よしのりの『脱正義論』から『戦争論』への軌跡。「まったり革命」を唱導し、やがて放棄した宮台真司の転向。他者と向き合う母性からの解放を謳った『新世紀エヴァンゲリオン』から、母性のディストピアの中で弱者女性を所有（消費）し続ける『AIR』『最終兵器彼女』などレイプ・ファンタジー系（セカイ系）への凋落——ポストモダン文学が志向した近代的主体の解体から数えて、ここ二十年の国内思想は物語批判の挫折の歴史として記録されるだろう(3)。

何度でも繰り返そう、人は物語から逃れられない。

そして物語回帰が不可避である以上、この決断主義的動員ゲーム＝バトルロワイヤルは、止まらない。「美しい国」と「憲法九条という誇り」のどちらが優れているかを論じても意味がない。どちらも決断主義的に「究極的には無根拠であることを織り込み済みで」選択された物語なのだから、弱者はかたくなに逃げ込み、強者はその状況を利用して動員をかけるだけの話だ。

では、どうするか——世の中の問題、つまり「政治」の問題としては私たちはひとつの回答を得ている。それは決断主義という不可避の条件を受け入れ、動員ゲームから可能な限り暴力を排除する運用を志向するという選択だ。

彼らの繰り広げるゲームとその暴力が、社会全体に悪影響を及ぼすことのないようにそのルールとシステムを管理する——法システムに象徴されるアーキテクチャー、つまり動員ゲームのルールとシステムにあたる「環境」を社会設計によってコントロールする——つまりある種の「設計主義」がその回答に他ならない(4)。

小さな物語間の動員ゲームが暴走しないように運用方法を工夫し、設計主義的に管理する——これは「政治」の問題としてはおそらく妥当な選択だ。問題はむしろ、誰が設計者となり、どこに線を引くのかという設計主義自体の孕む課題にある。

だが、個人の生の問題として、そこから零れ落ちる「文学」の問題として、私たちにできることはないのだろうか。私たちは自らの行使する無自覚な暴力を、不可視の設計者たちが適度に制御してくれることを期待しながら、目に入れたいものだけを見つめ、耳に心地よい言葉だけを聞いて、そのキャラクターに承認を与えてくれる共同性に埋没して思考を停止すればよいのだろうか——そんな疑問が頭をよぎる。そして「そんなことはない」というのが私の見解だ。「政治」の問題としては、もはや不可避の条件として前提化した決断主義的動員ゲームの存在は、揺るがないのかもしれない。仮にそうだとしても個人の生き方として、「文学」の問題として、決断主義を乗り越えることはできるのではないか——。それが「ゼロ年代の想像力」の最大の課題なのではないだろうか。

だから本書では物語回帰を受け入れながら、倫理のようなものを獲得する方法を考えてきた。キャラクター的な実存がもたらす他者回避を、いや他者回避の孕む暴力をどう解除するか――「決断主義の困難」とも言うべきこの課題に答えることこそが、本書の主題であったと言っても過言ではないだろう。

そして私は、その回答を原点に立ち返ることで模索しようと考えている。

たとえば、人は恋をする。ときに自分とは完全に違う世界に生きる相手を好きになる。自分とは異なる経済階層に位置し、文化的背景をまったく共有しない相手とのコミュニケーションへの欲望を喚起される。

あるいは、人は死ぬ。たとえどんなに毎日が変わり映えのしない毎日＝終わりなき日常であったとしても、それは死を、終わりを受け入れることができずに逃げ惑ったときに成立する世界観でしかない。たとえ、キャラクター的な実存がどれほどありのままの承認を求め、成熟と変化を拒んでも、人は否応なしに老いて死んでゆくのだ。その人生は一度きりで、決してリセットできない[5]。

そして、現代における成熟とは他者回避を拒否して、自分とは異なる誰かに手を伸ばすこと――自分の所属する島宇宙から、他の島宇宙へ手を伸ばすことに他ならない。

本当にそうか？　本当にお前たちにはここしかないのか？　お前たちはいつもここにいる。話が通じない。どうせ分かってもらえない。と、すぐここに逃げ込む。すぐドアを閉める。自分の気持ちを伝える。相手の気持ちを知る。どっちもしない。だりぃ（だるい）からしない。簡単に分かり合える相手としか一緒にいない。ここにいる時だけ自由だとお前達は言った。が、しかし本当はここにしがみついている限り、お前たちは不自由だ。ずっと不自由なままだ。Open the door。ドアを開けろ。そうしなければ世界は闇に包まれたままだ。

——日本テレビ系ドラマ『ギャルサー』第十話（二〇〇六）より

たしかに、私たちは断片のような世界に生きている。しかし、生きていくためには他の断片に手を伸ばさなくてはならない。原理的に「降りる」ことができない学校の教室や、世界経済というシステムのことを考えれば余計にそうだ。

ドアを開けろ、そしてまだ見ぬ誰かにその手を差し伸べろ——

3.「終わり」を見つめながら

「何に価値があるのか」を世の中が与えてくれない時代——そのかわり、いまだかつてなくある意味自由な現代という時代を生きる私たちは、「生きる意味」を自分で獲得して生きていかなければならない。そう、決断主義の生む再帰的な共同性と、その共同性を規定する小さな物語から、人間は逃れられないのだ。無自覚にコミットすれば、誤配を回避するための排除の論理——他の島宇宙を攻撃し、「内部」と「外部」を隔てるための暴力——が発生するこの小さな物語に、どう誤配と柔軟性を確保し、開かれたものにしていくか。それが私の考える決断主義の克服である。

こうして考えたときに、ゼロ年代の豊かな想像力たちの中には、この「決断主義の困難」に対し優れたアプローチを見せた作品がいくつも存在することを、私は改めて強調しておきたい。

たとえば宮藤官九郎は『木更津キャッツアイ』等の作品で「モノはあっても物語のない」郊外的空間を「モノと物語がともにあふれた」空間に読み替え、凝集性と流動性がともに高い中間共同体のモデルを魅力的に描き出した。木皿泉はドラマ版『野ブタ。をプロデュース』で動員ゲームの有能なプレイヤーが、『木更津キャッツアイ』的な共同性に気づいていく過程を描きだした。そしてよしながふみは、日常の他愛のないやりとりの中に超越性を読み込むモデル＝他者を否定しない日常の中の超越性を追求した。

彼らは一様に「終わり」「死」というファクターを導入した作家だった。彼らの描く共同体は、決して永遠のものでも唯一のものでもない。その発生から「終わり（死）」が刻印されている。だからこそ、その一瞬に限られた共同性は入れ替え不可能なものとして機能し、超越性として作用する。そしてその超越性の存続を主張して暴力を孕む（排除の論理が作用する）前に消滅する。「死」「終わり」を射程に収めることで、「モノはあっても物語のない」ポストモダン状況＝「大きな物語」が作用しない世界は反転する。そこは「終わりなき（ゆえに絶望的な）日常」から「終わりのある（ゆえに可能性にあふれた）日常」に変化する――そう、私たちは「大きな物語」から解き放たれたからこそ、むしろ生きている、ただそれだけで物語もロマンも存在する世界を手に入れたのだ。少なくとも絶望しない程度には、私たちの日常は豊かな物語にあふれている。(6)

だが、この終わりを、死を見つめるという生のあり方は多くの困難を孕む道でもある。たとえば宮藤を例に取れば、その世界観は「恋愛」や「家族」すらも相対化する（「終わり」の自覚を導入する）『マンハッタンラブストーリー』で臨界点を迎え、やがてその流動性に耐え切れず『タイガー&ドラゴン』『吾輩は主婦である』といった伝統的共同体に拠りかかるように退行していったことは先に記した通りである。

この臨界点の先をどう切り拓くのか、「終わり」と「死」にどう対峙していくのか――それが来るべき二〇一〇年代の想像力の課題のひとつになるのかもしれない。

「誤配のない小さな物語」から「誤配のある小さな物語」へ――決断主義の生む再帰的な共同性の暴力をどう解除するかという試行錯誤が究極的には「死」というテーマに行き着いたように、一見、平成不況と小泉構造改革に対応した社会反映論的な想像力の展開は、その追求の果てにオーソドックスであるがゆえに普遍的な問題にたどり着く。そしてこれらの普遍的な諸問題は当然、これからも残り続けるだろう。圧倒的な速度で展開する変化を正確に把握することこそが、むしろ普遍の構造を露出させる――ゼロ年代の想像力の展開とは、私たちが生きる世の中の本質が露呈し、余計なものが取り除かれ、どんどん普遍的な問題に還元されていく流れでもあるのだ。

現代では、超越性を公共性が保証することはありえない。「生きる意味」も「承認欲求」もすべてはひとりひとりが、コミュニケーションを重ね試行錯誤を繰り返し、共同体を獲得する（あるいは移動する）ことで備給していくしかない。それは一見、冷たい世の中に見えるかもしれない。何が正しいのか、何に価値があるのか、もはや歴史も国家も教えてくれない。でもその代わり、私たちは自由な世の中を手に入れた。かつては、神様がいて、それに従うにせよ反抗するにせよ大きな基準（物語）を示してくれた。そして今は、私たちはいつでも好きな神様を信じ、いつでも見限ることができる。自分で考え、試行錯誤を続けるための環境は、むしろ整いつつあると言えるだろう。ついでに言うと、私はこの（冷たいかもしれないが）自由な世の中が、たまらなく好きだ。

そしてそんな世の中で人々が陥りがちな決断主義＝誤配のない小さな物語の暴力に依存しない方法を、ゼロ年代の想像力は模索してきたのだ。「終わり」を見つめながら一瞬のつながりの中に超越性を見出し、複数の物語を移動する――次の時代を担う想像力は、たぶんここから始まっていくのだろう。

4．恋愛から友情へ、家族から擬似家族へ

最後に少しだけ、未来の話をしよう。今から私が語るのは、予感めいたものにすぎない。ただ、予感めいたものにすぎないからこそ、そこには可能性があるのかもしれない。これから紹介するのは、そんな未来に手を伸ばす想像力たちだ。

浅野妙子が脚本を担当したテレビドラマ『ラスト・フレンズ』（二〇〇八）は、ある意味「ゼロ年代の想像力」が集約された物語だ。

『ラスト・フレンズ』は共に両親の愛情に飢えて成長した藍田美知留と及川宗佑――ふたりの共依存関係を描くことでその幕を開ける。

宗佑は失われた家族を美知留と結ばれることで回復することを願う。社会的にも精神的にも弱者として描かれる美知留の「父になること」を宗佑は願う。「ふたりで生きていこう」――宗佑は美知留に囁く。しかし、宗佑のそんな共依存関係へのロマンティシズムは自らの無自覚な暴力性によって破綻を迎える。美知留への所有欲を制御できない宗佑は、やがて彼女の行動に制限を加えるようになる。そう、キャラクター的な実存（セカイ系）は、小さな物語に誤配を許さないのだ（決断主義）。

そして、美知留は宗佑の下を去る――そんな彼女を受け入れるのは、シェアハウスで共同生活を営む親友の岸本瑠可、そしてその友人たちのゆるやかな共同体だ。

物語の焦点は、やがて美知留と瑠可、そしてシェアハウスの住人である青年・タケルの三角関係に移行する。それは随分と奇妙な三角関係だ。美知留はタケルを好きになるが、性的不能者のタケルはその想いに応えられず、タケルが思いを寄せる瑠可は性同一性障害をもちタケルに応えられない。そして瑠可が同性愛感情を抱く美知留は異性愛者で瑠可の想いも届かない――そこでは永遠に完成しない三角形が描かれているのだ。

この三角形は実にあいまいな関係でつながっている。美知留は瑠可を大切な存在として認識しているが、瑠可のめいっぱいの、百パーセントの想いに完全に応えることはできない。同じように瑠可とタケル、そしてタケルと美知留の関係もまた、片側だけが百パーセントの想いを抱いていて、相手は不完全なかたちでしかその想いを返さない。でも――いや、だからこそ、彼女たちは宗佑が陥ったような所有欲の罠――セカイ系＝決断主義の罠を回避できる。0か1か、白か黒かの関係ではなく、灰色のあいまいな、でもゆるやかな関係――『ラスト・フレンズ』はそんなあいまいな関係の可能性をめいっぱい肯定する。

「0か1か」の共依存的ロマンティシズム（セカイ系＝決断主義）から、あいまいな三者以上の関係へ――『ラスト・フレンズ』の描いたこの軌跡は、本書が綴ったゼロ年代の想像力の軌跡そのものだと言っても過言ではない。

たとえばゼロ年代における少女漫画の代名詞でもある矢沢あい『NANA』（二〇〇〇～）は明確に、擬似同性愛的なニュアンスを含む友情に支えられた三者以上の共同体が、恋愛に象徴される共依存的二者関係によって失われる悲劇を描いている。また羽海野チカ『ハチミツとクローバー』（二〇〇〇～〇六）は、主要登場人物が全員「片思い」でつながる空間と、その脆さが生む青春の痛みを描き、大きな支持を集めた。

片山恭一『世界の中心で、愛をさけぶ』、『失楽園』『愛の流刑地』などの渡辺淳一リバイバル、『Ｋａｎｏｎ』『ＡＩＲ』などのセカイ系レイプ・ファンタジー、韓国製テレビドラマ『冬のソナタ』——ゼロ年代は純愛という名の共依存的ロマンティシズムによって幕を開けたと言っても過言ではない。

そして『ＮＡＮＡ』『ハチミツとクローバー』『木更津キャッツアイ』『野ブタ。をプロデュース』『下妻物語』『西洋骨董洋菓子店』——ゼロ年代という時代は「恋愛」から「友情」へ、「あなただけ」から「みんな」へ、少しずつ、しかし確実に共依存的ロマンティシズムが孕む決断主義的な暴力を解除していったのだ。『ラスト・フレンズ』はそんな解体と再構築の結実として存在している。

そして私がこの物語に着目するのは、その結末のためだ。物語の終幕、美知留への暴力を悔やんだ宗佑は自ら命を絶ち、美知留は宗佑の子をその胎内に宿したまま残される。そして、そんな美知留に瑠可とタケルは手を差し伸べる——三人で一緒に、この子を育てよう、と。

そう、あの灰色の三角形——あいまいな、百パーセントには決して達しない想いが絡まって生まれた、でもそれだけにゆるやかで心地よい三角形は、物語の結末で子どもを育てる擬似家族として捉えなおされるのだ。

これは、既存のゼロ年代の想像力たちが、同様のあいまいなつながりを一瞬で消滅させるものだからこそ超越性を獲得する関係として描いていたことを考えると、たぶん、一線を踏み越える一歩なのだろう。

美知留は語る、とりあえずはやれるところまで、この関係でやってみたい、と――そう、彼女たちも不安なのだ。それでも彼女たちは踏み出した。それは静かだが、恐るべき一歩だ。(7)

5.（その程度には自由で、可能性にあふれた）未来に向けて

家族（与えられるもの）から擬似家族（自分で選択するもの）へ、ひとつの物語＝共同性への依存から、複数の物語に接続可能な開かれたコミュニケーションへ、終わりなき（ゆえに絶望的な）日常から、終わりを見つめた（ゆえに可能性にあふれた）日常へ――現代を生きる私たちにとって超越性とは世界や時代から与えられるべきものではない。個人が日常の中から、自分の力で摑み取るべきものなのだ。そしておそらく、この端的な事実は時代が移ろっても変わることはないだろう。

本書ではゼロ年代の物語を生み出す想像力の変化を追ってきた。しかし、わずか五年、十年の変化を整理するためだけに、私はこれまで長々と語ってきたわけではない。この変化を整理することで、むしろ時代が変化しても決して逃れられない、普遍的な問題の存在を浮き彫りにするために、私は語ってきた。

人間は弱い。目の前の小さな変化に右往左往し、その度に自分が世界の本質に触れ、歴史の決定的な変化に立ち会ったのだと錯覚する。しかし、その錯覚は半分は正しく、半分は間

違っている。だから私は冒頭にかの「ニーバーの祈り」を引いたのだ。

変えることのできるものについて、それを変えるだけの勇気をわれらに与えたまえ、
変えることのできないものについては、それを受け入れるだけの冷静さを与えたまえ。
そして、変えることのできるものと、変えることのできないものとを、識別する知恵を、
われらに与えたまえ。

――ラインホールド・ニーバー

二〇世紀を代表するアメリカの神学者ラインホールド・ニーバーは、大戦期から冷戦へと続く時代の転換期を「預言者的現実主義者」として生き、数多くの神学者、政治家に影響を与えた。ニーバーもまた、政治と文学の複雑な絡み合いの中を生き、そしてノートに一本の線を引いていった人物なのだ。これは想像だが、ニーバーの生きた時代もまた、価値観の転換期にあり、これまでの社会像が失効し、結びにくくなった時代だったのではないだろうか。そして来るべき次の社会像の再構成に備える時期だったのではないだろうか。

これから先、おそらくはまた五年、十年という単位で時代を彩る物語はめまぐるしく変化していくだろう。価値観の変動期に入り、従来の社会像が結びづらくなったとき、人々はおそらくはまず引きこもり、そして次には（いや、その裏側では）安易に選択された（決断された）自分に甘い物語を選び取り、弱いものは無自覚に、強いものは自覚的に、その正当性

を獲得するために暴力を振るうだろう。

だがそんなときは、この十年の想像力の変化の軌跡を思い出してみて欲しい。私たちが生きているのは「終わりなき（ゆえに絶望的な）日常」ではない、むしろ「終わりのある（ゆえに可能性にあふれた）日常」なのだ。

そのことに気づくための知恵を、比喩的に言えばニーバーは神に祈った。だが、私は思う。それらはたぶん自ら手を伸ばし摑み取るべきものなのだ。もはや世の中は何も私たちに与えてくれない。正しい価値も、生きる意味も、すべて私たちは自分で調達しなければならない。だが、そんな世界に絶望する必要はない。これは同時に自由の拡大でもあるのだ。やりようは、いくらでもある。少なくともその程度には私たちの生きるこの世界は、自由であり、可能性にあふれている。

（1）　たとえば昭和ノスタルジアや、セカイ系レイプ・ファンタジーは、「こんな時代だからあえて、特定の価値観を選択する」＝「あえてベタに」する自覚の弱い決断主義の産物である。そこでは「自分たちはわかってやっている」というパフォーマンス、「安全に痛い自己反省」による再強化が繰り返され、誤配が排除され棲み分けが徹底される、という構造を持つ。『ＡＬＷＡＹＳ　三丁目の夕日』のノスタルジアも、『ＡＩＲ』のマッチョイズムも、「安全に痛い」自己反省を経ることで再強化されているのだ。

（2）　たとえば、鬼頭莫宏の漫画『ぼくらの』（二〇〇四〜）では、現代的な疎外感に直面する十数名の少年少女たちが、ほとんどその理由も知らされないまま、ある日突然巨大ロボットのパイロットに任命され、その生命を賭して戦うことを要求される。劇中では「セカイ系」的な構図のもと、主人公の少年少女たちの個人的な人間関係——恋愛感情や家族への屈折した想いが人類全体の存亡と等価に描かれる。

『新世紀エヴァンゲリオン』の設定を髣髴させる同作だが、決定的に違う点がある。『ぼくらの』では、物語の中盤にそれまで戦ってきた未知の侵略者が、自分たちと同じ「人間」であることが明かされる。実は、『ぼくらの』の劇中で展開していたのは、それぞれの世界の住人が、自分たちの住む世界の存亡をかけて戦うバトルロワイヤルであることが明かされる。以降、物語は主人公の少年少女たちに、自分たちの世界が生き残るために他の世界を滅ぼす戦いを強いていく。

また黒川創の小説『かもめの日』（二〇〇八）は、とあるラジオ番組の収録スタジオを中心に、番組の関係者と彼らに関わる無数の人々の、決して彼ら自身は気づくことがない「つながり」が描かれる。彼らはときに、自らの生を決定づけるようなコミュニケーションを交わしながらも、決してそれに気づくことはない。『かもめの日』はそんな私たちの生きる世界を、まるで空を行くかもめのように鳥瞰的な視点から描き出した作品なのだ。

（3）　たとえば二〇〇七年はある種のポストモダン文学のリバイバル・ブームが起きた年として記憶されるだろう。円城塔『Self-Reference ENGINE』、諏訪哲史『アサッテの人』、川上未映子『わたくし率イン歯ー、または世界』、岡田利規『わたしたちに許された特別な時間の終わり』など、いずれも広義の意味で近代的な主体の解体を描く作品が高い評価を得た。しかし、円城塔に象徴的だが、彼らの描くような意味で世界が「壊れて」いるということはもはや前提化しており、むしろ彼らが描くポストモダン的な解体の結果として、現在の物語回帰は存在している。この点においては、広義のポストモダン小説的な主体の解体は動物化的な他者回避に対して批判力を持たないだろう。

諏訪、川上はこの点において円城よりもやや自覚的であり、両者とも「声」に象徴される身体性、つまり社会の流動性が上昇しても脱構築されないものに還元される要素の解体の可能性／不可能性を探る思考実験として小説を結実させている。

岡田利規は劇作家としては、『三月の五日間』において決断主義的動員ゲーム＝バトルロワイヤルのもたらす世界像の不安定さと、会話劇における主体の不確定を重ね合わせることでラディカルな空間を演出したが、小説作品及び『目的地』以降の戯曲においては、日常という空間の深い闇、剝き出しの暴力性を切り取ることには成功しているが、やや文化左翼的かつ図式的な物語に収まってしまっている。

（4）ここにおいては、互いに批判しあう（いや、いまや批判の対象とならないくらい関心が離れたように思える）宮台真司と東浩紀の立場が奇妙に一致する。無論、この宮台真司とは「まったり革命」（物語の断念）を唱えた「前期」の立場を放棄し、「あえて」亜細亜主義（大きな物語の自覚的な捏造）を唱える中期を経て、小さな物語の乱立（バトルロワイヤル）の調整を重視する「後期」宮台である。そして、この東浩紀とは（私が再三批判した）「セカイ系」「萌え」論から距離を置くと宣言した「後期」東である。

彼らはともに、もはや（メタ）決断主義者同士の動員ゲームをどう調整するか、という段階でしかこの問題を考えていない。つまり、『DEATH NOTE』や『LIAR GAME』と同じ次元で思考が行われているのだ。

宮台真司の弟子たちとの鼎談『幸福論』（二〇〇七）、あるいは神成淳司との共著『計算不可能性を設計する』（二〇〇七）、東浩紀の桜坂洋との合作小説『ギートステイト』（二〇〇六）、あるいは北田暁大との共著『東京から考える』（二〇〇七）――これらの著作における宮台と東は、ともに（それ自体への懐疑・検討を含めた）設計主義的な問題意識から思考していることがうかがえる。

無論、両者の認識の違いは存在する。前述のように東は島宇宙間のコミュニケーションを重視せず、宮台は圧倒的に重視する。私の認識はこの点では宮台に近い。より具体的には、宮台が社会設計を担うアーキテクト＝エリートの養成のため、ある種のダブルスタンダードとして近代的啓蒙の必要性を説くのに対し、東は社会設計を可能な限り自動化するＳＦ的な発想から対案を提出している。

（5）細田守監督のアニメーション映画『時をかける少女』（二〇〇六）は、第十三章で取り上げた青春幻想としての物語回帰を象徴する作品であると同時に、この「リセットできない現実」の重みを主題にすえた作品として位置づけられる。

劇中、ヒロイン・真琴は偶然身に着けたタイム・リープ能力で、周囲の人間関係を調整すべく何度もタイム・リープを繰り返す。だが、結末ではタイム・リープをどれほど繰り返しても、変えられないものがあることを悟り、宙吊りの三角関係に象徴されるモラトリアムの「終わり」を受け入れる。

この映画が多くの人々の心を動かしたのはなぜだろうか？　それは「今」を生きる人々が、現実のある部分はどんどん「リセット可能」「入れ替え可能」になっていくにもかかわらず、いや、だからこそ、いまだに「リセット不可能」な部分に決定的に規定されて現実を生き、悩み、時には傷ついて「入れ替え不可能なもの」を求め続けているからに他ならない。現実の半分はたしかに軽くなっているかもしれない、だが残り半分の重みはむしろ、どうしようもなく増してきているのだ。だから、ゼロ年代に決定的な転向を経験した現在の宮台真司は徹底的に「セカイ系」を批判し『時をかける少女』を賞賛するのだ。

（6）　たとえば空知英秋『銀魂』（二〇〇四〜）は、そんな歴史から切り離された日常の豊かさを描いた漫画だ。舞台は幕末をベースにした架空の世界——アメリカではなく、異星人によって「開国」させられてしまった日本だ。主人公の銀時は、かつて「攘夷志士」として活躍しながらも異星人との戦いに敗れ、今は仲間たちと気ままに万事屋（なんでも屋）稼業を楽しんで生きている。かつての同志たちは、そんな銀時に非難を浴びせることもあるが、銀時はまったく動揺することもなく、物語は彼らの日常をコメディタッチでひたすら楽しく描いていく。

たぶん、銀時は知っているのだ。この世界が既に、「歴史が個人の生を意味づけてくれる（ロマンを備給してくれる）」親切設計を喪ってしまっていることを。そう、銀時は異星人に敗北していじけているのではなく、世界のしくみが変わったことを悟っているのだ。

けれど、決して銀時は「こんな世界はつまらない」といじけたりはせず、等身大の日常と、そこで精一杯生きる人々との関係の中に果敢に飛び込んでゆく。そこは「歴史」という華やかな舞台からは遠くにある場所だが、銀時の目は常に輝いている。そこで彼が見出しているものを、ロマンと呼ぶことにさして抵抗はないはずだ。九〇年代的な文脈での「ロマンの喪失」は実のところ「ロマンの喪失」ではない。「世界（歴史）がロマンを与えてくれるという装置」の喪失なのだ。たとえば銀時がそうであるように、あるいは日常だけが残されたこの世界にロマンを見出すことは、そう難しいことではないはずだ。

そして、銀時は今日も日常を生き続ける。

あるいは劇団「五反田団」の主宰者・前田司郎の小説『グレート生活アドベンチャー』（二〇〇七）

は、三十過ぎの無職男の日常を綴ったいわゆる「引きこもり」小説だ。しかし、同作の主人公は決して世界が意味を与えてくれないから引きこもるのではない。単にだらしなく、怠惰なために引きこもっている。そして彼は別に世界が意味を与えてくれないことを恨んだりはしていない。別れた元恋人の部屋に引きこもり、毎日テレビゲームに興じているだけの彼の日常は、題名の示すとおり「偉大なる生活の冒険」として描かれる。それは決して彼が「ダメ」であることに意味を見出しているからではない。彼はそんなありふれた生活の中で、日々生について考え、死について想い、過去と未来の家族について考えているからだ。それだけで十二分に世界はドラマチックで、起伏に富んでいる「偉大なる生活の冒険」なのだ。

（7）漫画家の金田一蓮十郎もまた、この「擬似家族」をモチーフにし続ける作家である。『ジャングルはいつもハレのちグゥ』（一九九六～二〇〇一）、『アストロベリー』（二〇〇三～）、『チキンパーティー』（二〇〇三～〇六）など、金田一はいずれも擬似家族によるコミュニケーションの回復を描いてきたが、『ニコイチ』（二〇〇四）では、女装癖をもつ三十代男性・須田を主人公に彼の養子・崇、恋人の菜摘との奇妙な関係を描き、やはり子を育てる責任主体としての擬似家族を描きはじめている。

特別ロング・インタビュー

ゼロ年代の想像力、その後

聞き手・構成　坂上秋成

■なぜ『ゼロ年代の想像力』は書かれたのか

――『ゼロ年代の想像力』（以下、『ゼロ想』）が発売されてからおよそ三年が経ったわけですが、そもそもの執筆動機というのはどのようなものだったんでしょうか。

宇野　とにかく、東浩紀さんの設定した問題を中心に展開している状況を更新したかったんですね。もちろん、他にも活躍している批評家はたくさんいたけれど、僕の目には既に終わった問題を確認しているだけで、仮想敵に考えることはできなかった。

東浩紀さん以前の論壇は「終わりなき日常」をどう生きるか、という問題設定で動いていたと思うんですね。つまり、「大きな物語」が凋落して、イデオロギー対立の時代が終わったときに、ボトムアップの文化運動として「大きな物語」を仮構していくのか、それとも自分をチューニングして「終わりなき日常」をやり過ごすのか、という二つの処方箋があって、そのどちらを取るのか、あるいは仮に前者を取るならどんな「物語」を選ぶべきなのかという議論をしていた。前者の代表が小林よしのりさんや、福田和也さんや、大塚英志さんですね。右の物語だろうが左の物語だろうが、僕からしてみればほとんど趣味の問題で、彼らは揃ってポスト冷戦、ポスト戦後の日本社会には広義の「文学」から出発するタイプの新しい「大きな物語」が必要だと主張していた。後者の代表が、『ゼロ想』単行本版の帯を書いてくれた宮台真司さん。彼は九〇年代には自意識をコントロールすることで大きな物語が機能しなくなった世界、いわゆる「終わりなき日常」を「まったり」とやり過ごすことができるようになるんだと主張していた。もっとも、宮台さんもゼロ年代には前者に鞍替えしてしまうんですけれどね。前者（大きな物語の文化的な仮構）と、後者（自己チューニング）を両方兼ね備えていたのがオウム真理教だったんだと思う。だから今挙げた新人類世代の論客たちは、地下鉄サリン事件にあんなに動揺したんだと思うし、彼らの仕事は基本的に地下鉄サリン事件へのアンサーとして機能していた。前者はよりマシな発泡スチロールのシヴァ神は何か、あるいは発泡スチロールのシヴァ神の自覚的かつ安全な扱い方を模索する思想だと言えるし、後者は発泡スチロールのシヴァ神を必要としない自己管理の思想だった。

けれど、前者の追求は結局程度問題にしかならないんですよね。少しでもマシな発泡スチロールのシヴァ神はこれです、少しでもデリケートな扱い方はこうです、といっても、まあそれはそれで大切なんだけれどあまり本質的な議論には発展しない。後者は端的に自己啓発セミナー的な技術論に回収されてしまって、自分の問題は解決できても社会や世界の問題にはアプローチできない。これが九〇年代のどん詰まりですよね。

前者の思想的態度について、大澤真幸さんは「アイロニカルな没入」という表現を用いていた。ここでは「この物語を僕は信じてないけど誰かが信じているんだから、それは無価値じゃないんだ」とか「それが無根拠な物語であることは自覚しているけれど、あえてコミットするんだ」とか、アイロニーというかたちで自意識上の操作が行われる。

しかし東さんが背景にしていた現実はその一歩先を進んでいたんですよね。それが「動物化」論だったと思う。「動物化」論をこの文脈で読んでいくと、かつて必要とされたアイロニーがアーキテクチャーに代替わりされてしまうという主張として読める。

東浩紀的なものが持っているアドバンテージはつまり、「アイロニカルな没入」のために必要になる自意識の操作、洗練は現代においてはアーキテクチャーが肩代わりしているんだと指摘したことだと思うんです。これは僕の言葉だけど、現代では「アイロニカルな没入」はいわゆる「アーキテクチュアルな没入」にすげ変わっている。それが90年代後半のコンピューターゲーム市場を分析すると実によく分かる。

九〇年代後半に大作RPGブームが起こり、その直後からゼロ年代前半にかけて美少女ゲームブームが起こった。この二つは全く別の消費が為されているように見えながら、その実とても似ているんです。

八〇年代の相対主義や物語批判を通過して、それらが常識化したあとの九〇年代、今更「勇者がお姫様を救う」だとか、「難病や白痴の、弱い女子の精神的な欠落を男根で埋めます」とか、そんなベタなストーリーなんかになかなかハマれないわけじゃないですか。現に

『セカチュー』に「ケッ」って言っている奴が当時いっぱいいたわけで。だけど、そんな人でも、コツコツレベル上げしていたりだとか、この選択によって女の子の運命が変わる、みたいな選択肢によるフラグ操作みたいなことを行なうと、うっかり泣いちゃう。つまりは、ゲームにおけるシステムが物語への没入を支援していたわけです。

物語回帰の支援装置として「ゲーム」が応用された例だと思うんですよ。さらに言うと、東さんの言う「ゲーム的リアリズム」の位置側面でもある。

要するに、九〇年代の物語回帰は本質的にはそれが無根拠であることを知りながらも「あえて」特定の価値観や物語を正しいものであるとみなしてコミットしていくという態度、すなわち「アイロニカルな没入」が支配的になる。けれど、ネットワーク化が前提となった二一世紀においては、むしろ自意識の操作とは関係なく、システムに支援された「アーキテクチュアルな没入」による物語回帰が支配的になる、ということだと思うんです。これは言いかえれば規律訓練型権力から環境管理型権力への移行でもあるし、虚構の時代から動物の時代への移行でもある。この点、今更言うことじゃないけれど、東浩紀さんは問題の建て替えには成功していたのは間違いないんです。

――「アイロニカルな没入」が自覚的に物語を選択していくのに対し、「アーキテクチュアルな没入」はシステムに組み込まれることで無意識に没入が可能になるわけですね。

宇野　ところがですね、当時二十代だった僕が体験していた国内のポップカルチャーの想像力は、そんな「ゲーム的リアリズム」＝「アーキテクチュアルな没入」の先を行っていたという実感があったんです。それを当時の僕にできた精一杯の言葉で展開したのが『ゼロ年代の想像力』なんですよね。

ちょうど『ゼロ想』の連載が〈ＳＦマガジン〉ではじまる直前に、『ゲーム的リアリズムの誕生』が刊行されているんですよ。この本は様々な側面を持つ本ですが、その中でまさに今言ったような「アーキテクチュアルな没入」を新しい文学的な装置として解釈した本であることにポイントの一つがあったことは間違いない。だけど、それが最先端として通用していたのはやはり二〇〇〇年くらいまでだったと思うんですよ。「アーキテクチュアルな没入」にみんなが夢中になっていた時代には新しかったけど、ポップカルチャーはすぐにそれを追い抜いていったというのが僕の考えです。オタク系文化で言えばその最後のお祭りがたとえば、二〇〇五年くらいの『電車男』ブームだったんじゃないかなと思います。普段だったら絶対に没入できないベタな物語に消費者が耽溺できたのは、2ちゃんねるという匿名掲示板のアーキテクチャーに支援されていたからでしょう？　以降も、「アーキテクチュアルな没入」はケータイ小説など、他ジャンルの追随というかたちでブームを起こしていったけれど、僕には目新しいものには見えなかった。本書で『恋空』と『イリヤの空、ＵＦＯの夏』の類似を指摘しているのは、どちらも――当時はこの言葉を思いついていなかったけれど――アーキテクチュアルな没入的な物語回帰のバリエーションだと思っていたからでしょうね。最近だと「神聖かまってちゃん」がこれにあたると思います。あのボーカルの子のキャラクターを既定している物語は、もう九〇年代でやりつくされた「ロックの不可能性に自覚的にコミットしている自分」という物語で、あまりにも凡庸です。でも、ニコニコ動画のアーキテクチャーにうまく支援させると、あのテンプレート的な「反社会性」が「本物」に見えたりする。Jロックでは珍しいのかもしれないけれど、僕にはオタク系インターネット文化でこの十年間やりつくされたことがやっと取り込まれたんだと思った。僕には、というかポップカルチャー全般で考えるとひどく退屈だけど、意欲的でいいバンドだと思う。

　ちょっと話がそれたけれど、じゃあ、僕がゼロ年代に体感していた「アーキテクチュアルな没入」のその先は何なのか、というと、それは言ってみればソーシャルメディア的なものなんですよね。分かりやすくゲームの例を続けると、たとえば僕が二〇〇〇年ごろにハマっていたのは、MUGENやSRC（Simulation RPG Construction）といった同人ゲームツールだったんです。前者はフリーの格闘ゲーム作成ツールで、後者はシミュレーションRPG制作ツールですね。この二つのツールはどちらも当時急速に普及していたインターネットと密接な関連を持ちながら発展したものですね。つまり開発エンジンとしてのフリーソフトがあり、そのソフトをもちいて消費者たちがどんどんキャラクターを作っていく。そうしてネット上に公開されたキャラクターデータがどんどん別の消費者によってマッシュアップされて多様化していく。そして開発エンジン自体もより多様化したキャラクター表現を支えるために、匿名かつ不特定多数のユーザーによる集合知的な進化を見せていく。ここでは明らかにインターネットのアーキテクチャーが物語回帰への支援ツールとは異なる可能性を示すものとして用いられている。

――それは『ゼロ想』の中では語られなかった部分ですね。宇野さんが編集長を務めているミニコミ誌〈PLANETS〉の七号ではゲーム特集が組まれていましたが、それよりもずっと前からゲームシステムがもたらす想像力というのは意識されていたわけですね。

宇野　と、いうか当時の僕はゲーム史に明るくなかったので、ビデオゲーム発展史と論壇状況を照合するというアイデアがなかったんですよ。だから物語論として、アーキテクチュアルな没入、つまりセカイ系的な物語回帰志向をソーシャルメディア的なコミュニケーションで開く、というモチーフを採用しているんですよね。結局「アーキテクチュアルな没入」っていうのは、いかにエレガントに物語回帰するかという九〇年代の日本思想の着地点として登場してきたものなんです。そして最もエレガントだったのが東浩紀であり、『ゲーム的リアリズムの誕生』だったということは間違いない。

けれど、繰り返すように僕の見てきたゼロ年代のポップカルチャーはその「先」を行っていたと思うんですよ。たとえば『ゲーム的リアリズムの誕生』では象徴的に舞城王太郎の『九十九十九』の「だから僕はこの一瞬を永遠のものにしてみせる」というフレーズが引用されている。これは「アーキテクチュアルな没入」によってもたらされた物語の一回性の中に超越を読み込むという態度ですよね。けれど、個人的な読書体験を述べると僕はこの小説を読んだとき、「そんなの当たり前じゃないか」と思ったんですよね。誰もが、大きな物語が作用しなくなったからこそその生の一回性について自覚的にならざるを得ない。それはその通りだけど、物語で、創作物で表現しなきゃいけないようなことにはどうしても思えなかった。少しインターネットを検索すれば、まさに「この一瞬を永遠のものにしてみせる」とばかりに、勝手に絶望して勝手に希望を見出して家族に感謝しているようなブログが山ほど出てくる。要するにインターネットの時代の物語回帰は「アーキテクチュアルな没入」というかたちが支配的になっていて、それはもう世界を埋め尽くしていると僕は思っていたんです。だから、僕が興味をもっていたのは誰もがアーキテクチャーに支援されて物語回帰したときに、そこにどんな社会が生まれるか、だったんですよ。誰もが「この一瞬を永遠のものにしてみせる」と思っている物語回帰したプレイヤーとなったときに、どのようなゲームが行われるのか、に問題が移動していると思っていた。それが「ゼロ年代」の問題だと考えていたんですね。

つまり八〇年代の物語批判、九〇年代の物語回帰を通過して、究極の物語回帰としてゲーム的リアリズム、アーキテクチュアルな没入に辿りついた。そこは全員が「この一瞬を永遠のものにしてみせる」と考えてナルシスティックに行動している世界です。ここで残されているのは、そうした物語へと回帰したプレイヤー同士がいかにしてコミュニケーションするのかという問題だけだ、というのが僕の基本的な発想なんですよ。

最も明確な転換点は九・一一のアメリカ同時多発テロですよね。それ以前の「新しい暴力」「新しい悪」のイメージは、基本的に「革命を失った僕たちの自意識をどうするか」という弱い心、弱い自意識の暴走だったと思うんですよね。それこそ、連合赤軍からオウム真理教まで全部このパターンだった。大きな物語が衰退し、倒すべきビッグ・ブラザーがいない状況の中で生きがいを見つけようとしていたわけですね。革命を失った中で内ゲバに走ったのが連合赤軍であり、ハルマゲドンを捏造したのがオウムだったと区分することができます。僕はね、強い心を持って、無理に敵を世界に求めないようにするという理念自体は悪いものではないと思うんですよ。ところが九・一一は全く別のレイヤーで起こった暴力なわけです。単純に考えて、あれはグローバル時代に生じる反作用みたいなものですよね。社会のネットワーク化やグローバル資本主義の発達によって、これまでだったら繋がらなかったはずのものが繋がると、同時に衝突や対立も生まれてくる。ほんの数十年の間に貨幣と情報のネットワークが急速に発展して世界経済が一つになるというような状況が起きれば、そうなるのも自明のことです。けれど、九・一一に対抗するためにアルカイダの連中をひとりひとり連れてきて「もっと敵のいない世界を受け入れなさい」と説教しても全く意味がない所作になると思うんですよね。もはや、そうした人たちが出てくることを織り込み済みで社会を考えなければいけない時代です。

『ゼロ想』で僕が念頭においていたのはまさにこうした状況です。全てのプレイヤーがそれぞれの小さな物語に回帰せざるを得ない以上、あとはそれらが衝突しないようにどう調整するかという関係性の問題だけが残されている。バトルロワイヤル的状況というのはまさにそれなんですよ。世の中にもっとコミットしなければだめだ、ということじゃないんですよね。たとえコミットしていないつもりでも、してしまっている、自動的にゲームに参加させられているのが現代社会なんだ、ということなんですよね。

僕がいわゆる「セカイ系」について未だに批判的なのは第一には構造の問題ですね。誰もがセカイ系的に物語回帰する、つまり社会、具体的には特定のコミュニティなどをアイロニカルに経由するのではなく、アーキテクチャーに支援されることで個人的に物語回帰する、というのはもはや当たり前のことで、問題は既に次のステージに移動している。第二に、そこで提出される物語回帰の結果得られる「超越」のイメージの貧しさですね。セカイ系の、近代的な自己実現を男性主体ではなく彼を無条件に愛する美少女キャラクターが代替することで想像的に回復する、すなわち男性性が母権的な承認による全肯定で回復する、というのはごくごくありふれた男尊女卑的な既存の社会構造の生む広義の性暴力でしかないでしょう。それのどこが超越なのか、僕にはまったく分からない。世界にありふれた、幼児的な夫とそれに耐える妻の構図でしかないんじゃないかと思う。

もう少し本質的な部分に触れると、セカイ系に限らず、日本のここ数十年のファンタジーは「革命を失った僕たち」という思春期の男性のメンタリティを描くためのものに特化しすぎているんじゃないかと思うんですよ。七〇年代からロボットアニメも美少女アニメも、同じ罠に嵌まっている。なんで日本のアニメの「ロボット」が人工知能の夢の追求ではなくて、男の子の成長願望のはけ口になる、つまり拡張された身体を得るために「乗り込む」ものになったかというと、ロボットが代表するファンタジー的な想像力が「大きな物語」が機能する世界を仮構するための装置として望まれていったからですよね。僕はこの傾向は一概に否定しません。むしろ、七〇年代から九〇年代にかけて、優れた表現を産む土壌を作ったとすら思っている。けれど、その反面日本におけるファンタジー的な想像力は、その本来の力を失ってしまったんじゃないかと思うんです。

本来ファンタジーというのは人間の想像力で疑似自然を構築し、世界の構造をシミュレートするようなものだったはずなんです。ところが映画『ゲド戦記』を考えてみれば分かるように、ル・グィンの原作が日本に輸入されて宮崎吾朗監督が翻案した瞬間に本来の機能は失われて、お父さんと不仲な男の子が、自分より弱い立場でかつ強い心をもつ「母」的な女子に癒されて回復するという、極めてどうでもいい話になってしまう。ここに「セカイ系」問題の本質もあると思う。個人の承認の問題と世界の構造の問題はイコールじゃない。これまでイコールに見えていたのは、近代的な国民国家が男性の疑似人格で比喩されることで共有される装置だったからでしょう？　だから「日本はアメリカという父に抑圧されて成熟できない十二歳の少年だ」なんて議論が可能だったし、個人の自意識の問題と世界の構造を比喩的に重ねあわせることに説得力があった。「セカイ系」は今思うと、そんな近代的な装置、大きな物語が機能しなくなったときに、それを既存の性差別的な構造に依存して、つまり女性に仮託して回復しようとした試みだった、と言えると思う。

――その話は三年を経た今でも十分な有効性を持っている部分だと思います。逆に、当時上手く伝わっていないと感じるような部分はありましたか。

宇野　一番がっかりしたのが、オタクの自意識を巡る問題を扱った部分にばかり反応されたということですね。そもそも、「オタクはクラスの隅っこでいじけているけど、本当の人間としての温かみを知っている」というような逆差別的なナルシシズムがオタク系文化の消費者のアイデンティティを形成していたのは八〇年代や九〇年代の話なんですよ。けれど実際には『ゼロ想』の連載が始まった頃には、キャラクター文化がメジャー化したこともあって、オタクというのも単にインドア系の趣味の一つでしかなくなっていったんだと思うんですよね。だからこそ、その流れに取り残されてしまったオタク第二世代、第三世代がインターネットで「非モテ」運動みたいなつまらないことをやって発散させていたんだと思う。この世代には、文化批評は自分たちのそんな逆差別的なメンタリティを肯定してくれるものじゃなきゃいけないという思い込みがあったんじゃないかと思うんです。その欲求に答えてくれる言説が善で、答えないものが悪だったんでしょうね。東浩紀さんの『動物化するポストモダン』を引き合いに出すと分かりやすいんですが、この本を読んだオタク第三世代は自分たちの好きな「萌え」に対して優しいから肯定し、オタク第二世代はカウンターカルチャーとしての物語を認めてくれないから批判するというような構図があった。

今思うと、極めてつまらない問題だったと思うけれど。『ゼロ想』に関してもそうした世代別のオタク闘争的な視点から読まれていた部分がありました。けど、そうした問題って結局は「オタクのカジュアル化」によって自動解決されちゃったんですよね。これは端的にいいことだと思います。カウンターカルチャー的なメンタリティがないと文化はつまらなくなるという人もいるけれど、僕はそうは思わない。たしかに七〇年代や八〇年代のオタク系文化を支えていた原動力はカウンターカルチャー的なものだったと思うけれど、現在のネットワーク上のn次創作に支えられたオタク系のキャラクター文化の原動力は、むしろキャラクターという実体のないものへの愛で加速される「半ば」自己目的化したコミュニケーションでしょう。

端的に空気が変わったなと実感できるのは、読者の反応ですね。たとえば僕は三年前に『ゼロ想』でテレビドラマを取り扱ったわけだけど、それがオシャレでもなんでもない俗っぽいものであるにもかかわらず、年長世代のオタクからは「〈SFマガジン〉でテレビドラマの話をするとは何事だ」という風にどうでもいい反発を受けたりした。

ところが最近、東京大学の自主ゼミや「ニコ生PLANETS」とかでテレビドラマやAKB48の話をしても平成生まれの読者や視聴者からはその文脈で変な攻撃を受けるというようなことはない。それくらいに消費者のメンタリティというのは変わってきているんです。今の大学生が、当時『ゼロ想』に対して怒り狂っていた人たちのブログとかを見ても、何を言っているのか分からないと思いますよ。こういった点において、いい意味で時代が変わったなと感じています。

その一方で、今読み返して強く感じるのは当時の僕のいわゆる「ロスジェネ」的な厭世観への反発ですね。当時の「ロスジェネ」の格差批判は今よりもずっと戦後回帰の色が強かった。上の世代は終身雇用が保証されていて、年功序列で、既得権益がたっぷりとあった。けれど、僕らにはない、これはどういうことだ、という論法ですね。そんなことを言ったら、戦争を経験している人がこの国にはたくさんいるわけですよね。よくそんなことが言えるなという単純な反発がまずあった。その上で、僕はバブル崩壊後の世の中がそんなに悪くないと思っているんです。たしかに安定はなくなった。けれど自由は広がった。僕は今のほうが生きやすい世の中になったとずっと思っているんですよ。こう言うとそれはお前が自分が社会的に成功したと思い込んでいるからだ、それは強者の論理だ、というテンプレート的な反論が、必ず来る。けれど、本当にそうか、ちゃんと考えてほしいんですよね。転職や結婚の自由がこの二十年でどれだけ広がったか、仕事や家族以外の生きがい、たとえば「趣味」を人生のメインディッシュにする生き方がどれだけやりやすくなったか、考えてみてほしいんですよ。戦後的な「安定」の代価だった「不自由」がある限り、これらのものは絶対に手に入らなかったと思う。終身雇用に支えられた会社共同体が崩壊してくれたおかげで、どれだけ僕らは自由になったか。

比喩的に言うとね、この国は戦後ずっとすべての国民に「雑食系」であることを、特定のライフスタイルを強要してきたんですよ。それが今、鎖から解き放たれて「肉食系」にも

「草食系」にもなれる社会になった。これは単純に肯定していいんじゃないか。世の中には肉好きもいればベジタリアンもいるわけですからね。手を抜いていきたい、収入は低くてもまったりと生きたい人にとっても、ある意味優しい社会になっていることは間違いない。

もちろん、社会保障の混乱やセーフティネットの不備は大問題で、これは早急に手当てしなければならない。けれど、僕は誰もが正社員になれた／させられた社会よりも、本人が望めばフリーターでも生きていける社会をつくるほうがいいと思っている。けれど、こういう発想は自由競争や格差自体を「悪」と決めつける発想からは絶対に出てこない。

そんな怒りのようなものが当時の僕には今以上に渦巻いていて、現代を「肯定」するものが書きたかったんですよね。この気持ち自体は未だに変わっていないですね。

ちなみに以前も週刊誌の対談で話したけれど、僕は古巣の某社に、〈PLANETS〉をもっていって、「自分はこんな活動をしている／本にする前提の連載『ゼロ想』もはじまる、自分の知識と人脈は御社のこの事業に役立つから雇ってほしい。給料は低くていいので副業を認めてほしい」と売り込んで入ったんですよ。バブル崩壊前ならたぶん、こういうやり口は認められなかったと思う。僕を雇ってくれた（副業を公認してくれた）会社にも感謝しているけれど、その意味で僕は「失われた十年」が獲得したこの「自由」を肯定したいんです。問題はあくまでこの「自由」を行政がうまく制御できずに、弱者に鞭打っていることですからね。

■『ゼロ年代の想像力』が語り残したもの

――先ほどおっしゃられた「オタクのカジュアル化」ということとも深く関連していると思うんですが、この三年の間にニコニコ動画の存在感が増したり、アニメを取り巻く空気が変わったりといった様々な変化が起こったように思います。実際に三年が経ってみて、『ゼロ想』では語り切れなかった風景も立ち現われているのではないかと思うんですが。

宇野　確かにこの三年での変化は大きいですね。その中でも僕が補わなければいけないと思っているものとして、空気系の問題とソーシャルメディアの問題という二つがあります。

まず「空気系」の問題に関しては、当時その言葉もほとんど流行っていなかったので掬いとれなかったのはしょうがないと思うんですが、近年の存在感を考えるとやはり語っておく必要があるでしょう。『ゼロ年代の想像力』で言えば十四章でほんの少しだけ出てきますよね。今思うと、章全体がこの「空気系」について結果的に論じていたと言えるでしょう。そして、あれから三年経って、改めて「空気系」とは何かということを考えたときに、僕はそもそもそれがオタク文化だけの問題であるとは全く思っていないんですね。

「セカイ系」と同じように「空気系」も同じインターネットのファンコミュニティから出てきた言葉ですね。ゼロ年代後半の「萌え四コマ」漫画ブームで流行していた物語形式が「空気系」とか「日常系」と呼ばれ始めた。一九九九年に『あずまんが大王』が登場し、二〇〇一年に『ウォーターボーイズ』が作られたわけですが、空気系ブームの種火となったのがこの二作だと僕は考えています。どちらも、この十年余りで膨大な亜流を産んだ作品です。前者で言えば『らき☆すた』や『けいおん！』、後者で言えば『スウィングガールズ』や『タンブリング』ですね。そしてどちらも学園を舞台に話が展開されるわけですが、極めて特徴的な物語構造を持っている。

これらの作品では、いずれも中学校や高校の部活動など同世代のコミュニティを舞台に繰り広げられる日常が描かれているわけですね。放課後の寄り道や、部活動の合間のおしゃべりがある種理想化された関係性として幸福感とともに描かれる。そしてここがポイントなのだけど、これらの作品で描かれるコミュニティは基本的に同性のみで形成されているんですね。『あずまんが大王』では「萌え」系の美少女キャラクターばかりの、『ウォーターボーイズ』ではいわゆる「イケメン」俳優演じるキャラクターばかりの共同体が描かれるわけです。広義のポルノグラフィとして機能する作品のはずなのに、消費者が感情移入できるキャラクターがいないんですね。『あずまんが大王』には男性の視点人物は登場しないし、『ウォーターボーイズ』にも女性の視点人物は登場しない。これはポルノグラフィとしての機能を徹底したがゆえに、視点人物を排除してしまったと言える。これはちょっとした奇形的な進化だと思います。

もう一点、これらの作品では「目的」がないんですね。「死んだ弟のために甲子園に行こう」とか「憧れの君と結ばれよう」といった目的がない。より正確に言うと、楽しい日常それ自体が、「青春」それ自体が目的化しているんです。

これは北田暁大さんの言う「つながりの社会性」の直接的な反映じゃないかと思います。たとえば携帯電話のショートメールやソーシャルメディアで、私たちはよく「疲れた」とか「○○を食べた」とか、何でもない情報を発信しますよね。このとき、私たちの欲望としては決して「疲れた」こと自体や「○○を食べた」こと自体を相手に伝えたいわけじゃない。誰かがその言葉に反応してくれること自体を期待して発信していることがほとんどのはずです。つまりコミュニケーション（を取ること）自体が目的化していると言える。これが「つながりの社会性」ですね。そして「空気系」作品における「青春」それ自体の目的化はまさに「つながりの社会性」ですよね。だって、「〜のために」部活動をするのではなくて、部活動することとそれ自体が「目的」なんですから。

ここでは「恋愛」という要素は慎重に作品世界から排除されるか、補助的な要素に退くことになる。たとえば『ウォーターボーイズ』では平山あや演じるヒロインが出ては来るけれど、彼女と妻夫木聡演じる主人公との恋愛はほとんど描かれない。これは「恋愛」というものが「目的」を否応なく発生させてしまうからだと思うんですね。

そして気がつけば、特にアニメでは『らき☆すた』『けいおん！』と「空気系」アニメのブームが『ゼロ想』の出版後の三年間の最大の物語的トレンドになってしまった。『ウォーターボーイズ』に端を発する実写の「空気系」の流れは今思うと二〇〇四年ごろをピークにゆるゆると続いて行った感じですね。

そして面白いことに、当時「空気系」という言葉がほとんど流通していなかったにもかかわらず、今読み返すと『ゼロ想』って「メタ空気系」と呼べるような作品に、一連の問題の本質が現れているという論旨になっているんですよね。そのことの証左が『木更津キャッツアイ』についての議論だと思う。『木更津キャッツアイ』は二〇〇二年に作られた作品ですが、これは言ってみればメタ『ウォーターボーイズ』的な作品なんですね。

端的にまとめてしまえば、『木更津キャッツアイ』は『ウォーターボーイズ』的な「終わりなき日常」の空間でホモソーシャルに耽溺している間に、主人公の身体がいつの間にか朽ち果てて、最終的にはゾンビになってしまうという物語です。「空気系」的なコミュニケーションが自己目的化した空間の不可避性と、そのことが逆説的に浮上させる身体的な有限の残酷さについて抉り出している。まさに「空気系」批評的な作品だったと思うんですね。それも、「空気系」的なものの不可避をきちんと受け止めたからこそ生まれる問題にアプローチできている。今考えても傑作であり、問題作だと思う。今回、読み返していて自分で一番感心した（笑）のはここですね。

同じ意味で、ほとんど予言的だったと思うのはやはり『涼宮ハルヒの憂鬱』（以下、『ハルヒ』）を扱った第十四章ですね。僕はこの第十四章では『ハルヒ』を分析していくと、セカイ系的な厭世観やロマン主義は、空気系的なものに回収されるほかないという主張を行っているんです。この作品のヒロインのハルヒは、未来人・宇宙人・超能力者といった非日常的存在に憧れるという設定ですよね。そして物語冒頭で、一種のオカルト研究会（SOS団）を結成する。実はほかならぬハルヒ自身が超次元的な存在なのだけど、彼女自身はそのことに気づかない。結局、非日常的な展開ではなく日常的な草野球や自主映画製作でハルヒの青春は充足していく。

作者である谷川流というのはオタク第二世代の人で、本質的にはセカイ系のメンタリティを持っていると思うんです。だからこそ「革命を失った僕ら」の自意識の捌け口としてオカルト的なものを求めるヒロインを設定し、SF小説に仕立てた。けれど、作中でハルヒは普通の青春で充足していくんですよね。そして当時『ハルヒ』を見ていた若いファンたちも、そこに共感していたんじゃないかと思うんですよ。つまり、オカルト的なものSF的なものに接することによって別世界、つまり〈ここではない、どこか〉に連れて行くのではなくて、この世界、つまり〈いま、ここ〉を多重化していく。現実のコミュニケーションを豊かにするために想像力が用いられている部分にこそ、若い世代にとっての『ハルヒ』の魅力はあったんじゃないか。僕はそう主張していたんですが、これがものすごく批判された。「ハルヒを見ると部活動の楽しさに憧れる」とは何事だ、とかね（笑）。でも、単純に考えてこれは僕のほうが圧倒的に正しかったと思う。後の空気系ブームがそれを証明していると思うんですよね。気がつけばみんな『けいおん！』に憧れてギターを買っているわけだし。

僕の考えでは、ハルヒというキャラクターは超絶な能力を持っているにもかかわらず、実は凡庸な青春に憧れているだけだし、そこが魅力的なんだと思うんですよ。不思議な出来事や非日常を求めているように見せながらも、実際には草野球や自主映画製作をやっていれば癒されてしまっていて、あとはキョンとつき合えれば何の文句もないというような普通の女子高生なんですよね。

作品外の消費に関しても、たとえばニコニコ動画における「踊ってみた」タグを普及させたのは、二〇〇六年に『ハルヒ』がアニメ化した際に流行ったハルヒダンスなんですよね。まさに『ハルヒ』を好きなオタクたちは現実世界におけるコミュニケーションを楽しくするために『ハルヒ』という作品を消費していたわけです。それって、作中におけるハルヒの行動と全く一緒なんですよ。彼女は未来人・宇宙人・超能力者を求めているように見せることでSOS団という現実の部活を楽しんでいるわけですから。

『リトル・ピープルの時代』の議論に接続するとハルヒの建前や旧世代のファンの消費は「仮想現実」的なんですよね。〈ここではない、どこか〉への憧れが作品の本質だということになる。作者の自意識もこちらに近いんじゃないか。しかしハルヒの「本音」と、若い世代の消費の仕方は「拡張現実」的なんですよね。ハルヒの妄想そのものはハルマゲドンや宇宙人が出てきたりと仮想現実的なんですが、実際にはそれを利用して豊かなコミュニケーションを実現している。

こうしたオタクたちの消費と作中のハルヒの行動が、拡張現実的という点で一致するところがハルヒ現象における最大の面白さだと思います。みんなが現実を楽しくするために『ハルヒ』というコンテンツを利用し、しかもそれがインターネット上で可視化されることによって更に広まっていくという現象が当時起こっていたわけです。

ここで誤解しないでほしいのが、若い世代の消費者たちが創作物を拡張現実的に捉え、用いていくというのは、別に現実に対する批判力を失ったわけではなく、単に戦い方が変わったというだけの話なんですよね。昔はやっぱり〈ここではない、どこか〉へ行きたいという妄想を布団を被った状態で行っていたのが、現在ではネットワークの支援を受けながら虚構への欲望を使って〈いま、ここ〉を豊かにしようとする方向にシフトしていったという視点を持つべきなんです。

——第十四章で宇野さんは「日常に内在するロマン」という表現を用いていますが、それは日常の中に希望を見出すという方向性なので、拡張現実の話とも繋がっていますよね。

宇野　そこは全くイコールですよ。当時僕はそうした表現を用いたことで「いろいろなことを諦めてチマチマ生きなさい」というメッセージを発信しているんだと思われたんですけど、それは完全な誤解です。単なる誤解じゃなく、悪意を持って矮小化したかった人も少なくなかったわけですけど。

けれど、今インターネット上で可視化されている新しい人間と情報の関係は、明らかに創作物を用いて日常の中からロマンを汲みだす行為ですね。僕は今、真剣にロマンティストであろうと思えば拡張現実的であるほかはないと思う。これは『リトル・ピープルの時代』への反応を見ても思うことだけど、仮想現実的なロマンの回復に思考が縛られすぎている人が多すぎると思う。想像力はもっと多様であるべきだと僕は思いますね。

今現在、虚構の役割というのは世界の外部に飛び出すのではなく、逆に世界の内部に潜ってそこを多重化するものになっている。空気系にまつわる問題の本質というのはここにあると思うんですね。そうした点を僕は『ゼロ想』の第十四章で『リンダ　リンダ　リンダ』（以下、『リンダ』）を論じることでそれなりに表現できていると思うんです。

これはたぶん『けいおん！』のルーツの一つになった映画で、文化祭の数日前に急遽結成されたガールズバンドがブルーハーツのコピーを演奏するというだけの物語しかない。いわゆる「空気系」のフォーマットを備えながらも、それを批評的に描いてもいる。これもメタ「空気系」的な作品ですよね。

この映画が素晴らしいのは、ブルーハーツという九〇年代における物語回帰の象徴から意味を全部剝ぎ取って、現実を祝福するための歌に読み替えているという点です。ここでブルーハーツはかつてのバブル批判的、カウンターカルチャー的な「意味」はすべて失っている。しかし世界を祝福する、彩るための強度はむしろ増幅されているんですね。まさに想像力の行使方法を変化させるだけで、既に失われた批判力を別の形で再生させている。

実は『ハルヒ』はこの映画を元ネタにしているんです。山本寛さんが『ハルヒ』で「ライブアライブ」という、学園祭のエピソードを担当するんですね。その時に、ハルヒをバンドに参加させる際にこの映画を参照したんですね。『リンダ』もメタ空気系的な要素を色濃く持つ作品なのでこれは象徴的なことですね。

——以前「ニコ生PLANETS」で『魔法少女まどか☆マギカ』について語った際にも、空気系の先にいかに進むかというような話が出ましたけど、宇野さん自身は現在においてもまだ可能性が残っていると考えているんでしょうか。

宇野　単に物語形式のトレンドということであれば、数年単位で今ほどの盛り上がりは失っていき、定番のジャンルの一つに落ち着くんじゃないでしょうか。それとは別のレベルで、三・一一の震災の影響によってかなり辛くなるだろうとは思っています。歴史をひも解けば、たとえば湾岸戦争の際にはリアル・ポリティクスこそが大事なんだというような動きが見えたりしたわけですよね。大きな災害や戦争が起こると「ポストモダン的な消費社会論は虚妄であり、軍事力などに対する精緻な分析がなければ世界の構造は語れないんだ」とするような言説が強くなるんですよ。今回の震災に関しても、それと同じように人々の関心が物語に行かなくなる部分は少なからずあるでしょう。

　ただ、そもそもゼロ年代の日本の思想や創作物って、要はいかにして大きな「非」物語を記述するかということをずっとやってきたわけなんですよね。かつての大きな物語は、たとえば国民国家が男性の疑似人格の比喩で共有されるといった具合に、イメージ化が完了しているんですね。ところが、大きな物語の凋落以降、後期近代でもポストモダンでもなんでもいいんだけど、要は現代の世界構造の文学的なイメージ化はまだ十分に達成されていないと思うんです。

この視点から考えると、たとえばセカイ系というのは成人男性の疑似人格ではなく、女性の疑似人格、それも「母」であり「娘」である男性主体を全肯定してくれる女性の疑似人格での比喩を試みた物語傾向だったと言えるのかもしれない。世界の運命を背負う美少女が、男性主人公を無条件に全肯定することで後者の全能感が確保されるわけですからね。

まあ、これもざっくりとしたまとめをあえてするとね、世界が男性の疑似人格に見立てることができたからこそ、自分の自意識の問題を解決することが社会化であり、世界の問題を解決することの比喩としても機能したのが近代文学、特に教養小説だったと思うんですね。その点、セカイ系では男性の代わりに女性が悪と戦ったり、世界を救ったりして自己実現を果たす。そんな彼女に主人公の男性は無条件に愛されることで、自己実現を果たしていく。これって、女性という被差別階級の世界にならまだ大きな物語が機能しているはずだ、男性が信じられなくなったものを女性だったらまだ信じられるんじゃないか、というファンタジーなんですよね。これは明らかに既存の性差別的な社会構造に依存した想像力だと思う。同時に、それは結局のところポストモダン状況から逃げているだけじゃないかと思うんです。ポストモダンというのは本来、近代的な政治と文学の関係が壊れてしまったことで大きな物語を疑似人格化できなくなったというところに問題の本質があるはずなのに、そこで男性ではなくて女性の疑似人格を、それも既存の性差別的な社会構造を背景にあてがえば済むという発想で済むわけがない。それは結局、女性ならまだ近代を生きられるというファンタジーを押し付けているに過ぎないんじゃないか。

男性の疑似人格の語る大きな物語で世界の構造を表現するのが近代だという比喩を続けるのなら、他方、バトルロワイヤル系というのはポストモダン状況を表現するのにゲームの比喩を用いる想像力なんです。世界の構造は、複数の対等なプレイヤーが競うゲームとして描かれるし、主人公たちは最終的にはゲームのルールを書き換えることで世界の改変を試みる。バトルロワイヤル系が「現状肯定的」だと批判する人は、この本をきちんと読んでいないだけだと思う。『DEATH NOTE』の夜神月も『コードギアス』のルルーシュも『野ブタ。をプロデュース』の修二も、最終的にはいかにしてルールを更新するか、というメタゲームを戦っていたことはきちんと指摘しています。ゼロ年代のゲームプレイヤーたちは、ただ与えられたゲームをプレイしていたわけじゃない。与えられた状況で生き延びるだけじゃなく、その中でどうメタ・プレイヤーとしてルールを更新するか、を最終的には追求していったはずです。

大きな物語の凋落の後に大きなゲームが現れたという発想が根幹にあるわけですね。僕はこの発想はいまだに有効なんじゃないかと思っています。

年長世代の書き手は「ゲーム」という言葉から将棋とかトランプのようなものを想定して、それは外部のない、閉鎖的なゼロサム・ゲームだとすぐに文句を言ってくるわけですが、僕が想定しているゲームというのは全くそういうものではない。ちょっと調べればすぐに分かることなんですが、たとえば『ジョジョの奇妙な冒険』や『ポケットモンスター』といったバトルロワイヤル系の源流となった作品に強い影響を与えているのは『マジック・ザ・ギャザリング』のようなトレーディングカードゲームなんですよ。トレーディングカードゲームの面白いところは、ひとつのルールに基づいて、原理的には無限にカードが追加されていくことですね。つまり無限の拡張性がある。これは東浩紀さんの「ポストモダンの二層構造」とまったく同じ話です。つまり、インターネットのサービスやショッピングモールなど、下部構造としての社会インフラ、画一的なアーキテクチャーがある。これがカードゲームのルールですね。その上に、多様な商品やコミュニティが無限増殖していく。これがカードです。一般的には、市場やインターネットは人間の欲望自体を画一化させ、文化や価値観をも画一化させるというけれどそんな簡単な話じゃないんです。今、世界的に起こっていることは、グローバル／ネットワーク化によるアーキテクチャーの画一化と、そのコインの裏表的な現象としての商品とコミュニティの多様化だと考えたほうがいいですね。これは、僕の個人的なアイデアで、極めて文学的かつ批評的なイメージに過ぎないけれど。ここでカードゲームの比喩が効いてくると思うんです。この種のカードゲームでは、既存のルールに適合しないカードが事後的に発売されることがある。それはたいてい、市場の欲望をくみ取る形で実現される、こんな能力を持ったカードがあったらもっとゲームが面白くなるのに、とか、こんな作品（映画やマンガやアニメなど）に出てきたキャラクターをカードにして欲しい、そして劇中の設定を反映した能力を備えたカードにして欲しい、といった要望が反映されるケースですね。そして、こういった既存のルールに適合しないカードが発売されると、ルールのほうがそれに合わせて書き換えられるんです。これはとても重要な示唆を与えてくれる事例だと思うんですね。

市場の欲望を反映するからこそ実現される多様性がまず存在して、その多様性が生む商品＝カードがシステム全体の更新を要求する。これはマイノリティが商品として機能することでシステム全体をよりリベラルなものに更新していくイメージとして捉えなおすことができると思うんです。これは『リトル・ピープルの時代』の裏テーマでもあるんですが、ここにはつまり、二〇世紀までの「革命」モデルとはことなる「ハッキング」モデルの社会変革、現実改変のモデルがあるのではないかと僕は考えています。

ちなみに『マジック・ザ・ギャザリング』の場合は、この種のルール改訂は専門の機関が行っている。つまり設計者のコミュニティが存在するわけですね。そして、このカードゲーム的な想像力は内外で進化していって、インターネット上の同人ゲームに影響を与えているんです。具体的には先ほど挙げたMUGENとかSRCですね。これらのゲームも、まさに基本ルールが開発エンジンというかたちで存在し、あとはそのゲームに登場するキャラクターをユーザーが無限に追加していけるシステムになっている。ここでもやはり、既存のルールに適合しないキャラクターを作成したいという要望が生まれるんです。このとき、これらの開発エンジンはフリーソフトの利点を生かして、wiki的なものを活用する形で消費者によって自動更新されていく。僕は『リトル・ピープルの時代』の中で「革命からハッキングへ」というフレーズを使いましたけど、それはこういった形で集合知的に世界やルールが変化していくという状況から来ているんです。

今思うと、サヴァイヴ系、バトルロワイヤル系というのはカードゲーム系という名前でもよかったかなと考える部分もあります。やっぱり、大きな物語のあとには大きなゲームに変化した、という構図には強い説得力があるんですよね。国内文化で言えばＡＫＢ48の社会現象化や『Ｍ－１グランプリ』などの近年のお笑い番組はその代表例だと思います。山口百恵や松田聖子のような国民的アイドル、あるいは北野武や松本人志のようなカリスマ芸人はもう成立しないのは明らかです。ひとりのカリスマが物語を語り、その物語が支配的に機能するというモデルですね。ところがＡＫＢ48にせよ『Ｍ－１』にせよ、それは国民的なポピュラリティを獲得しているけれど、前田敦子や笑い飯といった個人に決定的な力があるわけじゃない。ＡＫＢ48というゲーム、『Ｍ－１』というゲーム、『アメトーーク』というゲームとそのルールのほうに本質がある。それを、個々のアイドルや芸人がプレイすると、ポテンシャルを引き出され、魅力的なカードとして場に並ぶことになる。

このカードゲーム的な想像力については今後も追求していきたいと思っています。

最後に、先ほど取り上げた空気系というのはセカイ系ともバトルロワイヤル系とも違う問題を含んでいます。多少整理して言えば、セカイ系というのは、崩壊が始まった近代的な文学と政治の関係において男性の代わりに女性を投入することでこれを維持しようとするレイプ・ファンタジーであり、バトルロワイヤル系は大きな物語の代わりに大きなゲームを用いることで政治と文学を再記述しようとする立場です。これに対して空気系は、政治と文学——村上春樹の表現を借りれば「壁と卵」は完全に断絶しているという前提から生まれてきたものです。そこでは、もう「壁」、つまり世界の構造の問題は問われないんですね。あくまで「卵」同士の関係しかない世界が描かれる。完全に「壁」が、世界の構造が、システムが消去された世界をシミュレーションしているんです。恋愛や成長が排除されるのは、そういうものを描くとどうしても「壁」のことを描かざるを得ないからです。

セカイ系やバトルロワイヤル系が現代のポストモダン状況における世界構造の比喩となっているのに対して、空気系は政治と文学が切り離されてしまった時代における肌感覚を上手く切り取ったものなんですね。だから前の二つとはそもそもアプローチが違うので本当は単純に並べられるものではないんです。

——空気系がゼロ年代的だったというのは、自己目的化したコミュニケーション以外何も存在しない世界に、消費者側が意味をタグとして貼り付けていく点にあったと思うんですがいかがでしょう。

宇野　これは『ゼロ想』における明確な反省点でもあるんですが、やはり僕は自分がMUGENやSRCが大好きだったにもかかわらず、当時インターネットにおける二次創作コンテンツの価値をすごく低く見積もっていた。当時はVOCALOIDもニコニコ動画もあまり好きではありませんでした。何故かと言うと、僕にはそれらがＪＲＰＧや美少女ゲームに近いものとして映っていたからなんですよ。つまりは物語回帰への「アーキテクチュアルな没入」の支援装置に見えていた。「普通に聴いたら馬鹿にしているような曲でも初音ミクが歌うと泣いちゃうんだろ」というような感じでね。だからこそ『ゼロ想』では結構厳しい書き方をしていたわけですけど、幸運なことにその後、濱野智史と福嶋亮大という二人の友人との付き合いが生まれ、影響を受けていくうちに考え方や見方も変わっていった部分が大きいですね。もちろんそれだけじゃなく、『ゼロ想』を出した一年後くらいから市場自体が進化したということも大きいですけどね。ニコラップなどのニコニコ音楽文化が急速に花開く時期でもありましたから。

　実際のこれらのコンテンツでは、前述したようにむしろアーキテクチュアルな物語回帰を経由した消費者同士の、半ば自己目的化したコミュニケーションを用いてマッシュアップを加速する回路が肥大していった。つまりＭＵＧＥＮやＳＲＣの延長線上にあるものとしての側面が強いことに、あとになって気づいたんです。これは非常に重要なことで、端的に言えば、アーキテクチュアルに没入が支援される物語よりもマッシュアップによる訂正可能性の力の方が強くなったわけですよね。ニコニコ動画や初音ミクを単なる物語回帰支援システムと考えていたのはやはり間違いでした。

　ただキャラクターの話に関して言えば、他方で僕は『ゼロ想』の第二章で展開したキャラクター的な複数性への批判というのは今でも有効だと思っています。つまり、どんなに二次創作や三次創作が作られていってもオリジナルのキャラクターのイメージは強化されていく、という指摘ですね。つまりポストモダンの二層構造のように、n次創作的にキャラクターが複数化されていけばいくほど、オリジナルのキャラクター（を既定する物語）は強化されていく。綾波レイがどんなにマッチョに描かれようが淫乱キャラにされようが、元の『新世紀エヴァンゲリオン』におけるイメージ自体が破壊されることは絶対にない。これを先ほどのカードゲーム的想像力の例に照らし合わせると、n次創作的な読み替えの多様化によって、いかにオリジナルのキャラクターそのものを変化させるか、というのがポイントになってくると思う。だから『東方project』のヒロインが「ゆっくり」という匿名掲示板のアスキーアートのキャラクターに「生まれ変わっていく」ような現象に、今はとても関心があります。

僕は来年、〈新潮〉の連載を母体に『母性のディストピア』という著作を刊行する予定ですが、このキャラクター的複数性の可能性と限界については、しっかりと詰めていきたいと考えています。そうした限界をどう乗り越えていくかというのがその本においても重要な課題になっていくと思っています。そしてソーシャルメディアとキャラクターの関係も、当然単なる物語回帰支援システムではないことを踏まえつつ、こうしたキャラクター文化の達成と限界を踏まえた上で考えていきたいですね。『リトル・ピープルの時代』で展開した「キャラクターの透明度」をめぐる議論はその一例になっていると思います。

このソーシャルメディアは当然、『リトル・ピープルの時代』で展開した拡張現実的な想像力をめぐる議論とも深く絡んでいると思うんですね。たとえば初音ミクというのは消費者同士のコミュニケーションによって作品を産み出していくツールなわけじゃないですか。これは結構不思議な話で、コミュニケーションという現実が作品という虚構を産み出すという状況が出てくることによって、現実と虚構の境界が曖昧になってるんですよね。ここでも虚構というのは〈ここではない、どこか〉へ人々を連れていくものではなく、〈いま、ここ〉の現実を多重化して読み替えていくものとして機能する拡張現実的なものとして扱われている。その代表例が初音ミクでありMMDであるということなんですね。

——宇野さん個人の感覚も含め、そうしたソーシャルメディアと消費者の対応の変化はこの三年で最も変化したことのひとつであるように思います。

宇野　そもそも現代というのはインターネット上におけるブログや掲示板やSNSが象徴するように、誰でもメディアを持ち、言葉を発信することができる時代です。おそらく有史以来、こんなに私たちが文字を書くことを日常的に行っている時代はないはずです。しかも、この現象は完全に大衆化している。一部のインテリたちの文化でもなんでもない。以前は書き言葉というのはすごく特権的なものだったわけですよ。文字を読む、書くという作業は時間を遡れば遡るほど一部の人だけに許される行動だったことが明らかです。しかもそれをメディアを通して不特定多数の人々に発信することができる環境なんて本当に特殊なものだった。それをインターネットは一気に解放してしまったんですよね。

その結果何が起こったかというと、たとえば制度によって支えられていた文学の特権性が失われ、全てが情報になってしまったわけです。書かれたものがコミュニケーションの手段としてその一部に組み込まれたとき、「文学」が「情報」の下位カテゴリになった。それまでは、コミュニケーションから切断された文学表現がまず独立して存在し、それを読者や批評家が読み替えることによって多様性が生まれていた。しかしあらゆる書かれた文字がコミュニケーションの一部と化す、つまり情報化することによって、もはや読者や批評家による読み替えは大きくその意義を後退させたと思うんですよね。文学を情報の一バリエーションとして見做した瞬間に、読み替えは「当たり前」のことになってしまう。なぜならば完全な意思疎通を実現するコミュニケーションなんて原理的にあり得ないし、誰もが作者であり読者であることが前提となった世界において、テクストを読み替えて、さらにn次創作的に改変することは特別なことでもなんでもない。もはや構築されたものを解体する必要なんてないんですよ。情報化によって、最初から解体されているも同じですからね。語りの拡散も主体の解体も、情報化によって既に前提として織り込まれてしまった。これが、かつてポストモダン小説と呼ばれたある種の前衛小説の一部が、今、急速に批判力を失っている背景でもあると思います。

僕はこうした状況を前にしたとき、情報化を批判して、いや、「なかったこと」にして「文学」を守るという態度には賛成できない。僕はこうした保守派の考え方からは建設的な議論は全く出てこないと思っています。逆に全てがコミュニケーションの一部となるからこそ可能になる表現というのがたくさん存在するわけで、それとどう付き合っていくのかを考えるべきじゃないかと思うんですね。それを恐れていたらこの先文化批評をやっていくことは不可能ですよ。逆に、情報としての側面を考えずに、文学としてだけテクストを読もうとする態度はすでにテクストと向き合っているとは言えないと思う。

誤解しないでほしいのは、僕は既存の文学や他の表現がつまらない、駄目だ、と言っているわけではないんです。ただ、情報化が代表する新しい思考法を導入しないと、その快楽が分析できないタイプの表現が既に市場には溢れていて、そこに批評の言葉が追い付いていないのは端的に問題だと思います。

たとえばライトノベルを取り上げてその文体が平易なだけで魅力がない、と断罪することに意味があると僕には思えないんですよ。ライトノベルについてはより優れたキャラクター消費回路の構築のためにどんなテキストを置くかというゲームが行われているわけです。つまりテキストとキャラクターの間に発生している運動がポイントで、そこが面白い。テキストの外側にあるものを読む目がないと、ライトノベルは批評できないはずです。そしてこの事実をもって、ライトノベルを文学じゃない、と切り捨てるのは事実上文学の敗北だと思う。

同じように、あえて卑近な例を出すと堀江貴文さんの『拝金』や岩崎夏海さんの『もしドラ』（もし高校野球の女子マネージャーがドラッカーの『マネジメント』を読んだら）のことも考えられる。この二作品の評価はひとまず横に置いて、これらのヒットが示しているのはやはり人間と言葉との基本的な関係性の変化だと思うんですね。どちらも、テキストだけではなくてテキストの背景にある情報網、データベースが一緒に読まれている。前者では堀江さんが活躍したゼロ年代のＩＴ業界、後者ではドラッカー思想がこれにあたる。むしろ小説のテキストは物語形式を取ることによって、背景の情報、データベースに効率よく、かつユニークに読者をアクセスさせることに特化している。こうした小説を既存の近代文学批評の方法論で評価できるはずがないし、しても意味がない。けれどこれらは紛れもなく「小説」なんです。

僕は堀江さんとは親しいのだけど、彼が『拝金』を書いたとき、「なんで文学作品はあんなに風景を描写するんだ。今、そんなことをする必要はないじゃないか。ググればいいじゃん。グーグル・ストリート・ビューでいいじゃないか」と言っていました（笑）。これは半分冗談だったのだろうけど、実に本質をついていると思う。

「検索できること」が変化させた人間にとっての「言葉」の機能の変化について、特に文学について考えている人はあまり低く見積もらないほうがいいんじゃないかと僕は思っています。たとえば固有名詞の問題がありますね。インターネット以前、固有名詞は読者を限定する効果のほうが大きかった。けれど、現代においては適度にマイナーな固有名詞は、むしろ読者の検索欲を刺激して読書の快楽を量的に増幅させると思うんですね。

これは小説や物語系のコンテンツに限ったことじゃない。もう少し一般的な形で、昔はメディアや組織の下に固有名詞が従属していた。朝日新聞に書いている○○氏、とか、早川書房の××氏、とか。けれど、一定のレベルの有名人になると、たいてい自分の出ているメディアよりも自分のほうがtwitterのフォロアー数が多い。堀江貴文という固有名詞に、○○新聞とか、週刊××とか〜のメルマガ、といったメディアが「タグ」のようにつけられている。固有名詞の社会的な位置づけ、機能が明らかに強くなっているわけです。おそらくは、インターネットの浸透を背景にして、ですね。これは何もマーケティングやブランディングの問題ではなく、人間と言葉との関係にもたされた変化だと思う。文学に限らず、すべての表現はこの問題から逃れられないんじゃないでしょうか。

——『ゼロ想』の中ではコミュニケーションの回復可能性についても言及されていますが、この三年間での宇野さんの発言や文章を見る限り、そこに対する視点もまた更新されているように感じるんですが。

宇野　そうですね。『ゼロ想』の基本モチーフは、セカイ系→決断主義的な物語回帰（アーキテクチュアルな没入）を、横の関係、対等なプレイヤー同士のコミュニケーションで開く、というものだったと思うんですね。アイロニカル、あるいはアーキテクチュアルな没入を乗り越えるための想像力としての文学が必要で、それが後半論じられているメタ「空気系」的な作品群だと、今ならまとめられると思います。誰もが物語回帰する、という結論は九〇年代で既に明らかになったので、ゼロ年代は物語回帰したプレイヤー同士のエレガントな関係性を追求すべきだ、という発想ですね。

このとき、僕はコミュニケーションの回復可能性を訴えると同時に、実はそのチャンスは世界のいたる所に溢れているよねという現状肯定的な主張をしているんです。現実には可能性が溢れているのに、必要以上に絶望することで「傷」を捏造することでナルシシズムを記述するという態度に今以上に反発があったんですよ。

あれから三年経って、僕が考えていた以上に、それこそソーシャルメディアの発展もあってむしろ「コミュニケーション過剰」の世界が進行したと考えています。だからこそ文壇保守派の人たちがコミュニケーションに還元されない表現について声高に叫ぶような事態に繫がっていったのではないかと思うんですよ。なので本当だったら、コミュニケーションが過剰な世界はすでに実現されていて自分はそれを支持するというスタンスで書くべきだった。当時はまさか文壇保守派の人たちが自分の人生にこれほど絡んでくるとは想定してなかったんですよね（笑）。

予想以上に状況が進行したという点で、これは『ゼロ想』第十四章が「空気系」ブームを結果的に予言していた（というほどでもないのだけど）ことに重なり合いますね。

――情報ということで言えば、少しSNSについてのお話も伺えればと思います。『リトル・ピープルの時代』での表現を借りれば、もはや全ての人々はどこか小さな物語にコミットすることで「父にならざる」を得ない状況が訪れていますよね。SNSはそれを支援するツールになっているのではないかとも感じるんですが。

宇野　まあ、僕はSNSの個別のサービスに本質があるとは思っていないんですよね。今のところtwitterが天下を取っているようにみえるけど、結局SNSというのは数多いアーキテクチャーの中から人々が最適なものを選ぶシステムなので、そうそう単一のものが長続きするわけではないんじゃないかなと考えています。ただ、mixiからtwitterへの移行を考えるとコミュニケーションに関わるひとつの図式が見えてくるようには思いますね。そもそもmixiというのは棲み分けの快楽を追求するシステムを採っていたものだけど、これがtwitterになると不特定多数の人々との乱数的なコミュニケーションが追求されているわけですよね。そう考えると、twitterの流行というのはコミュニケーションの過剰が生じているということの裏付けにもなっているように思います。もちろん、Facebookのようなmixiに近いタイプのSNSも強くなっているわけだから短いスパンの中で結論を出すことはできないですけどね。

——宇野さんは現在、〈集英社WEB文芸　RENZABURO〉で「政治と文学の再設定」を連載する中で、n次創作とAKB48を絡めた批評を展開していますが、あれもソーシャルメディアやコミュニケーションを無視しては語れないお話ですよね。

宇野　これは、この場を借りてはっきりと宣言しておきたいことです。『ゼロ年代の想像力』の最大の欠点はAKB48を扱っていないことです。いや、宇野常寛という評論家の最大の過ちは、二〇一〇年までAKB48のすごさに気付かなかったことです。

――いや、二〇〇七年や二〇〇八年の時点では無理でしょう（笑）

宇野　まあ無理なんですけどね（笑）『大声ダイヤモンド』の発売が『ゼロ想』出版の二カ月後ですから。ただ、ゼロ年代に最も成功したコンテンツがAKBであることは間違いない。AKBには、それを語ることによってゼロ年代の文化の豊かさをかなり包括的にプレゼンできるほどの魅力があると思うんです。前提として、AKBは日本におけるキャラクター文化の極北なんですよね。先ほど話した「大きな物語は成立しないけど、大きなゲームは成立する」ということを最も分かりやすく象徴しているコンテンツですしね。

AKBは運営のレベルでも優れていて、やはりある時期まで完全にテレビと関係を持っていなかったということが非常に意味を持っている。彼女たちは活動の拠点を初めのうちは劇場とネットに絞っていたんですね。同じ秋元康プロデュースでありながらおニャン子クラブと決定的に異なるのはそこです。おニャン子はやっぱりフェイク・ドキュメンタリー的な売り出し方をしていたと思うんですね。楽屋裏を半分視聴者たちに見せることによってもっともらしさを演出し、そうやって秋元康が設定したキャラクターを強く消費者に訴えるという手法を取っていた。

それに対してＡＫＢの戦略というのはとにかく「ダダ漏れ」なんですよ。毎日劇場で公演を行い、そこに足を運んだファンたちが「大島優子はこんなキャラだ」とか「ブログで板野友美がこんなことを言っていた」とネット上に書くことによって巨大なデータベースが蓄積され、そこからキャラクターの全体像が作られていく。集合知的にメンバーのキャラクターが確立されていっているんです。ウィキペディアでＡＫＢ主要メンバーの項目を引いて、ぜひ更新履歴を確認してみてください。いかに集合知的に彼女たちのキャラクターが確立されていったかが分かると思います。より正確には、ネット上には「エケペディア」というＡＫＢ専用のwikiも存在していて、そこを参照するほうが分かりやすかったりもするんですけどね（笑）。

ただ、秋元康が本当に偉大なのは、こうして生成されたキャラクターの扱い方だと思うんです。シングル曲のＰＶやメンバー総出演のドラマ『マジすか学園』を見れば分かるんですけど、秋元康は自分のプロデュース作品で、一度イメージの固まってきたキャラクターを半歩ずらしたイメージで再構築するんです。たとえば、清純派のキャラクターが確立されていた松井玲奈が、『マジすか学園』ではそこを逆手にとって暴力自体に快楽を見出す性格破綻者として登場するんです。つまり、ここではファンコミュニティから生成したメンバーのキャラクターがオリジナル、つまり一次情報で、秋元康がメンバーに与える役柄はその二次創作的なアレンジなんです。本来なら秋元康がプロデュースしたキャラクターを、ファンが同人誌やインターネットで二次創作で楽しむはずなのに、秋元康はファンコミュニティで共有されているキャラクターを自分が二次創作してPVやドラマをつくる。

そうするとファンたちもまた新しい「燃料」が投下されたことで、さらに集合知的に彼女たちのキャラクターを更新していく。こうして半ばキャラクター消費の永久機関を作り上げたのが秋元康で、そこは本当にすごいと思いますよ。

僕はAKBを語る上で大きなポイントが三つあると考えていて、第一にポスト「大きな物語」としての「大きなゲーム」であること。第二に、ファンコミュニティから生成されたキャラクターを秋元康が二次創作するキャラクター消費の永久機関としての機能。この二つはすでに見てきた通りなんですけど、最後のポイントとして身体性の問題があるんです。これもまた保守的な思考をしている人には理解できないポイントなんですけどね。たとえばさっき年長世代には、表現というのはシステムや構造に還元できないアナログな身体性、ヒューマンエラーの部分にこそ作家性が宿るんだと主張している人が多い。従って、現在の二次元キャラクター文化やデジタルな表現はつまらない、とね。

だけれども、ゼロ年代に進行していたのはむしろ、身体性や人間のエラーみたいなものとデジタルなアーキテクチャーの結託だったんですよ。たとえば『ポケットモンスター』や『モンスターハンター』のようなゲームが流行ったということの意味をもっと考えなければいけない。人間同士のコミュニケーションっていうのは疑似自然であり、究極の乱数供給源なんですよね。その不確定性を取り込むことによってゲームを面白くしようという発想があったわけです。これはまさにアナログな身体性とデジタルなアーキテクチャーの結託の賜物です。そしてこの結託が市場を席巻した十年だったわけです。

この話は「仮想現実から拡張現実へ」という『リトル・ピープルの時代』で依拠したデジタル技術の世界的なトレンドの推移とも完全にリンクしています。九〇年代までは、もう一個の現実を完璧にデジタルで構築しようとするバーチャルリアリティこそがコンピュータ技術の行きつく先だと考えられていた。けれど今では無限の乱数供給源である現実のコミュニケーションを利用していかに面白いことをやるかという方向に発想がシフトしているんですよね。

ＡＫＢ48も僕はこれに近いと思う。個々のアイドルの身体性に由来する魅力を、ＡＫＢ48の（ゲーム）システムが増幅しているんだと思うんですよね。公演プログラムから選抜制度やチームシャッフル、総選挙に至るまで、ＡＫＢ48というゲームをプレイすることによって、個々のプレイヤー、つまりアイドルたちの魅力が引き出されていく。ここに最大のポイントがあると思う。現に、『花ざかりの君たちへ　イケメン☆パラダイス2011』や『もしドラ』の映画版の失敗から明らかなように、秋元康の創り上げたゲームをプレイしていないとあの「不動のセンター」前田敦子はまったく輝かないわけだからね（笑）。

これはたとえば〈週刊少年ジャンプ〉の有名なアンケート至上主義にも近い。適度に作家を競わせると、作家性を上手く引き出すことが可能になり、優れた作品を産み出せるというシステムですよね。ＡＫＢもそれと同じで、ＡＫＢというシステムの中に適度な競争性を投入することで女の子たちのポテンシャルが引き出される仕組みになっている。ただし、AKBのほうがずっと複雑で周到、応用範囲も広いと思う。

考えてみれば、ゼロ年代は作家の作りこんだものを売るよりも、自動的に発生した面白いものを検索して紹介するほうがずっと成果を挙げた十年だったわけです。「ニコニコ動画」にせよ「魔法のｉらんど」にせよ、まずＭＡＤ動画やボーカロイド曲や、半分妄想のような体験告白小説などの極めて優秀な投稿サイトとして存在したわけですよね。そしてこうして集まってきたユーザーが勝手に投稿した「作品」たちを手軽に人気順に並べ替えることができた。その中で特に人気の高いものをパッケージングして売り出すと大ヒットする、ということが繰り返し起こった。ボーカロイドブームとケータイ小説ブームですね。だから大事なのは、いかにしてユーザーの投稿欲を誘うか、と、そのコミュニティを活性化し優れた投稿をより引き出すかということだった。濱野智史さんの分析では、あれはゲームそのものなんです。コメント機能や再生数表示があるからこそ人間の創作意欲が引き出されるという競争原理が働いているんですね。初音ミクにしても、キャラクターへの愛をシステムの中に組み込むことで作曲者や絵師を駆動させている。そういった意味でも、この十年というのは人間のアナログな身体性を引き出すためのアーキテクチャーやシステムが発達してきた十年なんですよね。それが同時に仮想現実から拡張現実へという変化における一側面にもなっている。

言い換えればこれは、アナログなものとデジタルなものが協力して新しい想像力を産み出してきたということなんですよ。ところが文学畑の人たちなんかはアナログＶＳデジタルとか、彼らがイメージするところの文学VS情報というような対立図式を作ってしまう。その時点で何も分かっていないんですよ。文化批評をやるのなら単純な二項対立図式を作るのではなく、アナログとデジタルが入り混じったところの想像力を捉えなければ何の意味もない。

震災後の想像力について

――三・一一の震災やその後の原発にまつわる動きによって、もちろん単純に全てが変わったとするような見方はできませんが、それでも何かしらの変化は起きるだろうと思います。その点についてはいかがですか。

宇野　前提として、僕は今回の震災が何かを変えたというよりも、もともと存在していた構造や図式をよりくっきりと浮かび上がらせたと考えるべきだと考えています。震災の影響で日本経済と社会には深刻なダメージが与えられたのは間違いないし、豊かな消費社会という前提もゆっくりと崩れていくでしょう。けれど、それでグローバル化やネットワーク化がひっくり返るわけでもないし、大きな物語が復活して情報化が消えてなくなるわけでもない。
たとえば、ゼロ年代は「終わりなき日常」の延長線上で、それこそ「空気系」的にシステムのことを考えないで済む、即時的なコミュニケーションの戯れだけがあったが、震災以後はもっと世界の構造を真面目に考えなければいけないというような主張をする人がいますけど、あれは完全に嘘だと思うんですよ。九〇年代にバブル崩壊が起きたり冷戦が終結した時にも世界の構造やリアル・ポリティクスを考えないといけないというようなことが言われていたわけだけど、完全にそれの反復ですよね。

そもそもゼロ年代というのは、アーキテクチャーという言葉がキーワードになっていることから明らかなように、自意識の問題ばかりを考えていた九〇年代への反省としてちゃんとシステムの問題を考えようという時代だったはずなんです。だからこそ衰退する文芸批評を尻目に社会学的な批評とかが力を持つことができたわけじゃないですか。格差社会や構造改革の問題とかが出ていたというのもその証左ですよね。

そうした意識が前提としてあったところに震災が起こり、原発問題が起こった。原発問題というのはまさに社会的なインフラに関わる問題でもあるから、世界の構造そのものに対する意識が一層強くなるのは当然ですよね。これは九・一一における構造と全く同じだと思いますよ。九・一一はグローバル化をどんどん進めていけば当然反作用が出てくるというシステムの問題を露呈させた。そうしたゼロ年代において既存のものとなっていたシステムの問題、九・一一以降のパラダイムが今回の震災によってより明確になったと考えるべきで、それはこれまで無視してきた問題に着目しなければならないという主張とは全く別のものです。

地震と原発の問題については『リトル・ピープルの時代』で大きく扱っているので、そちらを参照して欲しいのですがかんたんに述べると、この問題の文学的なポイントは原発のもたらす見えない破壊をどう捉えるか、だと思います。たとえば、原子爆弾は国民国家間の戦争の結果アメリカという明確な他者に落とされたものです。だから疑似人格に与えられた「トラウマ」としてイメージ化された。だから、第五福竜丸事件を経て、「ゴジラ」のようなキャラクターも生まれているわけです。しかし原発のほうはそうはいかない。少なくとも原爆と同じ回路ではイメージ化できないでしょう。原発の脅威というのは誰かの悪意に基づくものでもなく、内部にひそむ脅威なんですね。本来僕たちの生活を支えるインフラの一つで、そして福島という首都圏のすぐ近くにあるもの、つまり完全に世界の内部にあるものなんですよね。そして他国に落とされた原爆とは違い、原発は自分たちで産み出したにもかかわらず制御できずに暴走してしまうシステムです。こうしたものを想像力がどう捉えていくか。イメージ化していくか。これは意外と重要なことで、目に見えない大きな力、構造はイメージ化しないとうまく人間は頭の中で処理できないし、それ以上に社会で共有できない。そして原爆とは違い、原発はこれまでのやり方ではイメージ化できない、どう捉えていいかわからないんです。それが、この国の文化空間、言論空間を混乱させているように僕には思えます。在日米軍の比喩でウルトラマンが作られたり、核兵器のトラウマからゴジラが作られたりといった物語化はもうできない。外部からではなく内側から湧いてきた巨大な力をどうイメージするのかというのは震災後における文学の課題として存在するでしょう。その僕なりの回答は『リトル・ピープルの時代』で示しているので、ぜひお読みください。

――具体的に作られる作品の性質が変わる部分もあると思うんですがどうでしょう。

宇野　おそらく短期的には、震災のつらさを忘れるためにも相変わらず空気系の作品が流行り続けると思うんだけど、長期的に考えればやはり国家や社会を描く作品が息を吹き返すんじゃないかという予測はできますよね。

ただ、日本の場合、たとえばポリティカル・フィクションって冷戦終結以降ずっと上手くいかなかったんですよ。おそらくその中で最も成功したのは『機動警察パトレイバー』（以下、『パトレイバー』）の、特にアニメ版の押井守監督作品なんです。この作品は日本の警察機構や官僚組織の異常さをピックアップすることで、イデオロギー対立が使えなくなった状況でドラマを作りだすことができていたんです。日本的官僚機構にどっぷりつかっている年長世代が仕切る組織があって、それを新人警官として加わった当時の消費者たち、たぶん団塊ジュニア世代くらいの消費者たちの感覚を持った主人公たちの目線で描くことで、物語が駆動する。ちょうど冷戦が崩壊し始め、戦後的な社会がゆっくりと解体していく時期だからこそ取れた手法ですよね。

それを踏襲したのが『踊る大捜査線』なんですが、この作品が大ヒットしたのも九〇年代というタイミングだったからで、二〇一一年現在に同じ方法が使えるとはとても思えない。小泉純一郎による構造改革があり、公務員は批判され、幸之助イズムが捨てられ、比喩的に言えば松下がパナソニックになったように日本的経営も崩壊した。まさにマネジメントの時代となった現代において、日本的官僚組織を仮想敵にしたって説得力が生まれるわけはないんです。だから『踊る大捜査線　ＴＨＥ　ＭＯＶＩＥ３』ではもう現場の代表である青島俊作と官僚組織の代表である室井慎次との対立と友情、といった定番の構図ではドラマが作れなくなっている。僕はこの映画が公開された直後、〈サイゾー〉誌の鼎談でこの問題を取り上げました。この映画で青島が戦う相手はふたり。ひとりは小泉今日子演じるサイコパスの犯罪者で、彼女は八〇年代性、九〇年代性つまり近過去の文化の象徴として登場する。もう一人は小栗旬演じる若いエリート警官で、彼はまさにゼロ年代的な「マネジメント」の体現者として描かれる。そしてこの映画は青島の「敵」をどっちにも絞れず、実に中途半端な脚本になってしまっている。つまり「敵」が見えなくなっちゃっているんですね。

そもそも『パトレイバー』メソッド自体がある種の裏ワザであって、あれは世代間ギャップを利用しているんですよね。つまり、戦後的な政治性を抱えた官僚組織があり、そこに馴染めない団塊ジュニア世代の若者が「もう戦後じゃないでしょ」という意識で反発するという構造でドラマを作っていたんだけど、今は現実が完全にポスト戦後に切り替わっちゃっているので戦後という仮想敵自体が機能していない。そうであれば脱戦後的、ポスト戦後的な政治性を背景にしたポリティカル・フィクションを作らないといけないんだけど、それが結局は上手くイメージされていないと思うんですね。

僕がバトルロワイヤル系の作品は評価しているのは、あれがまがりなりにも新しい政治と文学、個人と社会の新しい関係像を提出しているからです。つまりは先述したような物語で記述できないことを大きなゲームという枠組みで表現しようとしたということですね。それだけで足りるとは思わないけれど、そうした発想を応用して新しい社会の描き方について考えることが大事だと思いますね。

ただそれはある程度長期的なスパンで考えるべきことかもしれない。たとえば日本にはサラリーマン漫画というジャンルがあるわけですが、これもこの十年ですっかり衰退してしまった。それは一言で言うと、マネジメントの時代にリアリティのある物語が作れていないからです。『課長島耕作』にしろ『総務部総務課山口六平太』にしろ、「日本的経営」がテーマです。前者はいまや「社長」になって、ちょっとサラリーマン漫画とは別の側面が強くなっちゃっていますが（笑）。とにかく、日本のサラリーマン漫画は終身雇用・年功序列の日本的経営の企業の中で「アウトローでやっていく俺はすごい」とか「うまく調和している自分はすごい」という主人公が活躍するパターンが多い。前者が耕作で後者が六平太ですね（笑）。けれど、どちらも「松下がパナソニックになった」この時代にリアリティがある設定とはもはや言えない。だから島耕作は「社長」にまで出世して、別の漫画になる必要があったわけです。

僕の観察では、こんな「マネジメント」の時代に働く男性、いや女性も含む読者の「企業・組織」ものへの需要は大きい。たとえばそのはけ口が、今「スポーツもの」に向いているようにも思えます。僕には『GIANT KILLING』は団塊ジュニアの中間管理職が今どきの若者をおだてすかして、マネジメントしていく物語にしか見えません（笑）。あれは完全にサラリーマンものの結果的な擬態でしょう。本書でも取り上げている三田紀房のリバイバル・ブームにも同じことが言えるんじゃないでしょうか。

つまり、「マネジメント」の時代の会社員生活を、物語に落とし込む手法がまだ開発されていないんだと思います。だからスポーツ漫画などの他ジャンルがその役割を結果的に担っている。

考えてみれば『課長島耕作』にしろ『山口六平太』にしろ、いきなり生まれたわけではない。真実一郎さんの『サラリーマン漫画の戦後史』という本によれば、日本のホワイトカラーって社内の人間関係以外にドラマを求めることが難しく、その条件下でいかに物語を成立させるかということがずっと考えられてきたんですね。だからサラリーマン漫画のフォーマットというのは、五〇年代のサラリーマン小説の時代から何十年もかけて作られてきたものなんです。だから現代のポリティカル・フィクションやサラリーマン漫画もこれと同じことをやるべきだと思いますね。これはもう単純にテクニックの話で、編集者やプロデューサーや作家はこの二十年か三十年で戦後的なものが解体していったという歴史を強く意識した上で何が描けるのかを考えるべきです。

具体的な作家で言えば、桐野夏生さんなんかがそうした点で成功していた方だと思います。端的に言えば彼女は男女雇用機会均等法時代の女性性について書いている人なんです。建前としては女性も男性と同じように自己実現していいよと言っておきながら、実際には差別も格差も根強く残っているという点における欺瞞の構造を、丁寧な取材をもとに小説として再構成することで物語を作ってきた。思想的にも、手法的にもね。

ただ、この雇用機会均等法的な八〇年代後半に生まれた状況は平成不況の中、男の側が既得権益を失って、正社員になることも難しい社会になってきたことで変化してしまった。水無田気流さんが言うところの「後ろ向きの男女平等」がある程度達成されてしまっているわけです。『メタボラ』はまさに、ゲイの主人公が既得権益を失った男性の象徴として登場する物語なので、その終着点にして総決算として位置付けることができる。しかし、そうなると桐野さんが依拠してきた欺瞞の構造自体が無効化されてしまうことになる。

桐野さんの作品には『OUT』『グロテスク』のような男女雇用機会均等法パラダイムにおける女性の生き方を追求するものと、『IN』や『ナニカアル』のような私小説的な手法で「書く」という自意識について追求するものと二種類あるんですが、最近はかなり後者に属する作品が増えています。これは端的に雇用機会均等法的な欺瞞の構造を用いて物語を作ることができなくなってしまったからですね。僕は個人的に、今の女性のジェンダーにおいて最も重要なモチーフはおそらく腐女子文化のカジュアル化の問題だと思っているので、それを取り入れていったらいいんじゃないかとは考えますけどね。

——たとえば日本の純文学では一時期から派遣労働や非正規雇用をテーマにした小説が増えていますが、その多くは個人の自意識を前面に出した矮小な世界になっているように見えます。それも新しい政治と文学がイメージされていないことの証明なのかなとは思うんですが。

宇野　僕の同世代には小説家が多いんですよ。たとえば僕と同い年の滝本竜彦は極めてわかりやすく、男性の既得権益を失ってしまったという被害者意識を作品の中心に置いていますよね。「ガラスの靴を砕かれてしまった僕たち」、男の子らしい自己実現を達成できなかった自分たちの自意識について延々と書いている。考えてみれば、それって男性の既得権益が失われて困っているというだけのすごく身勝手でつまらない話ですよね。だから彼は端的に書けなくなってしまったんじゃないか。佐藤友哉も近いモチーフをもっていたと思うのだけれども、周囲が「今どき珍しい純文学に魅入られた青年」というキャラクターを与えてしまったために、あまり機能しないパロディのようなものを量産するようになってしまった。

対して津村記久子や山崎ナオコーラ、生田紗代といった僕と同世代の女性の書き手はまさに現代的な労働観、「誰がやっても同じ」「入れ替え可能な仕事」を淡々とこなす日常を描写していくと、そこに彼女たちなりの切り取り方での世界像が浮かび上がってくる、という作品になることが多かった。男性作家のような安直さを排した直球勝負だったとは思うけれど、ややパターン化していたなとも思います。三年前の僕は現代文学に今よりずっと関心があったけれど、今はだいぶ下がっていますね。

――やはり新しい文化というものを考える時に、身近な世界のリアリティを描写するだけではなく、それをファンタジーとしても機能させていくような操作が重要になるのではないかと思うんですがいかがでしょう。

宇野　これはさっきの『ゲド戦記』の話とも通じるんだけど、日本の場合八〇年代にアニメブームの影響でファンタジー的な想像力が流行ったことがあったものの、それは結局七〇年代における「革命を失った僕たちの自意識問題」に絡めとられてしまった。その延長線上に『機動戦士ガンダム』も『新世紀エヴァンゲリオン』もあるので、成果の全てを否定する気は全くないんですが、一方で近代的な男性の自意識問題だけが肥大してファンタジーが作られていることへの違和感もあります。

本来ファンタジーというのはもっと自由なものだし、疑似自然のような日本的想像力を実現することは今でも可能だと思うんですよ。そうしたことは古くは水木しげるがやっていたし、最近では『東方Project』なんかがそれに近い作品になっています。世界の構造のような大きな問題を考える際に、男性の自意識から切り離された疑似自然の問題として捉えるということは日本の文化的な磁場だからこそできるアプローチだと思うんですね。言い換えれば、日本的なファンタジーの可能性というのは女の子が剣を振り回して魔物を切るというような図式だけでなく、むしろ日常の風景の中に妖怪が同居しているというような拡張現実的なイメージの中にもあるはずなんです。

この違いというのは端的に言ってしまえば小松左京と光瀬龍という二人のＳＦ作家の違いなんですよ。『果しなき流れの果に』を読むと、小松左京が良くも悪くも世界の構造にかかわる問題を男の子の自意識問題に還元していることが分かるんです。見田宗介や大澤真幸が言う「虚構の時代」におけるアニメ文化やファンタジー文化の機能にすごく近い。それに対して光瀬龍という作家は『百億の昼と千億の夜』を徹底的に叙事詩的に書いて、全然キャラクターの内面とかに踏み込んでいかない。萩尾望都の漫画化によってはじめてヒロインの阿修羅王に内面が与えられる。大きなものを、大きなまま捉えようとしたのが光瀬龍なんですよ。『百億の昼と千億の夜』は一神教的なものに多神教的なものが対抗しようとする物語で、徹底して脱西洋近代的なんです。世界の構造を疑似人格化するモチーフから距離を取り続けるんですね。それは本来のアジア的なファンタジーが持っているポテンシャルだとも思うし、今の日本のポップカルチャーとも繋がっている。

■これからの活動について

――これまでのお話を聞いていて、直接の単語としては使われていなかったにせよ、『ゼロ想』の発想の延長線上に拡張現実的な発想があることが分かり、綺麗な線が引けるように感じました。『ゼロ想』が持っていた重要な意義の一つは、批評というメディアにおいて扱える領域が本当はもっと広いものなんだということを示した点だと思います。他の様々なお仕事との相互作用もあって、批評という言葉が持つイメージを変えることにはかなり成功したのではないかと感じるんですがいかがでしょうか。

宇野　けれど、こうした言説が影響力を持つのはとても難しいことだとも痛感しています。たぶん、この本の若い読者のみなさんが思っているよりも、文学や思想の世界は圧倒的に頭が固くて、そして時間が止まっている世界なんです。ほかの業界では八〇年代や九〇年代に滅んでいるような価値観、とくに左翼的なそれがいまだにはびこっていたりする。僕もこうした批評に関わる仕事をするまで、そのことは頭では分かっていたつもりだったけれど、全然認識が甘かったと思う。グローバル資本主義を無理やり大きな物語に見立てて物語批判によって脱構築しなければいけないというような左翼的ロジックが今でも普通に市民権を得ているんです。信じられないでしょう？　けれどそういう発想をしていたら絶対に今の世界や文化を考えることはできないですよ。

これは何も政治的な態度の話だけじゃない。先ほど述べた「文学と情報」の話にも繋げられる。たぶん今の四十代以上の批評家や知識人のほとんどが、情報の一部、下位カテゴリになった表現は近代的な表象としては未完成で、独立していないから駄目だと言って切り捨ててしまっている。そうするとライトノベルも初音ミクもAKBも駄目だということになるんだけど、それでは世の中に溢れている豊かさの多くを見失ってしまうんですよ。

僕はしばしば現状肯定的だと言われるけど、グローバル化もネットワーク化も「なかったこと」にして、たとえば未だに八〇年代的、渋谷的な文化観で思考している人に比べたら当然そうなりますよね。彼らは新しい可能性から目を逸らすことによってナルシシズムを保っているに過ぎないんですから。『ゼロ想』を執筆していた時には今以上にそういった状況への反発もありましたね。

文学が情報になるということは地理と文化が結びつかなくなるということでもあるんですね。現代は特定の空間からということに限らず、誰がどこにいても何かを発信することのできる時代です。よく使うたとえなんですが、文化の中心というのは銀座から新宿へ、新宿から渋谷へという形で移行してきた。じゃあその後にどこが来るのかというと、これは拡散していったと認識するのが正しいと思うんですね。秋葉原や下北沢を今でも重要な街と捉えることが完全に間違いではないにせよ、特定の都市が文化の最先端における全体性を担保できなくなったことは確かです。文化の中心はインターネットや郊外という匿名的な空間に拡散していったんですね。単にホットスポットが変化したという都市論的な話ではなく、地理と文化の関係そのものが劇的に変化したという意識こそが重要です。けれど現在四十歳以上の文化批評の書き手の認識はほぼ全員が渋谷で止まっている。それでは新しいものは語れないですから、僕自身は彼らが評価できないものの意義を積極的に打ち出していきたいと思っています。

ただ僕は『ゼロ想』執筆当時はバランスをとることが正義だと思っていたんですが、その考えも随分と変わりましたね。全ジャンルにちょっとずつ目配せして百花繚乱的にどんなジャンルも公平に扱うことが正義だと考えていたからこそ、文芸誌や現代文学についても積極的に論じていた。けれどこの業界に深く関われば関わるほど、仮面ライダーという単語を出すだけで人間扱いされないような世界も存在するということが分かるようになった。この二一世紀に、〈PLANETS〉の関係で取材を進めていると、普通にアニメというジャンル自体に露骨に嫌悪感を示す人も年長世代には少なくない。

僕自身はバランスをとって話す方が性に合っているけれど、流石にある世代より上の人たちにはそもそものすごい偏見を持って接してくる人もいるので、さすがにそういう人たちにまで新しいものの魅力を伝えようとする努力自体が意味のないことなんじゃないかと思うようになってきた。その一方で、普段批評を読まない人の中には、魅力ある文化の仕組みや状況に強い興味を抱いている人たちがたくさんいるので、その人たちの期待や需要に応えたいと思うようになったというのがこの三年での一番大きな変化かもしれません。

今の僕は淡々と彼らに絶対取り扱えないものを評価することで対抗していこうと思います。しかし単純な問題として数的に不利ではあるから、僕より若い世代の書き手にどんどん出てきてほしいですね。別に全てを共有できなければ共闘できないという話ではないんです。個々の作品評価は異なっていても、インターネット以前の文化観で固まっている年長世代の思い込みから文化批評を解放するという一点で共闘できるはずです。グローバル化がカウンターカルチャーという回路に止めを刺し、ネットワーク化で地理と文化の関係は希薄になり、文学は情報の下位カテゴリになった。そしてだからこそ可能になった新しい表現で世界は溢れている。僕らはそれらの新しい想像力を分析することで新しい思想や、さらに新しい表現を開拓していけばいい。

――『ゼロ想』を出した当時とはいろいろと状況が変わっているようにも思えるんですけどね。パイの問題もそうですが、若い読者にはＡＫＢやハルヒやライダーをフラットに並べて批評するというスタンスが自然なものとして受け入れられているのではないかと。

宇野　その通りなんですが、しかし少子化が進んでいることもあってコンテンツ産業自体が衰退しているんでね。ここで手を緩めて時代は良い方向に切り替わっていると安心するわけにはいきません。僕はこの三年間、ほんとうに様々な政治的な嫌がらせを受けてきたけれど、それはこれからも続くだろうし、そうしたものに対抗するにはやはり数が必要なんですよ。宮台さんや大塚英志さんのあとに東さんが、そしてその後に僕や福嶋さんや濱野さんが出てきたように後続の人間が出てきてくれないとまだまだ厳しいですね。けれどそうしたビジョンを持っている人はそうそういないんですよ。

その一方で『リトル・ピープルの時代』ではきちんと幅広い世代に読んでもらうことも意識していました。僕の考えでは、この国には年長世代で一度批評に興味を失った人がたくさんいるんです。彼らは正しく文芸誌を軽蔑し、文学部を軽蔑し、批評を軽蔑して離れていった。そして僕は彼らを文化批評の読者として呼び戻すことが大事だと思っています。

——宇野さんは一九九五年を境界として、鈴木謙介さんの用語を借りつつビフォー／アフターという言い方をしますが、すでにアフターに突入している現代において上の世代と下の世代との溝を埋める役割を担いたいと考えている部分もあるんでしょうか。

宇野　橋渡し、というよりも本来の読者は全世代にいると思うんですよね。けれど、この二十年のあいだで、はっきり言ってしまえばほんとうは文化や思想なんて必要としていないような人たちばかりを読者として業界は囲い込んでしまった。その反省として、本来の読者を取り戻そうというのが、インターネット以降に登場した僕らの世代以降の論客の共通認識だと思います。現に僕は、荻上チキと五年ほど前によくそんな話をしていました。そのためには、自前でメディアを持ち、自分たちで読者を獲得していくしかないんじゃないか、と。お互いそれを淡々と実践していっているだけですね。

——現在の日本のポップカルチャーというのは独特の奇形性を持っていながら、同時にグローバル化した世界に対応する文化の形を表現しているものでもあると思います。

宇野　同時に、何をもってグローバル化と呼ぶかを考える必要もあるでしょうね。たとえば未だに年長世代には「もっと洋楽を聞くべき」的な説教してくる人がたまにいるわけですが、それって本当にグローバルな視点を持っていると言えるのか、僕は疑問なんですよね。日本のオタク系ポップカルチャーの分析を主力にしていると、バカの一つ覚えのようにこう難癖をつけられるんですが、「海の向こうには本物の物語がある」的な説教自体が極めてドメスティックなクリシェですからね（笑）。

僕はこう思います。日本と欧米では、同じグローバル時代にあっても消費の在り方は大きく異なっている。アメリカで放映されていた『glee』というテレビドラマがあるんですが、これは同国におけるデータベース消費のあり方をよく表している。ドラマの中で八〇年代や九〇年代の近過去の懐メロをアレンジした楽曲を劇中歌としてミュージカル俳優が歌うと、その曲が翌週のチャートにランクインしたりする。もし日本で同じようなことをやるとしたら、間違いなく楽曲じゃなくてキャラクターが消費のターゲットになると思うんですよ。同じデータベース消費的なコンテンツでもアメリカと日本ではだいぶ異なっている。こういう比較を行っていってはじめて海外にも開かれている、と言えると思うんですよね。ところが実際にはそういう視点を持たないまま、「海の向こうには本物の音楽や物語が存在するけど、日本にあるのはまがいものだ」というようなテンプレを踏襲するだけの無意味な作業を行っている人が一定数いるわけです。そうではなく、日本におけるガラパゴス的なネットワークや文化の発達が諸外国とどう違っているのかを検討していく作業の方が絶対に重要です。僕自身この先海外にも目を向けていきたいですが、こうした視点を大事にしたいですね。

――『リトル・ピープルの時代』の刊行、『ゼロ想』の文庫化と続きましたが、今後の活動はどのようなものを想定していますか。

宇野　近いうちに濱野智史さんとの対談本である『希望論』(仮)と東京大学での自主ゼミを収録した本の二冊を出版する予定です。堀江貴文さんとの共著も進めていましたが、こちらは諸般の事情でタイミングを計っています。その後は大きい仕事でいうと〈新潮〉の連載をまとめた『母性のディストピア』の刊行ですね。これは個別のテーマに深く入り込んでいく仕事にするつもりで、『ゼロ想』や『リトル・ピープルの時代』とは全く違った本にする予定です。『リトル・ピープルの時代』は六八年的なものが生み出した「政から性へ」の想像力が二〇世紀の終わりとともに衰退し、二一世紀にはまったく別の想像力が出現している、ということを書いた本です。対して『母性のディストピア』はこの二〇世紀後半の「政から性へ」の時代に、日本を代表する作家たちがその前提条件の衰微にいかに応じていったかを分析する本になります。政治的なものと性的なものの関係が時代とともに変化してゆき、その変化の仕方から日本的想像力を問い直す、という組み立てを考えています。刊行は来年の今頃かな、と思っていますがちょっとわかりません。これはじっくりと仕上げていきたいので。

あとは、僕の長年の目標である富野由悠季論の執筆準備をそろそろはじめたいですね。

そうした書き物の仕事と並行して、やはり僕は〈PLANETS〉をしっかりした仕組みの中で作っていきたいと考えています。僕はもともと編集者をやっていたということもあって、書き物と同じくらいそれを産み出すための仕組みにも興味がある。たとえば、今の文化産業はどんどんまずい方向に向かっているけど、僕の考えでは今、体質の古い出版社がやっているような仕事は半分くらいの人数でこなせるはずなんですよ。これからの日本のコンテンツ産業は個人単位になっていくべきだと思うし、二人か三人程度のユニットが乱立して面白い活動を行い、今の出版社と同じくらいの数字を動かせる状況を作りたいですね。

かつてのマニアックなインディーズ誌は、商業誌でできないことをカウンターカルチャー的な意味合いで行っていくことに意味があった。けれど、今はそもそもの出版や放送制度にガタが来ているので、単にオルタナティヴを作るというイメージでいいと思います。商業媒体でできない面白いことをやるという精神は捨てなくていいんだけど、もはやマイナーだからこそ優れた表現で先取的であるという世界は完全に過去のものですから、面白ければ取り上げる、つまらなければ無視するということで構わないと思う。僕はそれよりも今存在しているものとは別の仕組みを作り上げて、野心的で才能のある人間ならかんたんにコンテンツが発信できて、シーンを担えるような世界を作りたいんです。その意味で、〈PLANETS〉を優れたオルタナティヴとして商業誌に負けないものにしていきたいと考えています。

今は著作ラッシュが続いているのでなかなかまとまった時間がとれないんですけど、どこかのタイミングで半年くらい引き籠ってじっくりと新しい仕組み、新しいメディアについて準備するつもりです。

（二〇一一年八月七日／於・〈PLANETS〉編集部）

固有名索引

■あ

■か

■さ

■た

■な

■ま

■わ

本書は、二〇〇八年七月に早川書房より単行本として刊行された作品を増補して文庫化したものです。

日本ＳＦ大賞受賞作

上弦の月を喰べる獅子上下　夢枕　獏
ベストセラー作家が仏教の宇宙観をもとに進化と宇宙の謎を解き明かした空前絶後の物語。

傀《く》儡《ぐつ》后《こう》　牧野　修
ドラッグや奇病がもたらす意識と世界の変容を醜悪かつ美麗に描いたゴシックＳＦ大作。

マルドゥック・スクランブル〔完全版〕（全３巻）　冲方　丁
自らの存在証明を賭けて、少女バロットとネズミ型万能兵器ウフコックの闘いが始まる！

象《かたど》られた力　飛　浩隆
Ｔ・チャンの論理とＧ・イーガンの衝撃——表題作ほか完全改稿の初期作を収めた傑作集

ハーモニー　伊藤計劃
急逝した『虐殺器官』の著者によるユートピアの臨界点を活写した最後のオリジナル作品

小川一水作品

老ヴォールの惑星
SFマガジン読者賞受賞の表題作、星雲賞受賞の「漂った男」など、全四篇収録の作品集

時砂の王
時間線を遡行し人類の殲滅を狙う謎の存在。撤退戦の末、男は三世紀の倭国に辿りつく。

フリーランチの時代
あっけなさすぎるファーストコンタクトから宇宙開発時代ニートの日常まで、全五篇収録

天涯の砦
大事故により真空を漂流するステーション。気密区画の生存者を待つ苛酷な運命とは?

青い星まで飛んでいけ
閉塞感を抱く少年少女の冒険から、人類の希望を受け継ぐ宇宙船の旅路まで、全六篇収録

ハヤカワ文庫

著者略歴　1978年生，評論家　批評誌〈PLANETS〉編集長　著書『リトル・ピープルの時代』『批評のジェノサイズ――サブカルチャー最終審判』（更科修一郎と共著）

HM=Hayakawa Mystery
SF=Science Fiction
JA=Japanese Author
NV=Novel
NF=Nonfiction
FT=Fantasy

ゼロ年代《ねんだい》の想像力《そうぞうりょく》

〈JA1047〉

二〇一一年九月十五日　発行
二〇一一年十月　十　日　二刷

（定価はカバーに表示してあります）

著者　宇《う》野《の》常《つね》寛《ひろ》
発行者　早川浩
印刷者　西村正彦
発行所　株式会社早川書房
郵便番号　一〇一－〇〇四六
東京都千代田区神田多町二ノ二
電話　〇三－三二五二－三一一一（大代表）
振替　〇〇一六〇－三－四七七九九
http://www.hayakawa-online.co.jp

乱丁・落丁本は小社制作部宛お送り下さい。
送料小社負担にてお取りかえいたします。

印刷・精文堂印刷株式会社　製本・株式会社フォーネット社

ISBN978-4-15-031047-9 C0195

本書は活字が大きく読みやすい〈トールサイズ〉です。